RUNNER'S WORLD

Chris Zehetleitner

RUNNER'S WORLD

HUNDERT-MEILEN-HERZ

Mein lebensverändernder Western States 100-Lauf

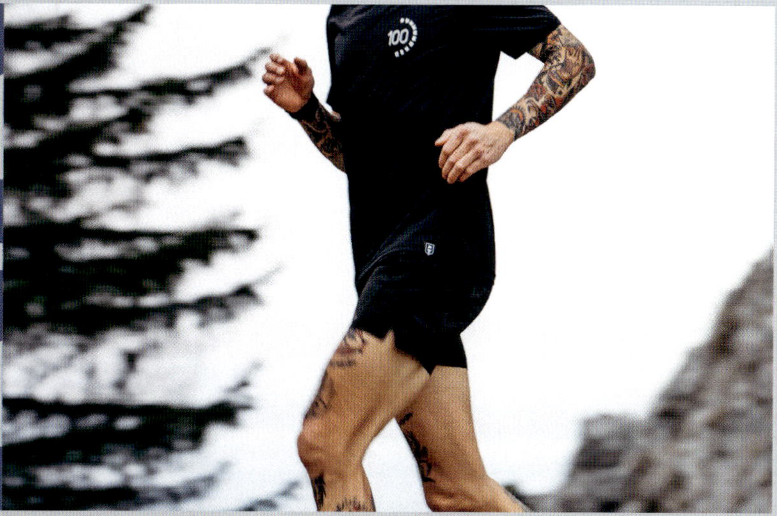

pietsch

Abbildungsnachweis

Cover: Stephan Wieser
Backcover: Stephan Wieser
Kartenmaterial und Höhenprofile: Alessandro Locatelli

Rob Cain: 143, Merissa Davis: 125 Chris Drüke: 20/21, 37, 39, 40, 47, 123, 134, 180, 181 Facchino Photography 74/75, 90, 120/121, 163 Marie Keck: 27, 62, 64, 88, 94 (2), 95, 96, 107, 109 (u.), 145, 147, 149, 150/151, 153 (o.), 154, 156, 157 (o.l., u. l.) Michi Knoche: 68 (l., u. r.), 119, 183 Krusty: 117 Christiane Lenertz: 68 (o. r.), 84, 110 (o.), 114 Henning Lenertz: 127, 138/139, 153 (u.), 155, 157 (o. r., u. r.), 159, 160/161, 185 Lisa Mehl: 19, 28, 50, 51 (2), 66 (2), 70, 71 (3), 73 (2), 83, 109 (o.), 110 (u.), 132, 146, 167, 168 (2), 169 (r.), 170, 179, 188 Niklas: 78 (2) Karim Ramadan: 56, 58 George Savvatoupis: 30, 32, 57 (u.) Western States-Livestream: 102/103 Western States Endurance Run: 4 Stephan Wieser: 141, 176, 178 Chris Zehetleitner: 10, 24, 45, 49, 53 (2), 54, 57 (o.), 60, 77, 80, 81, 86, 92, 98, 100, 112, 129, 165, 169 (l.), 171, 172, 175, 187

ISBN: 978-3-613-50979-5

Postfach 103743, 70032 Stuttgart
Ein Unternehmen der Paul Pietsch Verlage GmbH & Co. KG

1. Auflage 2024

Sie finden uns im Internet
unter www.pietsch-verlag.de

Lektorat: Niko Schmidt
Einbandgestaltung und Layout:
grafik+design Kornelia Erlewein
Druck und Bindung: Graspo CZ, 76302 Zlín
Printed in Czech Republic

Für Lisa. Die Liebe meines Lebens.

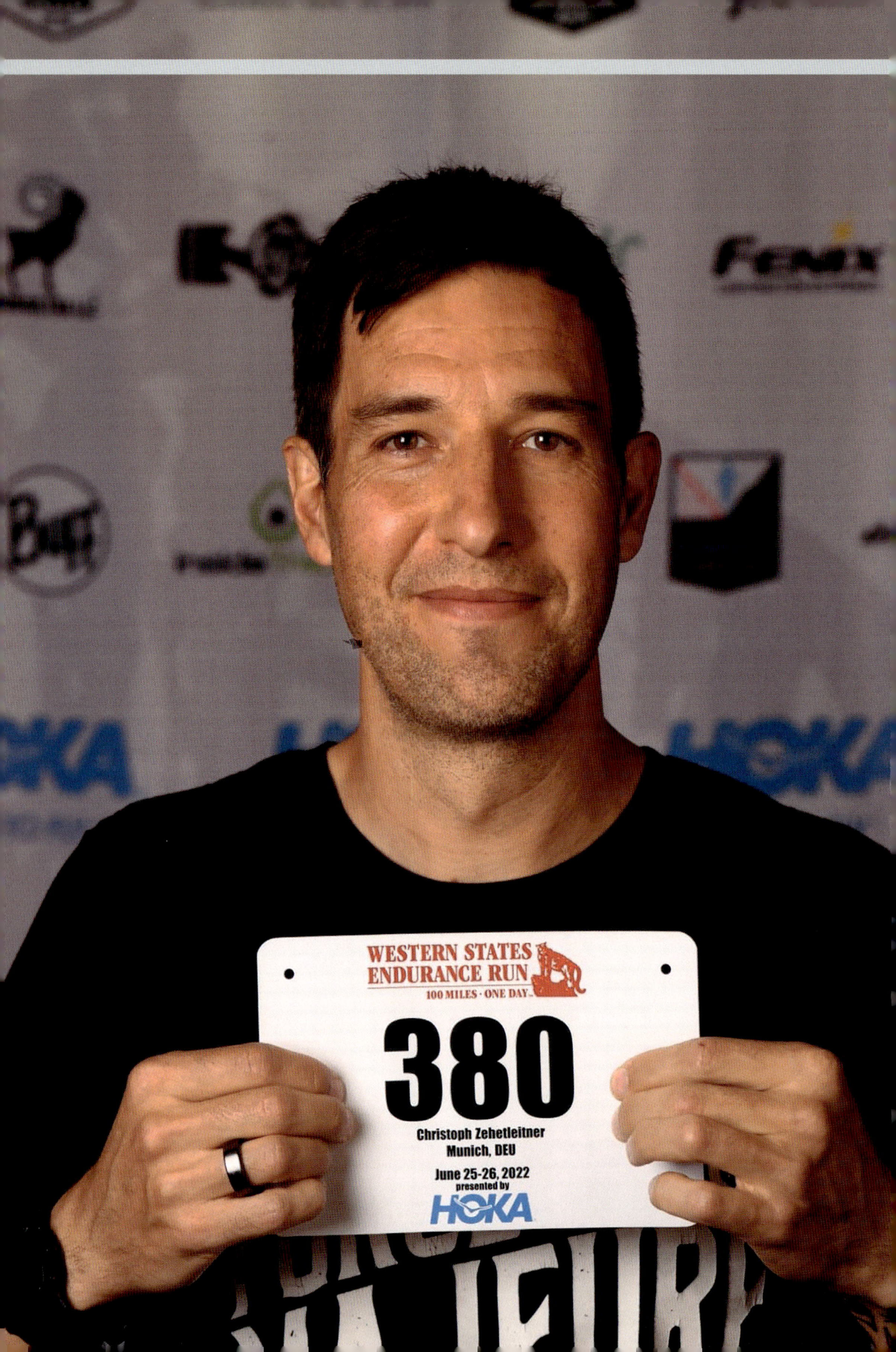
WESTERN STATES
ENDURANCE RUN
100 MILES · ONE DAY
380
Christoph Zehetleitner
Munich, DEU
June 25-26, 2022
presented by
HOKA

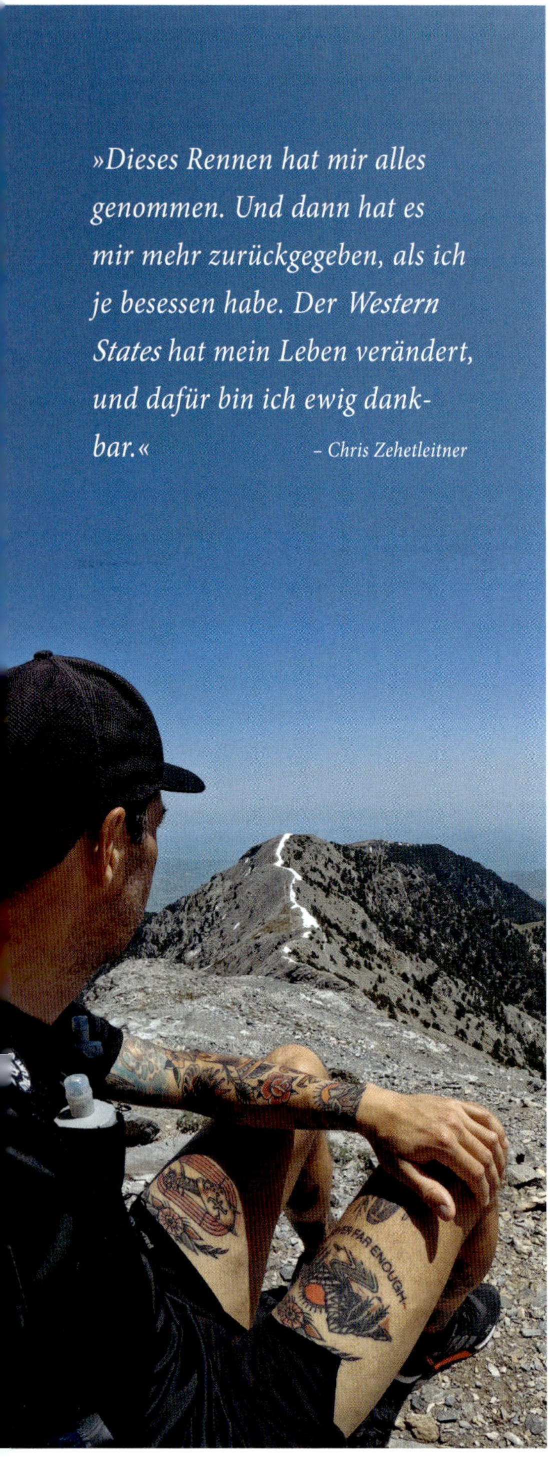

»Dieses Rennen hat mir alles genommen. Und dann hat es mir mehr zurückgegeben, als ich je besessen habe. Der Western States hat mein Leben verändert, und dafür bin ich ewig dankbar.« – *Chris Zehetleitner*

TEIL 2

TEIL 3
AUFERSTEHUNG 120

TEIL 4
NACHWIRKUNGEN 160

WESTERN STATES ENDURANCE RUN

ASCENT	**18.090 FT**
DESCENT	**22.970 FT**

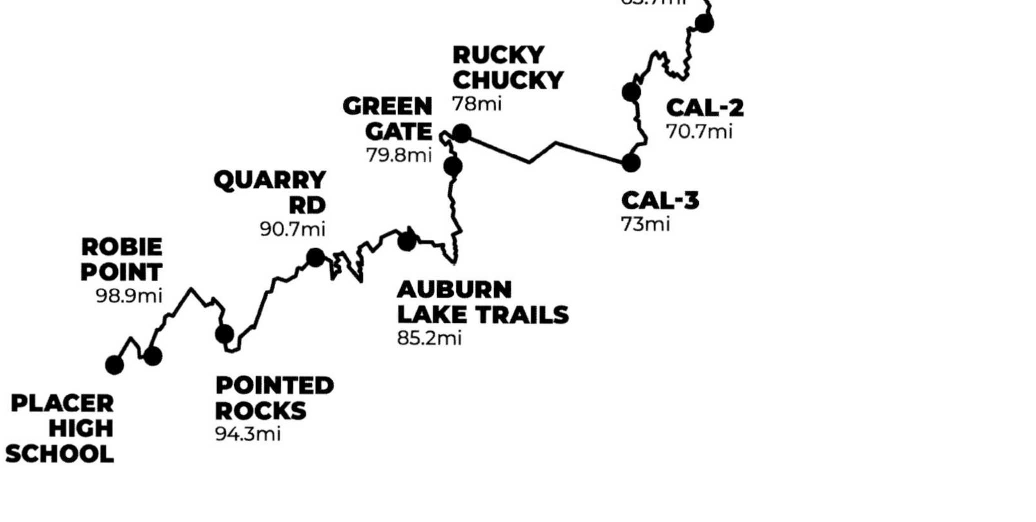

»Ich kenn die Panik ich kenn den Mut./ War kurz im Himmel ewig in der Hölle./ War mal die Flamme mal kalte Glut./ Ich kenn die Ebbe./ Ich kenn die Flut.«

– Slime, »Ebbe & Flut«

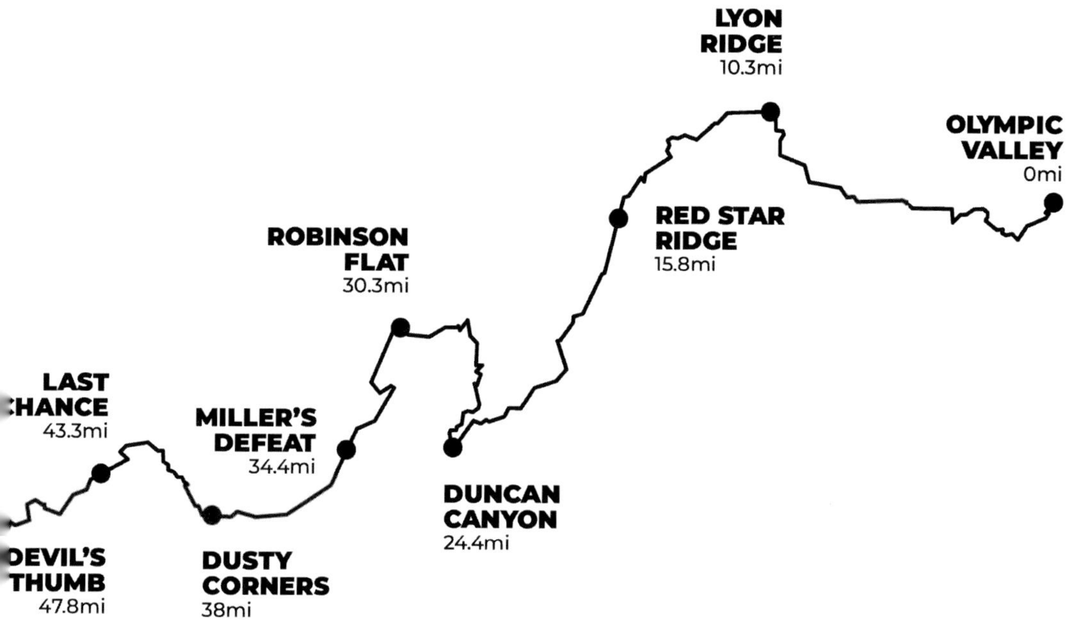

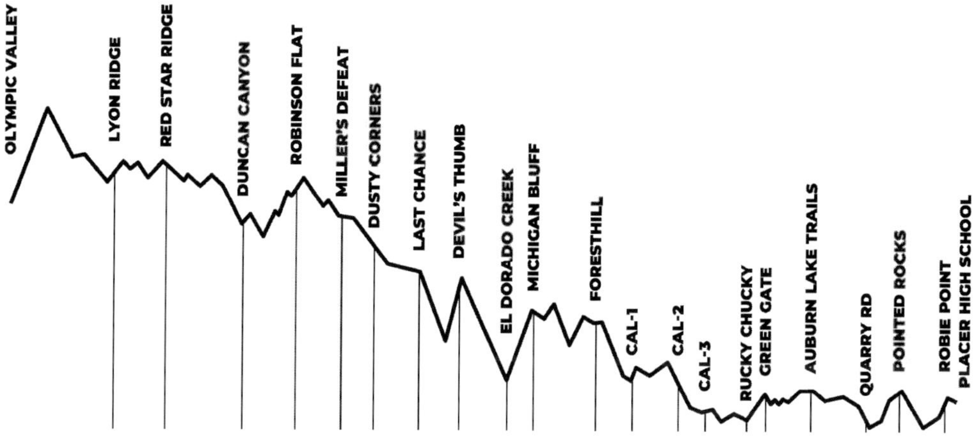

VORWORT

von Janosch Kowalczyk

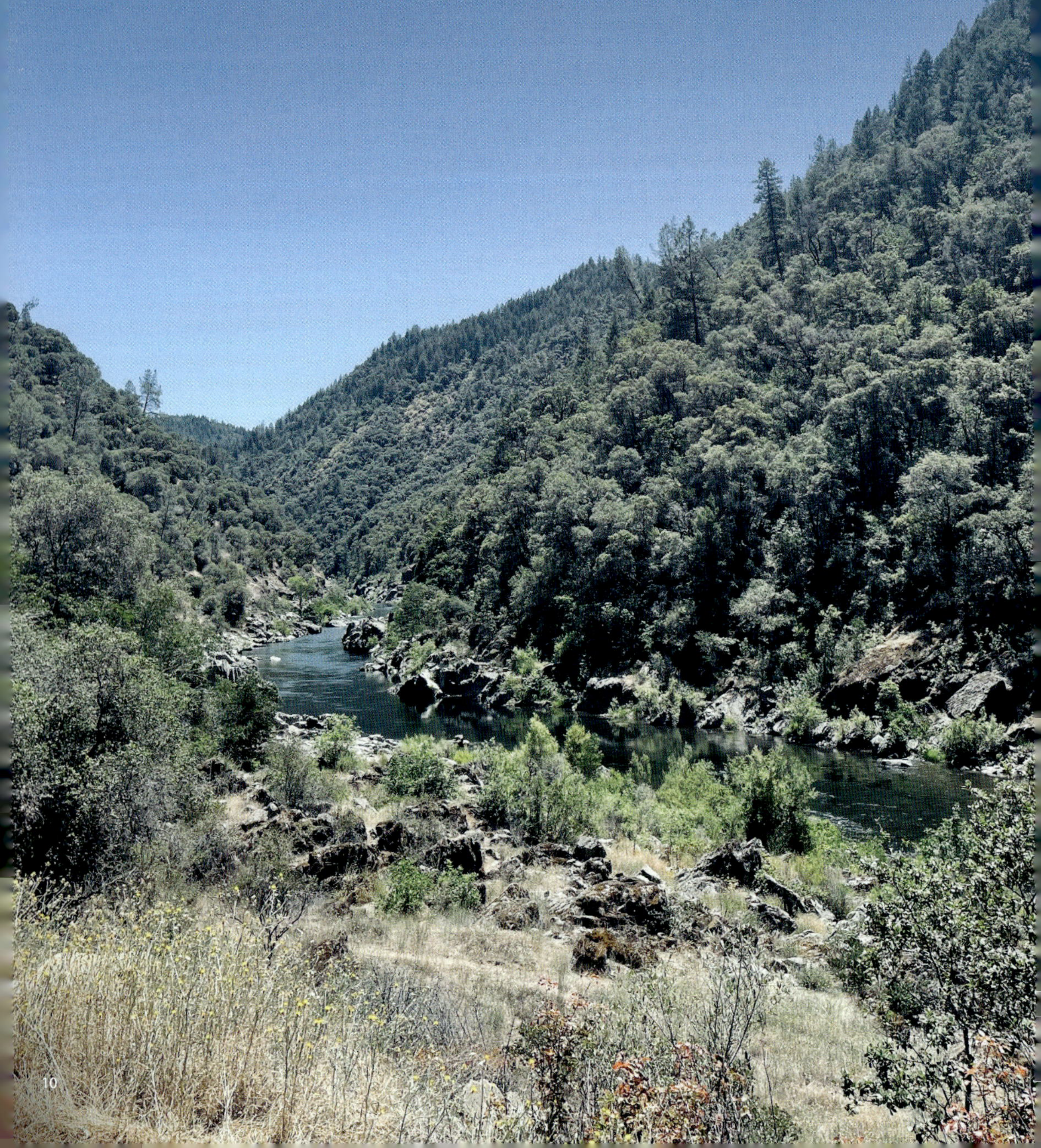

Ich soll ein Vorwort für dieses Buch schreiben. Genauer gesagt, ich darf. Ich darf ein Vorwort über eine *Western States*-Geschichte schreiben, während ich genau dieser Tage meinen eigenen Traum vom *Western States 2024* versuche zu verteidigen. Mit einer kleinen Entzündung am Fuß muss ich gerade pausieren – und das nur acht Wochen vor dem für mich, und für viele andere Läufer und Läuferinnen, wichtigsten Rennen des Jahres. Vielleicht sogar des Lebens.

Gerade jetzt merke ich, wie sehr mich das Rennen beeinflusst, es mit mir spielt, wie brutal wichtig es mir ist. Ich möchte mich beweisen gegen die anderen Starter, aber vor allem gegen das unbeugsame Gelände, die Hitze, das ewig grausam Laufbare.

Ich habe in den vergangenen Tagen gemerkt, dass es eben nicht mit einem anderen Rennen im Juli oder später im August getan ist. Will ich nicht. Es zählt Ende Juni, Olympic Valley nach Auburn für den ultimativen Showdown. Alle anderen Rennen sind nicht der *Western States*.

Nach meiner Premiere bei *Western States 2023* mit Top-10-Platzierung war da erst einmal ein großes Loch. Ein Lebensprojekt ging zu Ende, einer meiner größten Träume war gelebt. Beim Lesen von Chris' Buch musste ich deshalb mehr als einmal schmunzeln, ich habe mit ihm mitgefühlt und kann den Mythos, den er in *Hundert-Meilen-Herz* so ausführlich beschreibt, zu 100 Prozent bestätigen.

Das Buch fühlt sich wie eine Aufarbeitung mit Anleitung an, noch einmal in die Parallelwelt eintauchen und mitlaufen. Selten klappe ich Bücher zu, um über das soeben Gelesene nachzudenken, anstatt etwas anderes zu tun. In diesem Fall passierte mir das mehrmals.

Seien wir ehrlich: Ich bin Profi-Trailläufer und lebe in einer extremen Blase. Alles ist extrem: die Trainingsumfänge, die Konstanz, die Professionalität. Alles wird als gegeben gesehen. In *Hundert-Meilen-Herz* habe ich viele kleine Details entdeckt, die bei mir durch Betriebsblindheit manchmal untergehen. Wie viel Aufwand das Training und die Planung in Anspruch nehmen, Hitze simulieren, Ernährung optimieren, Urlaubstage investieren, finanzielle Ausgaben, Sozialleben im Gleichgewicht halten. Wie viel Herzblut Menschen einbringen und wie enorm wichtig es auch Amateuren ohne den professionellen Hintergrund ist, ein solches Rennen zu finishen.

Was ich aktuell wieder für mich festgestellt habe, gilt auch für Chris: Er will kein anderes Rennen. Olympic Valley nach Auburn, 1 gegen 1, mit all den Dämonen und mentalen Tiefs. Da muss jeder durch, und das macht den Reiz des *Western States* aus, nur Chris bringt das alles mit *Hundert-Meilen-Herz* auf wunderbare Weise zu Papier.

Janosch Kowalczyk, Western States Top-10-Finisher

AUFTAKT

DAS KÜHLBOX-GESPRÄCH

Ich saß auf einer Kühlbox an einer Aid Station, auf halbem Weg durch ein Rennen, das ich bereits aufgegeben hatte. Den Kopf in meinen Händen vergraben, während meine Frau Lisa vor mir kniete, ihre Hände auf meinen Beinen. Ich sagte ihr: »Ich bin fertig. Es ist vorbei. Ich wünschte, ich hätte mehr Biss, wie all die anderen Läufer hier. Aber ich habe nichts mehr zu geben. Ich bin so leer.«

Während ich diese Worte sprach, liefen mir die Tränen über das Gesicht. Gefolgt von gelegentlichen Schüttelfrostanfällen und Krämpfen, mit denen ich schon seit zehn Stunden zu kämpfen hatte. Die unerbittliche Hitze hatte eine ganze Reihe meiner Körperfunktionen und meine Fähigkeit, Kohlenhydrate zu mir zu nehmen, untergraben.

Lisa versuchte, mich zum Weitermachen zu überreden.

»Meinst du nicht, du könntest aufstehen und mit mir zu Cal-1 wandern? Es sind nur fünf Kilometer, und die Strecke führt bergab. Wäre doch ein schöner Ausflug!«

»Das würde ich schon hinbekommen, aber was dann?«, antwortete ich. »Dann säße ich bei Cal-1 fest und hätte niemanden, der mich dort abholt. Wenn ich dort unten aussteige, muss ich den ganzen Weg zurück nach Foresthill laufen. Das wäre super demütigend ...«

»Willst du noch etwas Suppe? Ich bin gleich wieder da, ich hole nur meine Stirnlampe.« Lisa hatte nicht vor, mich aufzugeben.

»Du verstehst nicht, was ich dir sage! Das Rennen ist vorbei. Ich liege weit hinter dem 30-Stunden-Tempo, das ich brauche, um rechtzeitig ins Ziel zu kommen. Ich müsste für den Rest des Rennens superschnell laufen. Ich habe keine 60 Kilometer mehr in mir. Es ist einfach nicht da.« Wieder brach ich in Tränen der Wut und Frustration aus.

Lisa umarmte mich, ich spürte die Wärme ihres Körpers. »Du musst keine 60 Kilometer laufen. Nur fünf. Bis zur nächsten Aid Station.«

»Aber wozu denn? Was soll das denn? Da unten im Canyon auszusteigen, ist doch viel komplizierter als hier oben in Foresthill!«

»Vielleicht möchtest du gar nicht aussteigen, wenn du bei Cal-1 bist ...«

Der Klang meiner Stimme verhärtete sich, und ich setzte meinen geschäftsmäßigen Diskussionston ein: »Korrigiere mich, wenn meine Berechnungen falsch sind. Ich muss ein Durchschnittstempo von 11:10 min/km laufen, um unter 30 Stunden zu bleiben. Mein aktueller

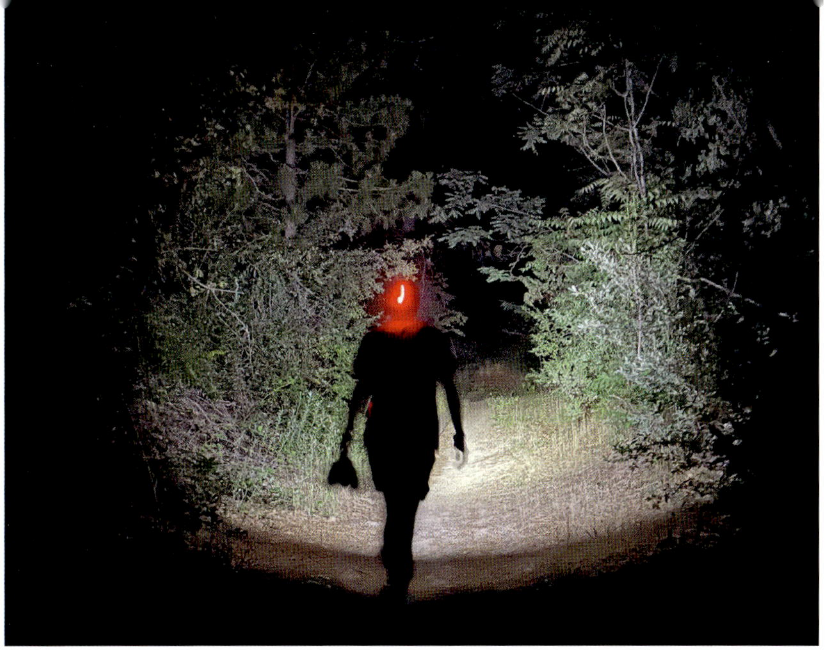

Schnitt ist 11:35. Es ist unmöglich, diesen Rückstand wieder aufzuholen. Selbst wenn ich schnell laufe, brauche ich an jeder Aid Station mindestens 10 bis 15 Minuten, um mich zu erholen und wieder auf die Beine zu kommen. Das klappt nicht. Es ist vorbei. Punkt.«

Aber Lisa wollte nicht auf meine neunmalklugen Argumente eingehen. »Lass es uns trotzdem versuchen. Wir könnten zum Spaß runter zum Cal-1 wandern. Du und ich. Zusammen. Dieses Mal bringe ich sogar meine eigene Stirnlampe mit!«

Meine Stimme und mein Herz wurden etwas weicher. »Das wäre wirklich schön, aber ich glaube, du verstehst mich immer noch nicht. Selbst wenn ich alles gebe, werde ich es nicht unter 30 Stunden ins Ziel schaffen. Das habe ich schon vor Stunden in der Hitze vermasselt. Ich kann die verlorene Zeit nicht mehr zurückholen. Mein Rennen ist vorbei. Es ist schon seit Devil's Thumb vorbei.«

Wieder ging Lisa nicht darauf ein. Sie tat vielmehr so, als hätte ich ihrem Plan zugestimmt und sagte: »Hier ist dein Kaffee, trink einen Schluck. Ich bin gleich mit meiner Stirnlampe zurück.«

»Okay.« Was sonst hätte ich sagen sollen?

Ihre Worte waren entwaffnend. In gewisser Weise fühlte ich mich manipuliert, des Rechts beraubt, meine eigene Entscheidung zu treffen. Aber gleichzeitig waren ihr Mitgefühl und ihre Aufmerksamkeit für meinen miserablen Zustand echt. Bevor ich wusste, wie mir geschah, verließen Lisa und ich die Aid Station in Foresthill beim *Western States Endurance Run 2022*, und ich war zurück in dem Rennen, das ich Stunden zuvor komplett abgeschrieben hatte.

Nur wenige Augenblicke später sollte ich herausfinden, dass ich mich geirrt hatte. Mit allem. Mein zerstörter Körper und mein vernebelter Verstand hatten mich dazu verleitet, mich selbst aufzugeben, doch mein Herz war immer noch hungrig, dieses Rennen zu beenden. Dieses Herz allein würde mich schon bald durch die gesamte Nacht und bis zur Tartanbahn der Placer High School in Auburn, Kalifornien, tragen. Ein wahres Wunder.
Zumindest aus der Sicht von jemandem, der in Foresthill auf einer Kühlbox sitzt und über verlorene Zeit, Cut-offs und Durchschnittsgeschwindigkeiten diskutiert.

EINLEITUNG

VORSTELLUNG MEINER BUCKET-LISTE

Die Liste meiner Laufziele war noch nie besonders lang. Auf ihr stehen:

- ein Marathon unter 3 Stunden,
- eine selbstversorgte Alpenüberquerung,
- 1000 Meter unter 3 Minuten,
- die Rückkehr zum Boston-Marathon, dieses Mal mit einem starken Finish,
- und irgendwann, in ferner Zukunft der *Western States Endurance Run* als mein erstes 100-Meilen-Rennen.

Vor kurzem habe ich den letzten Punkt auf dieser Liste abgehakt und dieses Buch darüber geschrieben.

Es ist nicht ungewöhnlich, dass Läuferinnen und Läufer den *Western States*, kurz für *Western States Endurance Run* oder *Western States 100*, auf ihrer Bucket-Liste notiert haben. Selbst wer mit dem Ultralaufsport noch nicht vertraut ist, wird irgendwann von diesem legendären Rennen in den Bergen der Sierra Nevada und seiner langen Tradition hören. Jeder, der dann in die vielen außergewöhnlichen Geschichten, die der *Western States* im Laufe der Jahrzehnte geschrieben hat, eintaucht, wird davon gefesselt und mitgerissen. So erging es mir, als ich *Eat & Run* von der Ultralauf-Ikone Scott Jurek las. Seine faszinierende Karriere erreichte ihren Höhepunkt, als er zwischen 1999 und 2005 siebenmal in Folge den *Western States* lief und gewann. Er hielt sogar sechs Jahre lang, von 2004 bis 2010, den Streckenrekord bei den Männern mit einer Zeit von 15:36:27 Stunden. Es waren aber nicht seine beeindruckenden Ergebnisse, die mich faszinierten. Es waren Scotts akribische Beschreibungen des Rennens und all seiner sonderbaren großen und kleinen Herausforderungen. Ich fragte mich auch: Warum kehrt ein Läufer, der sich in seiner absoluten Blütezeit befindet, immer wieder zum selben Rennen zurück? Die Antwort ist offensichtlich. Weil es der *Western States* ist.

Ich habe *Eat & Run* im Jahr 2014 gelesen. Damals war ich noch weit davon entfernt, selbst ein Ultraläufer zu sein. Ich hatte erst ein paar Monate zuvor mit dem Laufen begonnen und trainierte für meinen ersten Halbmarathon. Und doch faszinierten mich Scott Jureks Geschichten. Seine Worte, mit denen er stundenlange Läufe in den Bergen von Colorado und Kalifornien beschrieb, weckten in mir ein faszinierendes Bild von grenzenloser Freiheit und spannenden Abenteuern.

Meinen ersten Kontakt zum Ultralaufen in der realen Welt hatte ich durch meinen neu entstandenen Freundeskreis, die Willpower Athletes. Im Jahr 2015 baute ich auf meiner langjährigen Erfahrung als Musikschaffender auf und gründete meine eigene Laufmarke namens Willpower. Eine Gruppe Läuferinnen und Läufer, die ähnlich tickten wie ich, versammelte sich bald unter dem Banner meines neu geschaffenen Brands. Dieser Freundeskreis wurde schnell zu meiner wichtigsten Verbindung zur Laufwelt und beeinflusste meine eigene Ausübung dieses Sports enorm.

Unter den Willpower Athletes war es üblich, lange Strecken zu laufen. Die meisten waren Ultralauf-erfahren, und eine ganze Reihe von ihnen hatte bereits 100-Kilometer- oder sogar 100-Meilen-Läufe (ca. 161 km) in den Bergen gemeistert. Ultramarathons waren also ein ganz normales Gesprächsthema bei uns. Das machte mich neugierig und minderte gleichzeitig den Schrecken vor diesen enormen Distanzen. Es dauerte jedoch noch zwei Jahre, bis ich mich selbst an einen Ultra, kurz für Ultramarathon, heranwagte. 2017 lief ich die 65-Kilometer-Distanz beim *Zugspitz Ultratrail* in Garmisch-Partenkirchen, rund um Deutschlands höchstem Berg, die Zugspitze. Es war anders als alles, was ich je zuvor gemacht hatte, und ich spürte sofort, dass mich das Ultralaufen nicht mehr loslassen würde. Die riesige Bandbreite an Emotionen, die ich dabei durchlebte, war überwältigend. Es war eine Reise der Selbstfindung, eine Erfahrung, die mich vollkommen in ihren Bann zog und mich völlig von den alltäglichen Gedanken und Sorgen abschottete. Das Ultralaufen entfachte eine geradezu hypnotisierende Faszination in mir und berührte meine Seele auf eine Weise, die ich nie zuvor erlebt hatte.

Aber auch Jahre später, nach meinen ersten Lauferfahrungen jenseits der 42,195-Kilometer-Marke, hatte ich nicht vor, in naher Zukunft einen 100-Meilen-Lauf zu absolvieren. Ich begnügte mich damit, zwischen Straßenläufen und Trailrennen mit Distanzen von 20 bis 70 Kilometern hin und her zu wechseln. Das war mein Laufhorizont. Es gab für mich darin noch so viel zu entdecken und zu erreichen. Schließlich hatte ich erst 2013 mit dem Laufen angefangen, ich fühlte mich noch nicht reif genug für längere Strecken und größere Herausforderungen. Dennoch war der *Western States* immer in meinem Hinterkopf, und unsere Wege kreuzten sich regelmäßig.

VORSTELLUNG DES SPIESSERS UND DES PUNKS

Dass ich beim Ultralaufen nicht sofort »all-in« gegangen bin, hat auch etwas mit meiner Persönlichkeit zu tun. Oder sollte ich »Persönlichkeiten« sagen? Mein Läuferleben – im Grunde mein gesamtes Leben – wird durch zwei Herzen bestimmt, die in meiner Brust schlagen. Ich nenne diese beiden Impulse oft den »Spießer« und den »Punk«.

Ein Teil von mir, der Spießer, liebt es, Dinge gründlich zu durchdenken, auf Nummer sicher zu gehen, minutiös zu planen, dann tief durchzuatmen, sich zurückzulehnen und einen berechenbaren Prozess zu genießen. Der Spießer lebt in einer Welt der Zahlen und Daten. Er lässt sich nicht so leicht aus der Bahn werfen, ist gut organisiert, wendet gern sein bestehendes Wissen an und behält einen kühlen Kopf. Der Spießer ist die Verkörperung von Ordnung.

Der andere Teil von mir, der Punk, liebt das Unbekannte, sich überwältigt zu fühlen und an Orte zu gehen, an denen Ungewissheit und Aufruhr herrschen. Orte, an denen er nicht die Kontrolle hat. Der Punk ist unendlich neugierig und handelt aus dem Bauch heraus. Er scheitert oft und versucht es dann mit einer fast kindlichen Naivität erneut. Der Punk verkörpert das Chaos. Aber auch pure Liebe und Leidenschaft.

In meinem Läuferleben steht der Spießer für den Straßenlauf, während der Punk das Trail- und Ultralaufen verkörpert. Der Spießer strebt danach, dass alles nach Plan verläuft, während der Punk die Ungewissheit sucht. Der Spießer läuft mit seinem Verstand. Der Punk läuft mit seinem Herzen.

Eine andere Möglichkeit, diese beiden Teile meiner Persönlichkeit zu beschreiben, findet sich in den Schriften und Konzepten des Psychologen C. G. Jung über das Ich und das Selbst.

Das Ich, auch oft als Ego bezeichnet, beschreibt das, was wir meinen, wenn wir »ich« sagen, während das Selbst ein deutlich ganzheitlicheres Konzept ist. Es ist eine größere Entität, die sowohl das Ich als auch das persönliche und kollektive Bewusstsein und das Unbewusste einschließt. Es ist ein quasi-spiritueller Raum, aus dem Träume, Intuition, Ideen und unendliche Weisheit hervorgehen. Wem das zu hochtrabend klingt, kann sich das Selbst auch als die Seele, als Schicksal oder als das oft beschworene »Etwas, das größer ist als wir selbst« vorstellen.

In unserem Alltag sitzt das Ich auf dem Fahrersitz, und wir würden keinen einzigen Tag überleben, wenn es nicht so wäre. Aus gutem Grund: Das Ich ist pragmatisch und rational. Es glaubt an die Gesetze der Physik. Es existiert nichts außer der materiellen Welt, und alles unterliegt ihren profanen Regeln. Es gibt nichts nach dem Tod. Wenn wir sterben, endet das Leben.

Das Selbst hingegen ist alles, was jenseits der materiellen Welt liegt. Es stellt Zeit, Raum und den Tod infrage. Auf seinem heiligen Boden sind wir alle eins, verbunden durch Liebe. Wir finden demütig Zugang zum Selbst, wenn wir meditieren, tanzen, singen oder beten. Ebenso wenn wir brainstormen, einen Song komponieren, ein Gedicht schreiben, unter der Dusche einen Geistesblitz haben oder mit einer anderen Person telepathisch denselben Gedanken im selben Moment teilen. Vor allem aber zeigt sich das Selbst, in dem, was uns bleibt, wenn wir nichts mehr zu geben haben. Diese unerklärliche, mystische Kraft ist das Selbst.

Zwischen dem Ich und dem Selbst findet ein fortwährender Kampf statt. Das Ich will, dass alles so bleibt, wie es ist. Das Selbst möchte sich weiterentwickeln, lernen, wachsen.

Der Spießer in mir fühlt sich mit dem Ich verbunden. Der Punk wird vom Selbst angezogen.

Keine Sorge, ich bin nicht schizophren. Es gibt auch kein Gut oder Schlecht in Hinblick auf diese zwei Teile meiner Persönlichkeit. Beide Charaktere repräsentieren, wer ich bin. Ich wechsle ständig zwischen den beiden hin und her. Manchmal hat der Spießer die Oberhand, und dann übernimmt wieder der Punk die Führung.

Es war mindestens Glück, vielleicht sogar Schicksal, als ein Traum aus der fernen Zukunft durch einen Zufallstreffer zur unmittelbaren Realität wurde. Allen Wahrscheinlichkeiten zum Trotz gewann ich bei der *Western States*-Lotterie und landete auf der Teilnehmerliste für das Rennen im Sommer 2022. Diese Nachricht kam für mich vollkommen überraschend und hat mich, gelinde gesagt, umgehauen. Ich hatte nämlich gerade erst das bisher größte Laufprojekt meines Lebens abgeschlossen, meinen ersten 100-Kilometer-Ultramarathon, und sehnte mich nun danach, in meine typische Läufer-Schutzzone einzutauchen: ein gut strukturiertes und sehr vorhersehbares Straßenmarathon-Training. Ich war einfach noch nicht bereit für das nächste große Ding.

Als die Ergebnisse der *Western States*-Lotterie eintrafen, war es still in mir. Weder der Spießer noch der Punk trauten sich etwas zu sagen. Dieses Laufprojekt war einfach zu überwältigend, um es überhaupt greifen zu können. Der Punk, der Spießer und der gesamte Rest von mir waren wie gelähmt.

Ich brauchte eine ganze Weile, um diese Information zu verarbeiten, aber irgendwann machte es »klick«. Ich hatte die große Chance, ja sogar die Ehre, im Rahmen des *Western States* meinen ersten 100-Meilen-Lauf zu bestreiten. Einfach unfassbar! Auf einmal begannen der Spießer und der Punk langsam ihre Stimmen zu erheben. Verschiedene Perspektiven und Vorstellungen drehten sich wie ein Karussell in meinem Kopf. Zuerst trat der Punk hervor, und nahm die Rolle des Draufgängers ein. Er sagte: »Ein 100-Meilen-Lauf kann doch nicht so schwer sein. Was soll schon passieren?" Wenn wir unseren Alltag verlassen, um einen Ultramarathon zu laufen, betreten wir die Unterwelt, das Reich des Chaos und der Unberechenbarkeit. Die Heimat des Punks: Hier ist nichts vorhersehbar, man muss auf alles gefasst sein. Doch es gibt keinen Grund, Angst zu haben. Ultramarathons sind ebenso Orte der Entdeckung, des Findens und der Überraschungen – und zwar auf eine positive und erfüllende Art und Weise. Sie können dein Leben bereichern und dich sogar erleuchten.

Dann meldete sich der Spießer zu Wort. Und zwar mit den Worten von Colonel John »Hannibal« Smith aus dem *A-Team*: »Ich liebe es, wenn ein Plan funktioniert!« Colonel Smith war sich bewusst, dass die Vorbereitung auf einen 100-Meilen-Lauf ein echtes Monsterprojekt ist. Vor allem, wenn man diese Distanz noch nie zuvor gelaufen ist. Aber im Grunde ist es kein Hexenwerk. Die Grundregeln der Trainingslehre kann man auf jede Laufdistanz anwenden. Sogar auf jeden anderen Sport. Außerdem bietet das Internet sowohl einen großen Fundus an Wissen über den 100-Meilen-Lauf im Allgemeinen als auch über den *Western States* im Speziellen. All das hat die

Neugier und den Tatendrang des Spießers geweckt. Doch bleibt die Frage: Ist es tatsächlich möglich, ein so herausforderndes Rennen zu meistern?

Die wichtigste Wortmeldung kam jedoch von einem anderen Wesen, nämlich Yoda: »Vergessen musst du das, was früher du gelernt.«

Bald sollte sich herausstellen, dass ein durchdachter Trainingsplan, umfassendes Wissen und Erfahrung sowie stoische Beharrlichkeit den Spießer bis an die Startlinie des Western States bringen können. Selbstbewusst und zweifellos gut vorbereitet. Während des Rennens sollte ich jedoch an einen Punkt kommen, an dem dieses sorgfältig aufgebaute Kartenhaus in sich zusammenfällt. Ich würde alles, was ich mir erarbeitet hatte – und auch mich selbst – aufgeben und loslassen müssen. Es würde ein Moment kommen, an dem ich all das, was ich wusste, was ich zu wissen glaubte, hinter mir lassen müsste. Hier würde der Punk das Ruder übernehmen.

Es gibt unzählige Herangehensweisen und noch mehr Gründe, einen 100-Meilen-Ultramarathon zu laufen. Doch die wahren Motive, so glaube ich, finden wir nicht in unseren Köpfen. Sie sind in unseren Herzen verankert, seit dem Tag, an dem wir beschlossen haben, uns anzumelden.

Einen Ultramarathon zu laufen, ist purer Heldenmut. Wir werden gerufen und durchleben Zweifel, Kampf, Tod, Wiedergeburt und Heimkehr. Eine wahre Heldenreise, die unser Leben auf den Kopf stellen und uns für immer verändern kann. Und das ist die Geschichte, die ich mit euch teilen möchte.

VORSTELLUNG DIESES BUCHES

In meinem Buch geht es nicht um beeindruckende Zahlen, makellose Trainingstagebücher und herausragende Zeiten oder Platzierungen. Es handelt nicht von einem erfolgreichen Rennen, das gut vorbereitet und noch besser absolviert wurde. Meine Geschichte handelt vielmehr davon, wie ich mich mit meinem tiefsten Inneren verbunden habe. Mit all dem Guten, dem Schlechten, dem noch Schlechteren, dem absolut Schrecklichen und dem verstörend Unangenehmen. Auch wenn das widersinnig klingt, ich hoffe, es inspiriert dich, das Gleiche zu tun. Denn tief in deinem Inneren findest du vielleicht auch eine unerschöpfliche Kraftquelle, die keiner plausiblen Logik folgt. Kein früheres Rennergebnis, kein Trainingserfolg, kein Streckenverlauf, kein Höhenprofil und keine Rennbeschreibung kann den Ausgang oder das Erlebnis eines Ultramarathons vorhersagen. Wir sind etwas Größerem ausgeliefert, und das ist es, was diesen Sport so unfassbar schön macht. Und es ist der Grund, warum dieses Buch existiert.

Wenn du auf der Suche nach allgemein gültigen Tipps und Tricks oder einer detaillierten »How-to«-Anleitung für den *Western States Endurance Run* bist, dann muss ich Dich auch enttäuschen. Ich bin nicht der Richtige, um dir zu sagen, wie du für dieses epische oder ein anderes Rennen trainieren oder es bestreiten sollst. Auch wenn ich versuchen würde, meine Erfahrungen beim *Western States* in einen Lauf-Ratgeber zu übersetzen, wäre das Motto »Tu, was ich sage, nicht, was ich selber tue«. Auch nach dem Western States bin ich noch lange kein erfahrener Ultraläufer und daher der Letzte, der dir sagen kann, was du wie machen sollst. Im Laufe des Buches wirst du erkennen, warum.

Aber wenn dich die ehrliche Geschichte eines ambitionierten Freizeitsportlers interessiert, der diesen Sport über alles liebt, dann ist dies das richtige Buch für dich. Ein Läufer, der in der Vorbereitung und während des *Western States*-Rennens entdeckt hat, dass man einen Ultramarathon nicht mit gut durchdachten Plänen, rationalen Zahlen und Berechnungen bewältigt. Er muss mit dem Herzen gelaufen werden. Eine Lektion, die ich ohne Wenn und Aber auf die harte Tour gelernt habe, die aber mein Leben für immer verändert hat.

Dieses Buch ist auch eine Hommage an das schönste Rennen, an dem ich je teilgenommen habe. Ich werde dir erzählen, wie und warum mich der *Western States* so stark geprägt hat. Vielleicht bekommst du einen Eindruck davon, warum der *Western States Endurance Run* so vielen Läuferinnen und Läufern auf der ganzen Welt so viel bedeutet und wie er sich von einem einzigen Teilnehmer bei seiner ersten Austragung im Jahr 1974 zum prestigeträchtigsten Ultramarathon der Welt entwickelt hat. Wenn du jemals die Gelegenheit hast, diesem Rennen beizuwohnen, sei es als Teilnehmender, Freiwilliger, Pacer, Crew-Mitglied oder auch nur als Zuschauerin, solltest du nicht lange überlegen. Es wird eine unglaubliche Erfahrung sein. Das verspreche ich dir!

Und zu guter Letzt, wenn ich Glück habe, dient dir mein Buch vielleicht auch als Inspiration, deine eigenen Laufträume zu verfolgen. Als Motivation, sie in konkrete Ziele umzuwandeln, auf die du hinarbeiten kannst. Das wünsche ich mir sehr. Genau an diesem Punkt befand ich mich im Dezember 2021. Am Anfang meiner *Western States*-Reise.

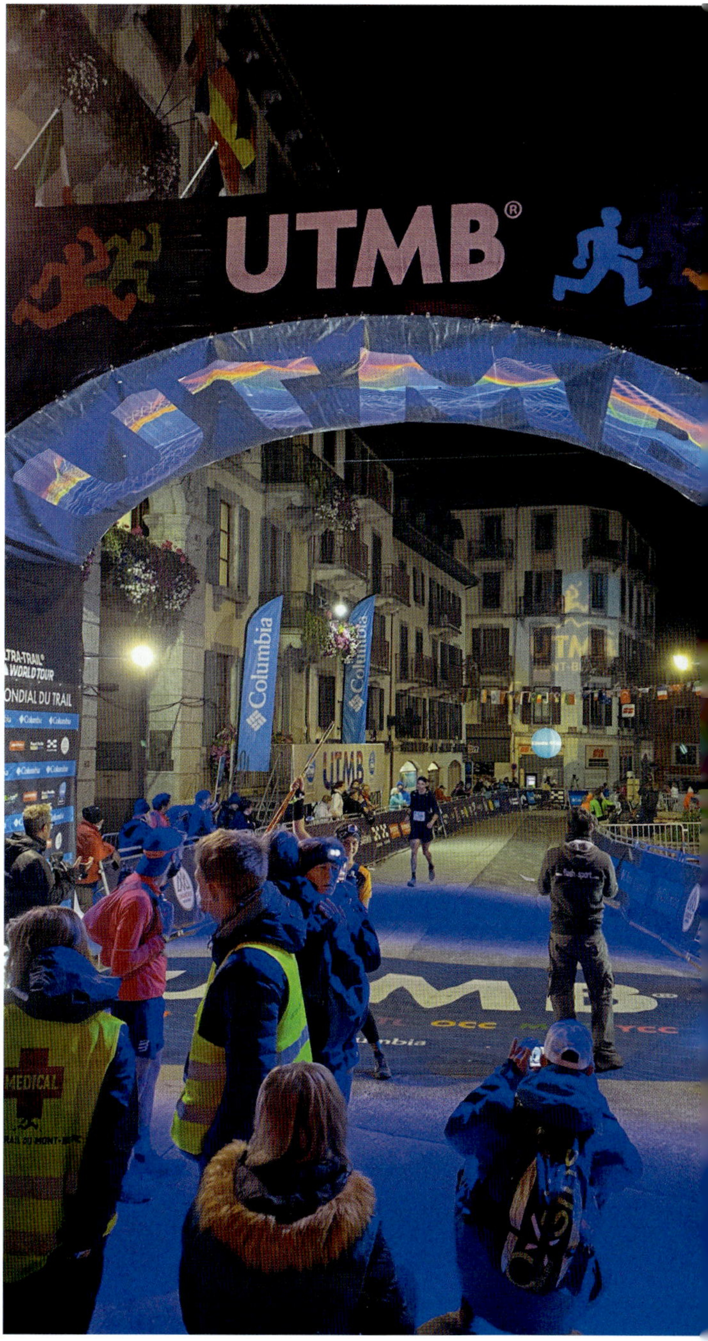

Mit dem Überqueren dieser Ziellinie beim *CCC* im Rahmen des *Ultra-Trail du Mont-Blanc (UTMB)* beginnt meine *Western States*-Reise.

Begeben wir uns also dorthin, wo alles begann. In Chamonix, Frankreich.

TEIL 1

Ruf des Western States

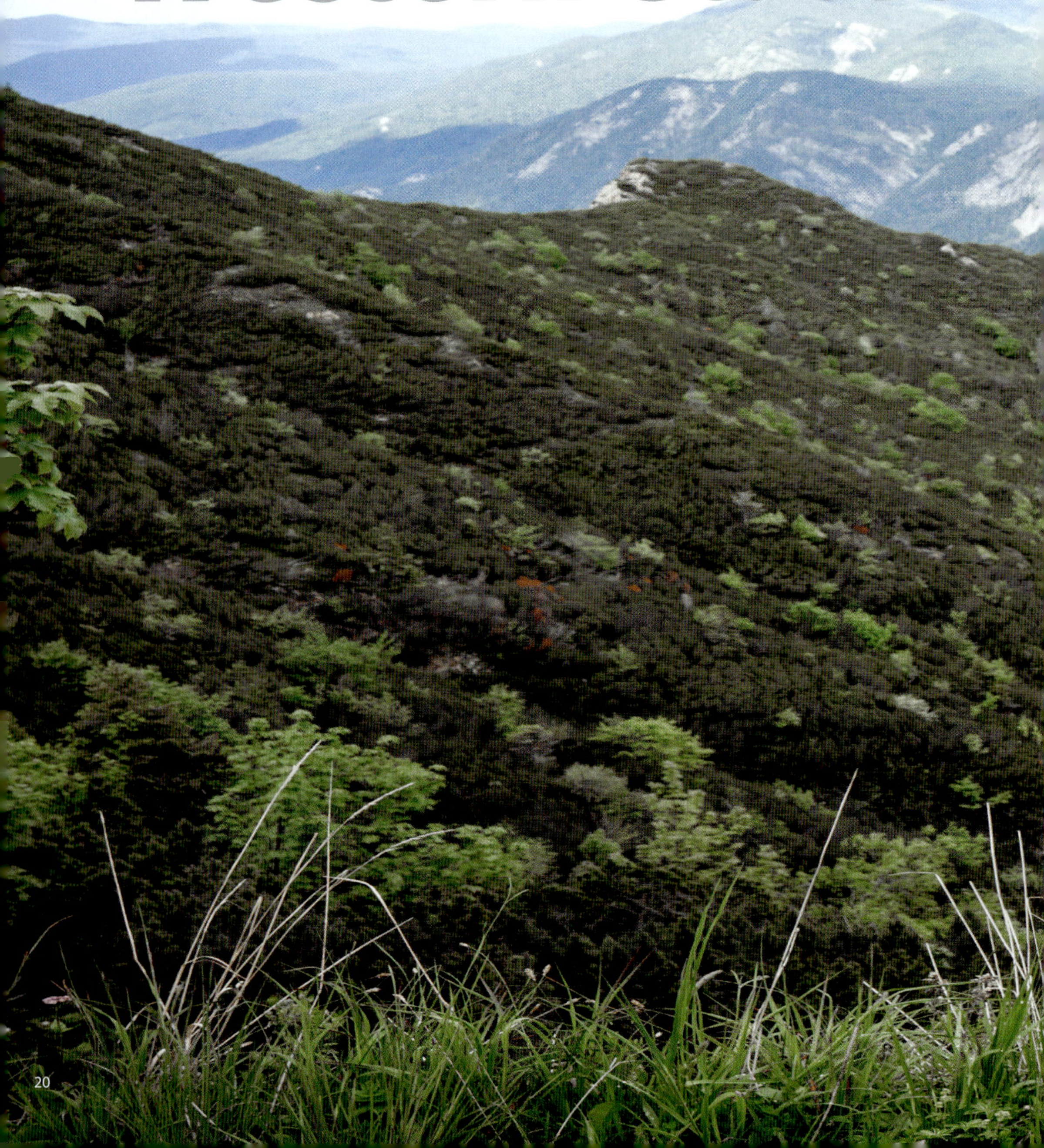

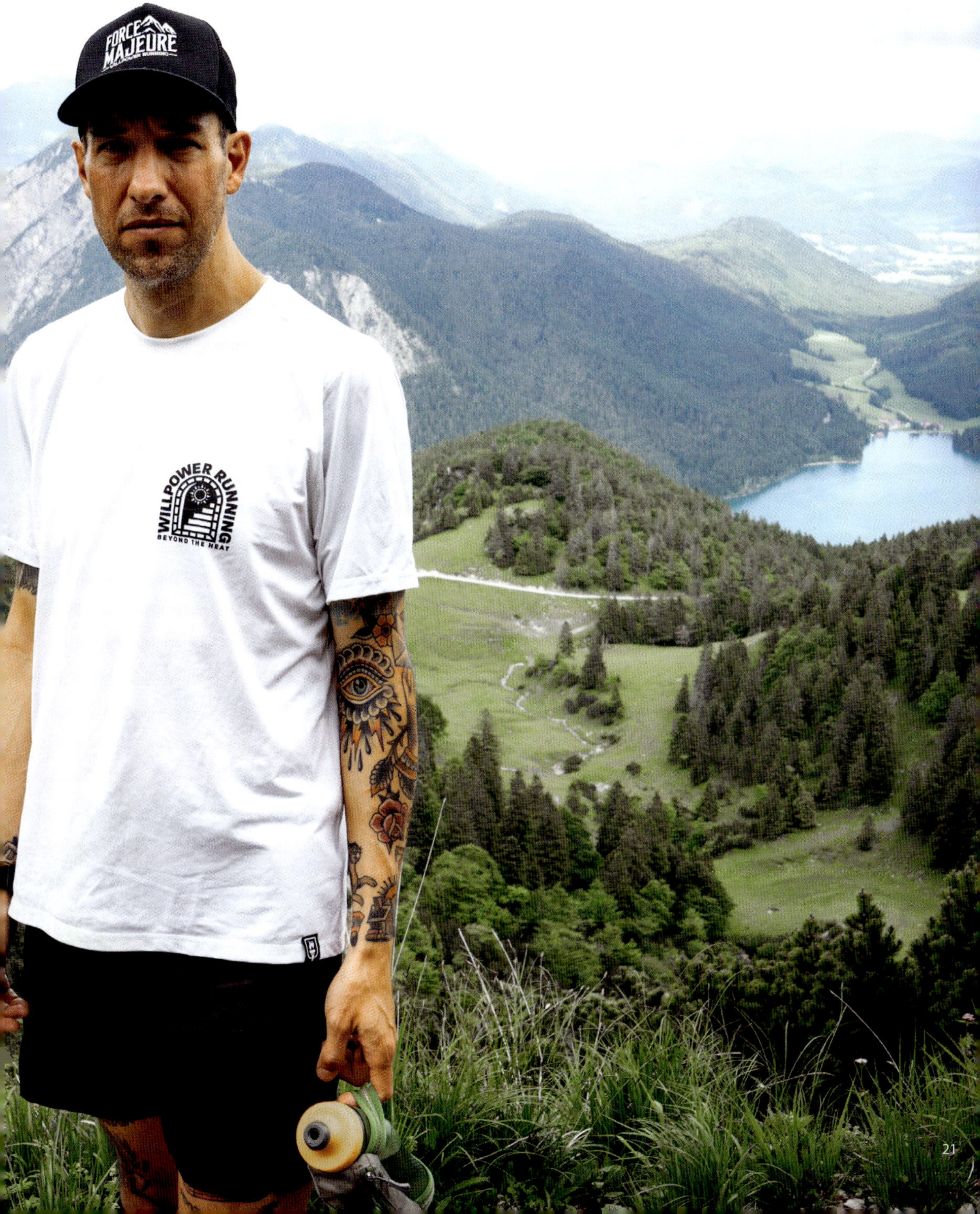
FORCE MAJEURE
WILLPOWER RUNNING
BEYOND THE HEAT

KAPITEL 1

EINHUNDERT … KILOMETER

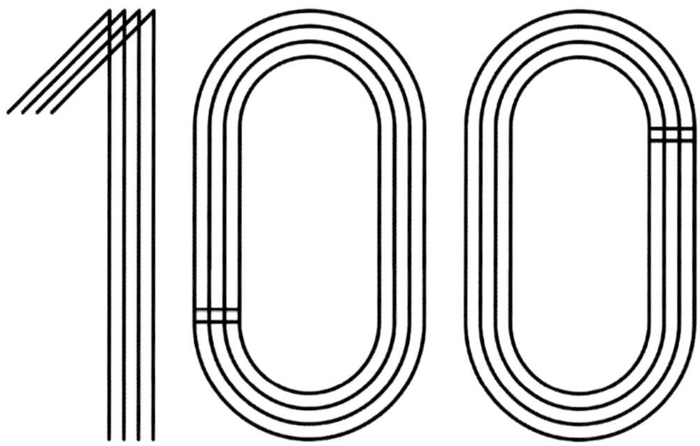

Chamonix ist ein magischer Ort, der auch das Herz des größten Lauf-Miesepeters höherschlagen lässt. Als ich jedoch in den frühen Morgenstunden des 28. August 2021 den Place du Triangle de l'Amitié im Zentrum von Chamonix betrat, fühlte ich nichts. Das ist nicht unbedingt etwas Schlechtes, nachdem man 100 Kilometer um das Mont-Blanc-Massiv gelaufen ist. Wenigstens versank ich nicht in Schmerzen oder Müdigkeit oder war von stundenlangem seelischem Leid gezeichnet. Aber es gab auch keine überschwängliche Freude, kein Glücksgefühl der Erleichterung und kein wirkliches Erfolgserlebnis. Ich überquerte einfach die Ziellinie, umarmte Lisa, die bald meine Verlobte sein würde, und meinen Vater. Ich trank einen Becher Cola und fuhr nach Hause. Das war's.

Ich war meinen ersten 100-Kilometer-Ultramarathon, den *CCC*, im Rahmen des *Ultra-Trail du Mont-Blanc (UTMB)* gelaufen. Der *UTMB* ist die größte Veranstaltung in unserem Sport. Der Superbowl des Trailrunning, wie er schon oft genannt worden ist. Der *CCC* ist die gar nicht so kleine »kleine Schwester« des *UTMB*. Auf seiner ziemlich genau 100 Kilometer langen Strecke sind beachtliche 6100 Meter Höhenunterschied zu bewältigen. Der *CCC* findet in einer Höhe von bis zu 2600 Metern statt und stellt die Teilnehmenden vor schwierige und schnell wechselnde Wetterbedingungen, unwegsames Terrain und extrem lange und steile Auf- und Abstiege, was den *CCC* zu einem äußerst begehrten Rennen für fast jeden Ultraläufer und jede Ultraläuferin macht.

Er stand schon lange ganz oben auf meiner Wunschliste für meinen ersten 100-Kilometer-Lauf. Allerdings hatte ich nicht vor, ihn im Jahr 2021 zu absolvieren. Ich hatte gerade einen weiteren, sinnlosen Marathon-Trainingszyklus hinter mir, der keinen richtigen Abschluss hatte. Der Straßenmarathon, an dem ich teilnehmen wollte, war das zweite Jahr in Folge wegen COVID abgesagt worden. Überraschend hatte ich dann das Glück, mich ein erneutes Mal für den begehrten *CCC*-Lauf bewerben zu dürfen. Ich war bei der ersten Auslosung nicht berücksichtigt worden, aber da zahlreiche Athletinnen und Athleten ihre Reise aufgrund der weltweiten Pandemie absagen mussten, boten die Organisatoren eine zweite Chance zur Anmeldung an. Innerhalb eines Zeitfensters von 24 Stunden konnte sich jeder, der über genügend Punkte aus offiziellen Qualifikationsrennen verfügte, erneut bewerben, um die Chance zu erhalten, für das Rennen seiner Wahl beim *UTMB* ausgewählt zu werden. Ich werde hier nicht weiter ins Detail gehen – die *UTMB*-Anmeldung und -Lotterie sind die kompliziertesten der Welt. Nicht einmal Profisportler, die ihren Lebensunterhalt mit der Teilnahme an solchen Rennen verdienen, verstehen, wie das Ganze funktioniert. Aber irgendwie habe ich einen der begehrten Startplätze für den *CCC* bekommen. Zum ersten Mal seit langer Zeit hatte ich ein Laufprojekt vor mir, das mich mit Ehrfurcht erfüllte und meinen sportlichen Ehrgeiz weckte. Ich war begeistert.

Nun, dieses Buch handelt von einem 100-Meilen-Lauf in den Vereinigten Staaten, nicht von einem 100-Kilometer-Lauf in Frankreich. Ich will mich also kurzfassen und euch nur sagen, dass der *CCC* ein wunderschöner, aber auch anspruchsvoller Ultramarathon ist, der mich als Läufer in vielerlei Hinsicht geprägt hat. Allerdings bin ich mit vollkommen neutralen Gefühlen über die Ziellinie in Chamonix gelaufen. Weder gut noch schlecht, sondern, nun ja, neutral.

Ich kann nur raten, aber der Grund dafür, dass meine emotionale Amplitude eher flach blieb, könnte darin liegen, dass fast alles nach Plan lief. Abgesehen von ein paar unerklärlichen Energietiefs, die mich öfter als gewollt zwangen, auf einem Stein zu sitzen – ich schäme mich nicht, das hier zu erwähnen – verlief das Rennen nahezu problemlos. Trotz meiner noch recht überschaubaren Ultralauferfahrung weiß ich, dass dies eher untypisch ist für das Laufen so langer Strecken. Selbst bei kürzeren Ultramarathons, wie 50-Kilometer- oder 50-Meilen-Läufen, ist man mit hoher Wahrscheinlichkeit mit einer ganzen Reihe unerwarteter zusätzlicher Herausforderungen und Rückschlägen konfrontiert. Ebenso wie mit den emotionalen Höhen und Tiefen, die damit unabdingbar einhergehen. Das war bei meinem *CCC* nicht der Fall, und ich erlebte ein nicht sehr intensives erstes 100-Kilometer-Rennen. Dem Spießer in mir gefiel das sehr.

Es war eine ziemlich kurze Reise von Chamonix nach Olympic Valley, dem Startort des *Western States Endurance Run*. Nach einem Anfall von spontanem Renn-Tourette, darunter der *München Marathon*, die Halbmarathondistanz beim *Hochkönigman* nur eine Woche nach dem *CCC* und das absolut wunderbare *Limonextreme Skyrace* in Italien, saß ich Anfang Dezember 2021 mit ein paar Freunden an unserem Küchentisch, als der Willpower Athletes-Gruppenchat auf meinem Telefon aufpoppte:

»Chriiiissss!! Du hast in der Lotterie gewonnen! Sie haben gerade deinen Namen bekannt gegeben!!!«

Bevor ich richtig realisieren konnte, was los war, explodierte mein Posteingang mit Gratulationen und guten Wünschen für mein bevorstehendes »großes Rennen«. Meine *Western States*-Reise hatte begonnen.

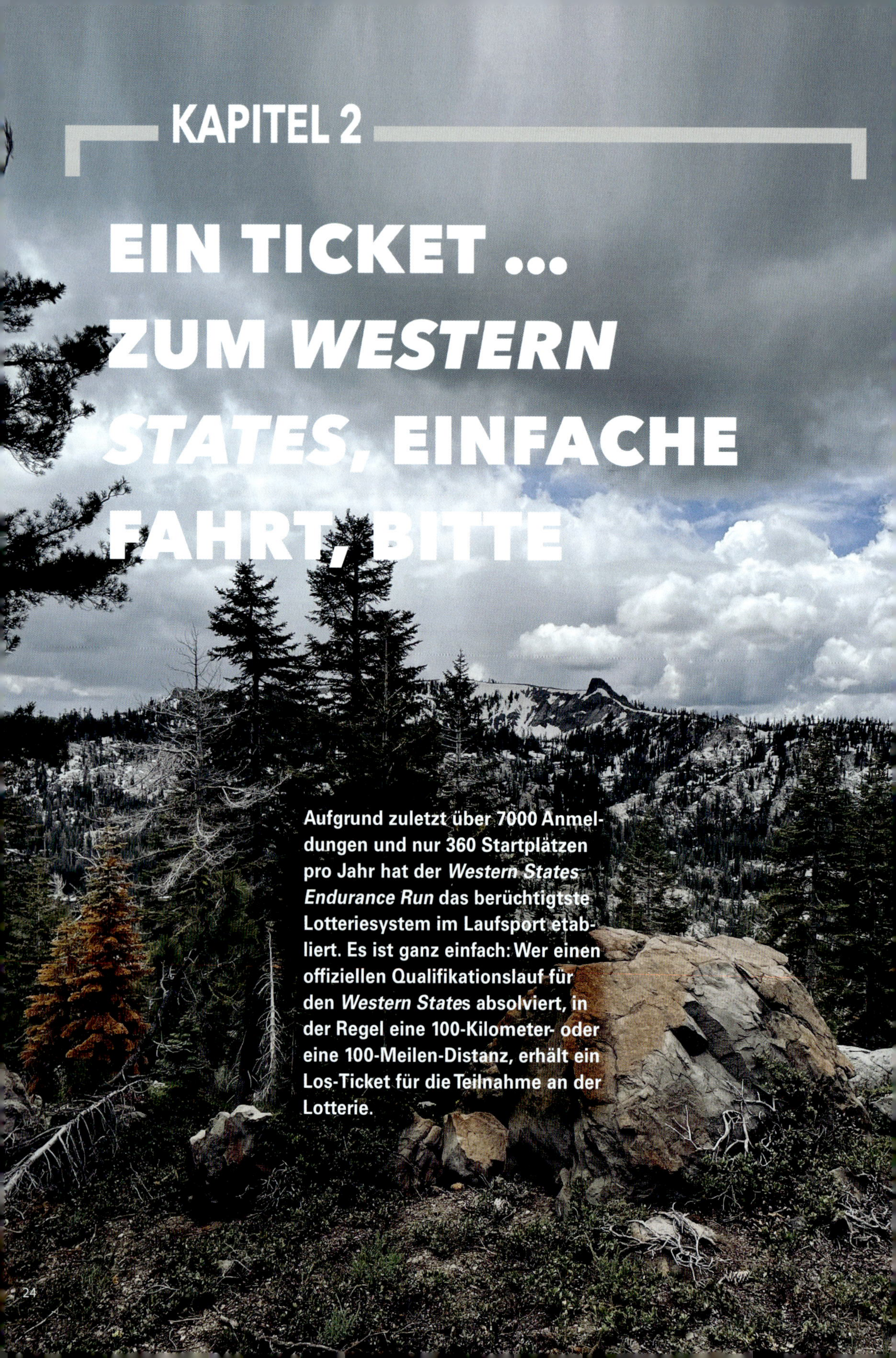

KAPITEL 2

EIN TICKET … ZUM *WESTERN STATES*, EINFACHE FAHRT, BITTE

Aufgrund zuletzt über 7000 Anmeldungen und nur 360 Startplätzen pro Jahr hat der *Western States Endurance Run* das berüchtigtste Lotteriesystem im Laufsport etabliert. Es ist ganz einfach: Wer einen offiziellen Qualifikationslauf für den *Western States* absolviert, in der Regel eine 100-Kilometer- oder eine 100-Meilen-Distanz, erhält ein Los-Ticket für die Teilnahme an der Lotterie.

Jedes Jahr, in dem man sich erneut qualifiziert, verdoppelt sich die Anzahl der Lotterielose. Nach zwei Jahren hat man also zwei Lose, nach drei Jahren vier Lose, nach vier Jahren acht Lose und so weiter. Der *CCC* war eines der Qualifikationsrennen auf der Liste, und ich tat, was wahrscheinlich jeder Ultraläufer auf der Welt tut – ich warf meinen Hut in den Ring. Irgendwo muss man ja mal anfangen. Mein Los-Ticket-Stapel sollte kontinuierlich wachsen, bis ich vielleicht irgendwann einmal ein glücklicher *Western States* Lotteriegewinner sein würde. Ich rechnete damit, dass es einige Jahre dauern würde, bevor ich gezogen werde. In der Zwischenzeit wollte ich weiter laufen, weiter trainieren und zusehen, wie sich schrittweise sowohl meine Ultramarathon-Fitness als auch die Anzahl meiner Lose vergrößert.

Das ist aber nicht das, was passiert ist. Ganz im Gegenteil. Ich gewann die *Western States*-Lotterie mit nur einem lächerlichen Los-Ticket, direkt im ersten Jahr, in dem ich mich beworben hatte. Richtig gehört, mit einem einzigen Los. Die Wahrscheinlichkeit, dass so etwas passiert, lag 2022 bei 1,1 Prozent. Inzwischen ist sie sogar auf 0,7 Prozent gesunken. Im Durchschnitt benötigt ein Läufer sieben Jahre und 64 Lose in der Lotterie, um eine halbwegs vernünftige Chance von ungefähr 50 Prozent zu haben, gezogen zu werden. Und selbst das ist keine Garantie. Natürlich war ich ziemlich überrascht. Geschockt wäre eine zutreffendere Beschreibung dessen, wie ich mich fühlte.

Es lohnt sich, das Ganze näher zu beleuchten, denn der Schock und die Überraschung haben sich nicht so schnell verflüchtigt. Dieser Schlüsselmoment der Lotterieziehung und die Emotionen, die ich dabei empfunden habe, wirkten bis zu dem Moment während des *Western States* nach, in dem ich absolut überzeugt war, dass das Rennen für mich gelaufen ist.

Als ich erfuhr, dass ich in der *Western States*-Lotterie gewonnen hatte, empfand ich eine Mischung aus Ehrfurcht, Überwältigung und Verlegenheit. Ich werde das letzte Gefühl zuerst erklären. Das einfache, aber knallharte Lotteriesystem führt dazu, dass eine große Anzahl von Läuferinnen und Läufern jahrelang darauf warten, gezogen zu werden – einige von ihnen kenne ich persönlich. Indem sie sich jedes Jahr, in dem sie warten, aufs Neue qualifizieren, sammeln sie immer mehr Ultralauf-Erfahrung und entwickeln einen immer größeren Hunger auf den *Western States*. Es gibt Bewerber, die buchstäblich mit 128 Tickets im Lostopf sind.

Aber es ist nun einmal eine Lotterie. Und eine Lotterie ist immer auch Glückssache, zumindest größtenteils. Ich hatte mir nichts vorzuwerfen, ich habe nichts falsch gemacht. Dennoch konnte ich das Gefühl nicht ganz abschütteln, dass jemand Erfahreneres, der oder die schon länger wartete, den Lotteriegewinn mehr verdient hätte als ich. Ich hatte das Gefühl, dass ich nicht an die Startlinie des *Western States* in Olympic Valley gehörte. Nicht an der Reihe war. Noch nicht.

Der zweite Impuls, den ich verspürte, war eine Mischung aus Ehrfurcht und Überwältigung. Es fühlte sich an, als würde ich zu etwas gedrängt, das ich nicht tun wollte. Oder besser gesagt, noch nicht tun wollte. Der Gedanke daran, 100 Meilen zu laufen – eine Distanz, die ich nicht wirklich greifen konnte – in den Bergen, bei brütender Hitze, die ich sehr hasse, verursachte bei mir eine Gänsehaut. Und zwar nicht die schöne Gänsehaut, die man bekommt, wenn ein Lieblingslied läuft oder der Partner einen sanft berührt. Eher die kalte Gänsehaut, die einem in den Nacken kriecht, wenn man etwas Ekliges isst oder einen Horrorfilm anschaut.

Bei der *Western States*-Lotterie gezogen zu werden bedeutet nicht, dass man automatisch für das Rennen angemeldet ist. Man kann die Möglichkeit, beim Rennen zu starten, auch ablehnen. Klingt merkwürdig, kommt aber gar nicht so selten vor, wie man denken würde. Es gibt unzählige Gründe, dieses einmalige Angebot auszuschlagen: Verletzungen, Trainingsrückstand, familiäre Verpflichtungen, Reisebeschränkungen … oder einfach mangelndes Selbstvertrauen. Letzteres traf auch auf mich zu.

KAPITEL 3

ZWISCHEN ZWEIFEL UND ENTSCHEIDUNGEN

Mein Lotteriegewinn war ein Zufall. Meine endgültige Entscheidung, den *Western States* zu laufen, war es nicht. Ich hatte Angst. Ich zweifelte. Ich war unentschlossen. Und ich haderte mit mir selbst. Um dieses Dilemma irgendwie zu lösen, beschloss ich, meine Stärken und Schwächen als Läufer im Allgemeinen und als Ultraläufer im Besonderen zu analysieren. Der Spießer eilte zu seinem Lieblingsspielplatz, dem Whiteboard, und erstellte eine persönliche Soll- und Haben-Liste.

Das Reflektieren über meine Schwächen war eine ernüchternde, aber auch lehrreiche Erfahrung. Vor allem die Tatsache, dass ich extrem hitzeempfindlich bin, ist beim *Western States* nicht gerade hilfreich. Das Rennen ist dafür bekannt, dass es zu den heißesten der Welt gehört. In den Schluchten der Sierra Nevada steigt die Temperatur in der Regel auf 40° Celsius und mehr. In heißeren Jahren kann die DNF (Did Not Finish)-Quote bis zu 45 Prozent betragen. Auch die Umstellung von einem 100-Kilometer-Lauf auf einen 100-Meilen-Lauf in weniger als einem Jahr birgt Risiken und Unsicherheiten. Die zusätzlichen 65 Kilometer machen einen großen Unterschied für Körper und Geist. Es dauert Jahre, wenn nicht Jahrzehnte, bis man ein wirklich erfahrener Ultraläufer ist, der beliebig zwischen solchen Distanzen wählen kann. Ich habe auch über die unterschwellige »Zu-viel-zu-früh-Mentalität« nachgedacht, die in diesem Projekt mitschwang. Oder um es mit den Worten meines Freundes und ehemaligen Trainers Martin Grüning zu sagen:

»Nach den *Western States* ist nicht mehr viel übrig.« Ich verstand genau, was er damit meinte.

Wenn man es darauf anlegt, gibt es zwar immer einen noch längeren Lauf, einen mit noch mehr Höhenmetern oder noch schwierigerem Gelände, aber die wirklich ikonischen Läufe kann man an einer Hand abzählen. Wenn man diese einmal abgehakt hat, gibt es vielleicht keine Laufziele mehr, die man anstreben könnte. Mir war klar, dass ich mich nach Abschluss dieses Laufprojekts wahrscheinlich mit diesem Problem auseinandersetzen müsste.

Auf der Haben-Seite konnte ich glücklicherweise auch einige hilfreiche Fähigkeiten identifizieren. Beim Laufen in oder durch die Nacht fühle ich mich im Allgemeinen wohl. Ich scheine auch selten Magen-Darm-Probleme beim Laufen zu haben. Das bedeutet, dass ich während eines Rennens normalerweise viel essen kann, ohne mich übergeben zu müssen, was ein großer Vorteil ist. Vielleicht sogar die wichtigste Kompetenz beim Ultralaufen, neben der körperlichen Fitness. Außerdem bin ich ein besserer Bergab- als ein Bergaufläufer. Da der *Western States* in der Summe ein Bergabrennen ist, bei dem man mehr Höhenmeter verliert als gewinnt, war ich einigermaßen optimistisch, dass meine Oberschenkelmuskeln nicht zu früh im Rennen zerschossen sein würden. Und zu guter Letzt würde ich sagen, dass ich ein guter Problemlöser bin. Vielleicht nicht so sehr während des Rennens, aber auf jeden Fall im Vorfeld, bei der mentalen und strategischen Vorbereitung (siehe die Tabelle auf der nächsten Seite). Ich bin gut darin, Handlungspläne für alle möglichen Szenarien zu erstellen, und wenn ich Glück habe, taucht eine dieser Herausforderungen während des Rennens auf und nicht eines der Millionen anderen Probleme, für die ich keine Lösungsstrategie habe.

Nichts davon war eine Garantie dafür, dass der *Western States* ein großartiges Rennen für mich werden würde. Oder dass ich überhaupt ins Ziel kommen würde. Auf der anderen Seite war das Projekt auch alles andere als zum Scheitern verurteilt.

Während der Spießer in mir die ganze Angelegenheit wie eine geschäftliche Entscheidung behandelte, entging mir etwas. Etwas Leises, tief in mir: Ich **wollte** den *Western States* laufen. Aus tiefstem Herzen. Der Punk wollte es einfach. Rausgehen, rennen wie der Teufel und sehen, wohin es mich bringt. Die typische kindliche, fast naive Neugier des Punks und sein überschäumender Optimismus, dass am Ende alles gut werden würde. Ich dagegen war viel zu sehr damit beschäftigt, mit dem Spießer das Für und Wider in meinem Kopf hin und her zu wälzen. Ein wenig mehr Verbindung zum Punk in mir hätte vieles einfacher gemacht. Nicht nur im Hinblick auf die noch ausstehenden Rennanmeldungen. Auch um mit dem tiefen Tal umzugehen, das ich am Renntag emotional durchschreiten würde.

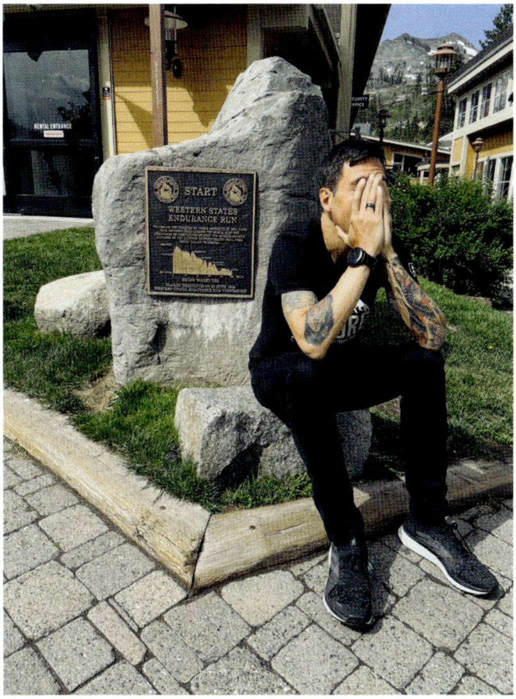

Zweifel sind meine ständigen Begleiter. Auch noch wenige Tage vor dem Rennen.

Den Ausschlag gab schließlich mein Trainer Karim Ramadan. Selbstbewusst und überzeugend präsentierte er mir einen cleveren und effektiven Trainingsplan über sieben Monate, der mich auf den 100-Meilen-Lauf vorbereiten sollte. Und das Ganze schien auch noch machbar. Karim strahlte großen Optimismus und unerschütterliches Vertrauen aus. Er hatte einen Plan. Und er glaubte an ihn. Eine ausgewogene Mischung aus konsequentem, fast stoischem Ausdauertraining, gelegentlichen Tempoeinheiten, vielen langen Tagen in den Bergen und ausreichender Erholung. Dazu kamen mentale Fähigkeiten, die mir bei den harten Trainingseinheiten und erst recht am Wettkampftag helfen würden. Karim überzeugte mich, dass ich fit und bereit für den *Western States* sein würde. Ich habe ihm vertraut und es nie bereut. Das war der Moment, in dem ich meine Entscheidung traf und mich für das Rennen anmeldete.

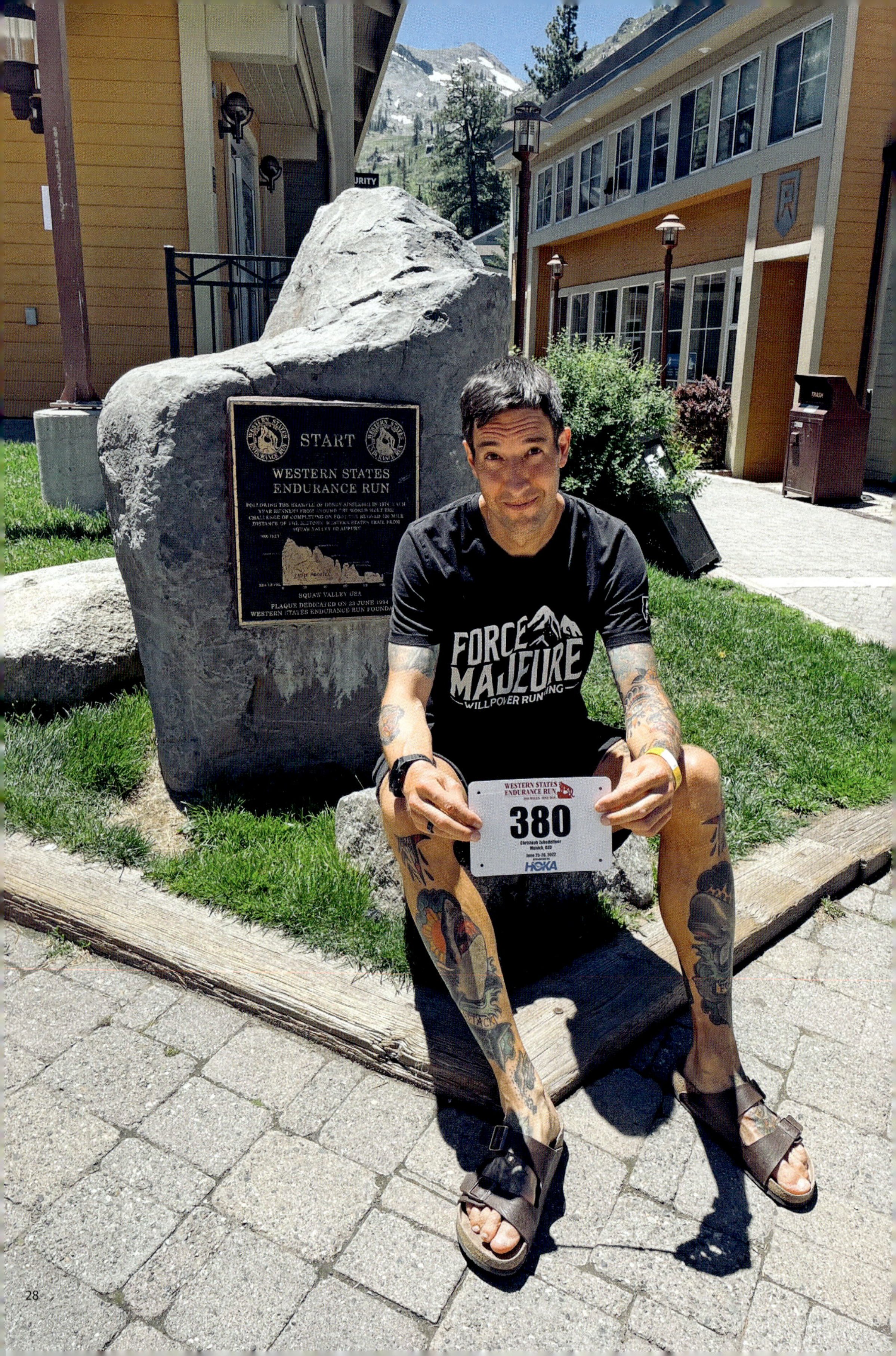
START
WESTERN STATES
ENDURANCE RUN
SQUAW VALLEY USA
FORCE
MAJEURE
WILLPOWER RUNNING
WESTERN STATES
ENDURANCE RUN
380
HOKA

ORIGINAL-SOLL- UND HABEN-LISTE FÜR DEN *WESTERN STATES*

WAS ICH SCHON GUT KANN	WORAN ICH NOCH ARBEITEN MUSS
Die Verpflegung funktioniert bei Ultraläufen normalerweise sehr gut. Ich weiß, was ich während des Laufens essen kann, und ich kann viel davon essen.	Hitzebeständigkeit. Seit ich Läufer bin, lässt meine Leistung ab 25° Celsius stark nach, und ab 30° schalte ich komplett ab. Daran muss ich für den *Western States* unbedingt arbeiten.
Ich scheine kaum Probleme zu haben, während oder durch die Nacht zu laufen.	Allgemeine Ausdauer. Nach den etwa 10 Ultraläufen, die ich bisher gemacht habe, von 50 bis 100 km, würde ich nicht sagen, dass ich für einen 100-Meilen-Lauf bereit bin, was meine allgemeine Ausdauer betrifft. Noch nicht.
Meine Beine sind viel besser darauf vorbereitet, bergab zu laufen als bergauf.	Kraft. Ich bin fest davon überzeugt, dass ich meine Bein- und Rumpfmuskulatur für einen 100-Meilen-Lauf im Besonderen und als Läufer im Allgemeinen verbessern muss.
Ich habe ein sehr gut reflektiertes und dokumentiertes 100-km-Rennen, aus dem ich viel lernen kann. Auch wenn es nur 100 Kilometer und nicht 100 Meilen waren, so ist es doch ein großer Wissensschatz.	Selbstvertrauen. Anders als bei *CCC* habe ich beim *Western States* nicht das uneingeschränkte Gefühl »Ja, ich denke, ich schaffe das«. Die Herausforderung scheint im Moment einfach zu groß zu sein, um sie zu greifen. Das wird sich hoffentlich im Laufe des Trainings ändern. Spätestens mit mindestens einem ernsthaften Vorbereitungsrennen.
Ich nehme die Dinge sehr ernst und betrachte solche Unternehmungen nicht nur als »Rennen«, sondern eher als »Lebensprojekt«. Deshalb bin ich bereit und in der Lage, viel Zeit und Arbeit zu investieren, damit es am Ende ein tolles Erlebnis wird.	
Ich werde eine sehr zuverlässige und hochmotivierte Crew und Pacer an meiner Seite haben.	
Ich habe ständigen und uneingeschränkten Zugang zu alpinem Gelände, in dem ich trainieren kann. Es ist nur 50 Minuten mit dem Auto oder Zug entfernt, und ich kann jederzeit hinfahren, auch unter der Woche.	
Ich bin zeitlich sehr flexibel. Ich kann mir jederzeit einzelne Tage freinehmen und kürzere oder längere Auszeiten für das Training nehmen.	

Aber an der Entscheidung, den *Western States* zu laufen, gibt es nichts mehr zu rütteln.

KAPITEL 4

SAGT »HI!« ZU MEINEM COACH

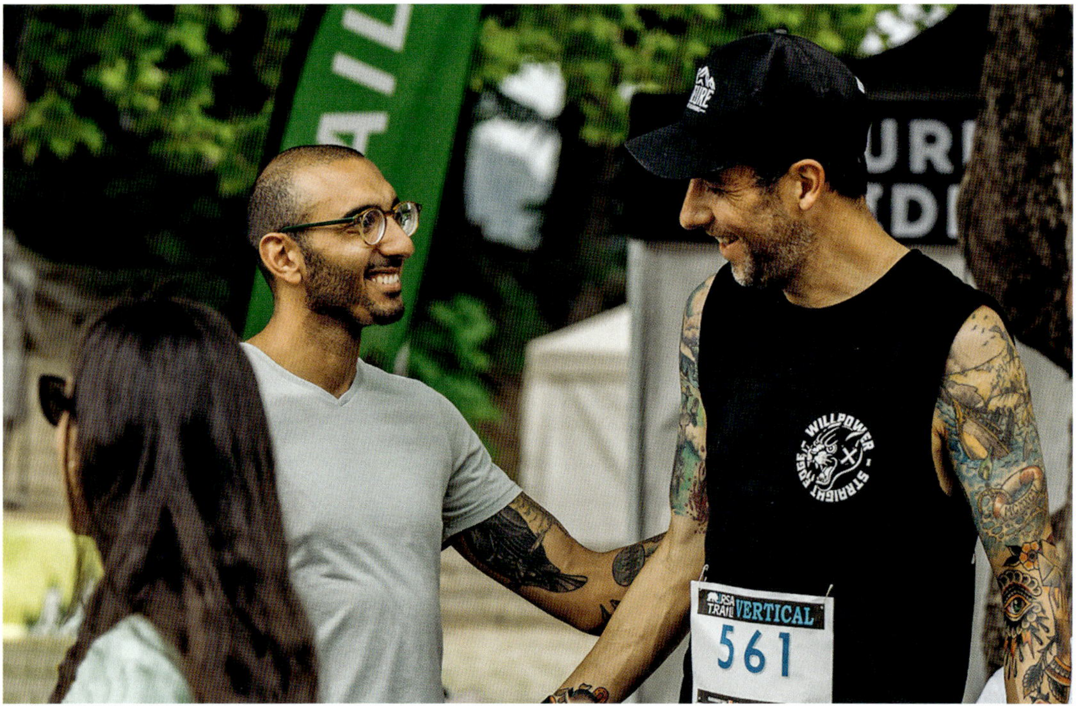

Letztlich ist mein Coach Karim Ramadan das Zünglein an der Waage bei meiner Entscheidung, den *Western States* zu laufen. Sein unerschütterlicher Optimismus und seine große Erfahrung geben mir Sicherheit und Vertrauen.

Ich kenne Karim seit Anfang 2021, als wir gemeinsam an einigen mentalen Aspekten meiner letzten Marathonvorbereitung gearbeitet haben. Es folgten vier Wochen physisches Coaching für meinen *CCC*. Die letzten vier Wochen vor dem Rennen, um genau zu sein. Ich habe ihn erst spät an Bord geholt, aber er hat die kritischste Phase vor dem großen Tag hervorragend gemanagt.

Aber warum sollte man überhaupt mit einem Coach zusammenarbeiten? Am Ende des Tages muss man selbst laufen. Für mich lässt sich die Frage leicht beantworten: Es gibt mir Kontinuität und Struktur. In langen

Vorbereitungsphasen auf ein wichtiges Rennen verliere ich mich leicht. Ich neige dazu, mich auf die Kleinigkeiten einer Trainingswoche zu konzentrieren und den einzelnen Laufeinheiten zu viel Bedeutung beizumessen, anstatt das große Ganze im Auge zu haben. Wenn ein Training nicht wie erwartet verläuft, glaube ich oft, dass die gesamte Vorbereitung auf der Kippe steht. Das können Dinge sein wie eine erhöhte Herzfrequenz, das Verfehlen des richtigen Tempos oder einfach nur, wenn ich mich während eines Laufs schwach fühle. In solchen Fällen verspüre ich den Impuls, den gesamten Plan über den Haufen zu werfen und eine misslungene Einheit am nächsten Tag nachzuholen. Ein absolutes Tabu in der allgemeinen Trainingslehre. Wenn sich jemand anderes um die Planung meines Sportprogramms kümmert, ist das eine große Erleichterung für mich und steigert in der Regel meine Motivation. Der zweite Grund, warum die Zusammenarbeit mit einem Coach für mich Sinn ergibt, ist das Fachwissen. Wenn ich viel Zeit und Energie in ein langfristiges Laufprojekt investiere, möchte ich dabei etwas lernen und mich weiterentwickeln. Sowohl körperlich als auch geistig. Gleichzeitig möchte ich aber laufen und keine Bücher wälzen.

Karim ist Sportpsychologe, aber auch ein erfahrener und vielseitiger Trainer für alle Arten von Ausdauersport, insbesondere für Ultra- und Trailrunning. Ich hörte zum ersten Mal von Karim, als er im *Koop Cast* vorgestellt wurde, einem meiner Lieblings-Lauf-Podcasts, der von der Ultralauf-Trainerlegende Jason Koop moderiert wird. Karim wurde zweimal zum *Koop Cast* eingeladen, um über mentale Fähigkeiten und den Effekt von positiven Selbstgesprächen im Ausdauersport zu sprechen. Seine spannenden Erkenntnisse über die psychologischen Herausforderungen unseres Sports machten mich neugierig. Kurz nach seinem ersten *Koop Cast*-Auftritt habe ich ihn per E-Mail kontaktiert und ihn gefragt, ob er Lust hat, mich zu coachen. Glücklicherweise hat er sich darauf eingelassen.

Ich mag Karims offene und dennoch wissenschaftliche Herangehensweise sehr. Er gehört zu einer neuen Generation von Trainerinnen und Trainern, die hervorragend vernetzt und auf dem neuesten Stand der Trainingslehre, Ernährungsforschung, Sportpsychologie und Sportwissenschaft im Allgemeinen sind. Karim prahlt jedoch nicht mit seinem Fachwissen. Wie ich verfolgt er oft einen strukturierten Trial-and-Error-Ansatz: Versuch und Irrtum. Wenn etwas funktioniert, behält er es. Wenn es nicht funktioniert, lässt er es sein und versucht etwas Neues. Karim glaubt, dass jeder Sportler anders ist und es keine universellen Wahrheiten in der Trainingstheorie gibt. Er hat eine frische und moderne Art, mit Athletinnen und Athleten unterschiedlichster Disziplinen zu arbeiten, und er betont in jeder Zusammenarbeit andere Aspekte des Trainings. Für mein *Western States*-Projekt war es zudem großartig, jemanden an meiner Seite zu haben, der auch die mentalen Aspekte des Laufens im Fokus hat.

Ich muss allerdings zugeben, dass ich einige Zeit benötigte, um mich an Karims Coaching-Stil zu gewöhnen. Insbesondere daran, dass er seinen Coachees nie einen wöchentlichen oder monatlichen Trainingsüberblick gibt. Zumindest mir nicht. Ich habe ihn nie gefragt, warum er das so macht. Aber mit der Zeit habe ich festgestellt, dass es mir hilft, mich nur auf das nächste Training zu konzentrieren, anstatt mir zu viele Gedanken über bevorstehende Läufe zu machen. Läufe, die mir auf den ersten Blick oft wichtiger erscheinen wie der lange Lauf am Sonntag oder die Bergintervalle in der folgenden Woche. Auf diese Weise haben viele scheinbar unspektakuläre, entspannte Joggingrunden, die ich früher als »Junk Miles«, also »Schrottkilometer«, abgetan hätte, meine ungeteilte Aufmerksamkeit bekommen. Dabei habe ich diese Läufe schätzen gelernt, und immer besser verstanden, welche unverzichtbare Rolle sie in meinem Trainingsplan spielen.

Karim schien jedoch in ein bestimmtes Training ganz besonders verliebt zu sein. Es nennt sich »Rolling Hills«, auf Deutsch »Hügellandschaft«. Diese moderat anstrengende Einheit, welche in der Regel zwischen ein und zwei Stunden dauert, wird auf profiliertem, aber laufbarem Terrain absolviert. Hügel eben. Das Ziel ist es, während des Laufs zwischen 200 und 500 Höhenmeter zu überwinden, ohne explizit steile Anstiege zu bewältigen. Ich weiß nicht, wie viele Rolling Hills ich während meiner *Western States*-Vorbereitung bezwungen habe, aber es müssen Hunderte gewesen sein.

Die stoische Wiederholung ein und desselben Trainings über Wochen und Monate hinweg mag zunächst seltsam erscheinen, aber sobald ich mich daran gewöhnt hatte, erkannte ich, dass es ein äußerst effektives Mittel ist, um gleichzeitig an allen drei wichtigen Trainingszielen zu arbeiten und diese zu entwickeln: Ausdauer, Kraft und Tempo. Getreu dem Motto von Karim: »Wenn es funktioniert, machen wir mehr davon«, wurde ich immer schneller und ausdauernder. Ferner hat Karim den spezifischen Laufmodus, den ich insbesondere für das letzte Drittel des *Western States* draufhaben musste, perfekt vorausgesehen.

Ebenfalls neu für mich war es, von meinem Coach regelmäßig mit ungewöhnlich tiefgründigen Fragen in Bezug auf mein Training überrascht zu werden. Eines Tages bat mich Karim zum Beispiel, darüber zu reflektieren, was »Joggen« für mich bedeutet – während ich lief. Folgendes habe ich damals in meinen Lauf-Blog festgehalten:

Joggen ist, wenn man der Sportuhr keine Beachtung schenkt. Joggen bedeutet, sich leichtfüßig zu bewegen. Joggen bedeutet, Musik nicht nur zu hören, sondern sie zu spüren. Joggen bedeutet, kurz zu beschleunigen, um die ältere Dame auf dem Fahrrad zu überholen. Joggen bedeutet, die Umgebung zu sehen, zu hören und zu riechen. Joggen bedeutet, alles gründlich zu durchdenken und es dann wieder loszulassen. Joggen bedeutet, sich auf das Abendessen zu freuen und die Mahlzeit bereits im Kopf zuzubereiten. Joggen bedeutet, nicht erschöpft, sondern voller Energie zu seinen Lieben zurückzukehren. Joggen bedeutet, sich auf das nächste harte Training zu freuen und sich von den vergangenen zu erholen. Joggen ist ein Mikro-Neustart im Laufleben.

Die Zusammenarbeit mit einem Trainer, der auch Sportpsychologe ist, gestaltet sich einfach anders und kann manchmal auch etwas herausfordernd sein. Dennoch bringen diese fruchtbaren Gespräche regelmäßig Licht in die dunklen Ecken meiner Laufwelt und weisen mir den richtigen Weg.

Die größte Qualität, die Karim jedoch in unsere Trainer-Sportler-Beziehung einbrachte, war seine Gelassenheit. Egal ob ich über meine stagnierende sportliche Entwicklung ausflippte oder offen den Verdacht äußerte, dass mein komplettes Training ins Leere lief, blieb Karim ruhig. Er hörte sich alle meine Schimpftiraden genau an, sprang aber nie auf meinen Panikzug auf. Auf manche meiner Launen reagierte er sogar überhaupt nicht, was mich zwar extrem ärgerte, mich aber auch zum Nachdenken über mich selbst anregte. Fast ausnahmslos stellte ich nach einer Weile fest, dass ich es übertrieben hatte und die Dinge nicht so katastrophal waren, wie ich es vermutet hatte. Wer hätte das gedacht?

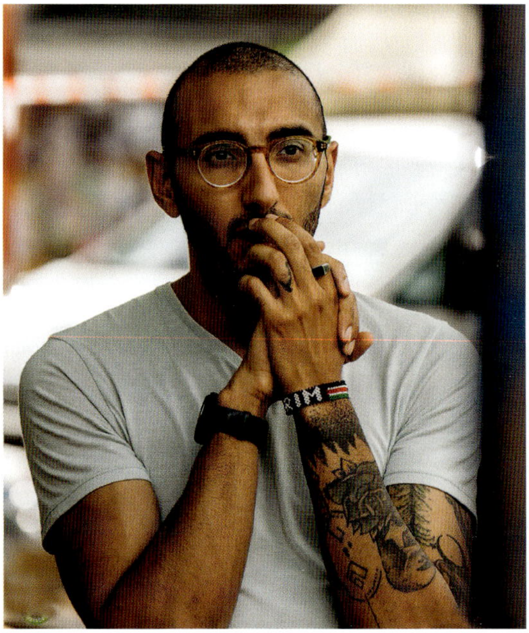

Karim, selbst ein erfahrener Ausdauersportler, fiebert intensiv mit seinen Athletinnen und Athleten mit.

KAPITEL 5

NACH DES COACHES PFEIFE

»If you have a body, you are an athlete.«

— *William J. Bowerman*

»Wenn du einen Körper hast, bist du ein Athlet.«

— *William J. Bowerman*

Karim brachte eine Reihe neuer Trainingsprinzipien und -philosophien in meine Laufwelt. Eine davon war, die Trainingsbelastung und Erholung möglichst behutsam auszutarieren. Und zwar sehr viel konsequenter, als ich es gewohnt war oder von mir aus gemacht hätte. Die Vorbereitung auf ein großes Rennen ist immer eine Gratwanderung. Wenn man zu wenig trainiert, schöpft man sein Potenzial vielleicht nicht voll aus. Wenn man zu viel macht, riskiert man, sich zu verletzen oder auszubrennen. Ich habe die Bedeutung dieser Balance lange nicht verstanden, insbesondere nicht in meinen ersten Jahren als Läufer. Mit meinem ausgeprägten Ehrgeiz und einer eher leichtsinnigen »Viel-hilft-viel-Mentalität« lief ich ständig Gefahr, mich zu überfordern und damit meine Trainings- und Rennergebnisse zu gefährden. Zudem wurde mir dadurch oft der Spaß am Laufen verdorben, und das Damoklesschwert einer Verletzung schwebte permanent bedrohlich nah über meinem Kopf. Zum Glück hat Karim diese Aufgabe für mich übernommen. Sein Training beinhaltete immer genügend Pausen zwischen den harten Trainingseinheiten und immer wieder Ruhewochen mit deutlich reduziertem Trainingspensum.

Tatsächlich hatte ich in den sieben Monaten meiner Vorbereitung auf den *Western States* nie das Gefühl, übertrainiert oder ausgebrannt zu sein. Nicht einen einzigen Tag. Das beinhaltet auch besonders umfangreiche Trainingswochen, sogenannte Peak Weeks, und ausufernde Laufurlaube mit mehr als 18 Stunden Lauftraining in den Bergen. Karim und ich hatten folgende Vereinbarung:

»Wenn du an einem Tag keine Lust zum Laufen hast: kein Problem. Wenn du zwei Tage hintereinander keine Lust hast, dann kürzen wir das nächste Training um ein Viertel. Wenn du drei Tage hintereinander keine Freude am Laufen hast, nimmst du dir sofort einen Tag frei. Du musst es mir nicht einmal sagen.«

Ich musste diese Reißleine nie ziehen, aber ich verstand, worauf er hinauswollte, und behielt meine Stimmung und meinen Energielevel aufmerksam im Auge.

Eine weitere neue Herangehensweise, die ich durch Karims Coaching kennengelernt habe, ist eher unscheinbar, aber sehr effektiv: die Verlagerung des Fokus von wöchentlich zurückgelegten Kilometern hin zu Trainingsstunden. Als Läuferinnen und Läufer haben wir alle eine ganz konkrete, persönliche Vorstellung davon, was eine »gute Trainingswoche« ist. In der Regel ist es eine bestimmte Anzahl von Trainingseinheiten oder, wie in meinem Fall, eine bestimmte Anzahl von Kilometern pro Woche, die mir das erstrebenswerte Gefühl gibt, »gut trainiert« zu haben. Bei mir und einem Großteil meines Freundeskreises sind das 100 Kilometer.

Die Umstellung auf Trainingsstunden anstelle von Kilometern ist ein echter Gamechanger. Es unterbindet die peinliche Extrarunde um den Block, um den angebrochenen Kilometer vollzumachen. Das Anhäufen unsinniger Schrottkilometer hat ein Ende. Auch gezieltes Krafttraining und alternative Sportarten erhalten dadurch einen höheren Stellenwert und werden zu echten Trainingseinheiten, nicht nur als lästiges Beiwerk betrachtet. Vor allem aber bringt es das Training mit den Realitäten des Ultralaufens in Einklang. Für die meisten von uns geht es bei diesem Sport nicht darum, wie schnell wir einen Kilometer auf der Tartanbahn zurücklegen können, sondern vielmehr darum, wie viele Stunden wir auf den Beinen bleiben und uns vorwärts bewegen können.

Durch Karim habe ich auch gelernt, mein Training nach meiner eigenen RPE-Skala zu strukturieren. RPE steht für *Rating of Perceived Exertion* (Bewertung der wahrgenommenen Anstrengung) und ist ein denkbar einfaches Konzept. Du bewertest oder planst deine Workouts auf einer Skala von 1 bis 10, wobei »1« der leichteste mögliche Lauf und »10« die absolute Höchstleistung ist, die du erbringen kannst. Viele Trainer verlassen sich inzwischen auf diese subjektive und nichttechnische Messung anstelle von objektiven Daten aus Herzfrequenzmessern oder Watt-Sensoren. Gerade im Ultralauf spielt die Herzfrequenz ohnehin eine untergeordnete Rolle. Sie ist nicht sonderlich aussagekräftig, da sich das Gelände, die Temperatur, die Höhe und Phänomene wie der Cardiac Drift, also der kontinuierliche Anstieg der Herzfrequenz bei gleichbleibender Belastung, aufgrund der Länge der Trainingseinheiten und der Rennen ständig ändern. Leistungsmesser, die die Kraftübertragung in Watt messen, sind zwar im Laufe der Jahre immer besser geworden, liefern aber in einer unbeständigen Umgebung wie auf Trails keine brauchbaren Daten. Das Training nach RPE ist dagegen einfach und sehr effektiv.

Allerdings kann es schwierig sein, die wahrgenommene Anstrengung präzise zu bewerten. Während »1« und »10« einigermaßen klar sein sollten, ist der Unterschied zwischen 6 und 7 beispielsweise nicht so leicht zu benennen. Wo soll man die Grenze ziehen? Wenn man im Internet nach »RPE« sucht, findet man eine lange Liste mehr oder weniger hilfreicher Tabellen. In den meisten davon werden die verschiedenen Stufen der wahrgenommenen Anstrengung mit der Intensität der Atmung und der Fähigkeit zu sprechen in Beziehung gesetzt. Diese Orientierungspunkte funktionieren für mich aber nicht sonderlich gut, deshalb habe ich mir meine eigene RPE-Skala ausgedacht, die in etwa so aussieht:

1. Ich laufe, aber im Grunde fühlt es sich an wie ein Spaziergang.
2. Laufen bei einer sehr leichten Anstrengung, die überhaupt nicht anstrengend ist.
3. Ein leichter, flüssiger Lauf auf einem angenehmen Anstrengungsniveau.
4. Fühlt sich an wie Training, etwas unangenehm, aber immer noch gut machbar.
5. Richtiges Laufen. So fühlen sich die ersten 15 Kilometer eines Marathons idealerweise an.
6. Marathonanstrengung. Fühlt sich schnell und nachhaltig an, aber auch anspruchsvoll.
7. Genau an der Grenze zwischen »Ja, ich kann so weitermachen« und »Nein, das ist zu schnell«.
8. Fühlt sich an wie ein 10-Kilometer-Lauf ohne die letzten 1–2 Kilometer.
9. Maximale Anstrengung: Versuch, ein unhaltbares Tempo zu halten.
10. Feuer-Frei-Endspurt. Fühlt sich an, als würde man ohnmächtig werden – ohne ohnmächtig zu werden.

Die meisten anderen RPE-Skalen, die ich gesehen habe, enthalten nichts, was mit meiner 10/10-Anstrengung vergleichbar wäre, die ohnehin kein Trainingsbereich ist. Als Ausdauersportler strengt man sich nicht oft so extrem an. Dennoch habe ich es in meine persönliche RPE-Skala aufgenommen, um mich daran zu erinnern, dass es immer eine Stufe von "härter laufen" gibt, die ich noch nicht erreicht habe.

All diese RPE-Stufen lösen bei mir starke Gefühle aus.

Für mich ist RPE zu einer kleinen, aber wichtigen täglichen Reflexion geworden. Es spricht sowohl den Punk als auch den Spießer an. Einerseits ist es ein klarer Messwert, andererseits ist es jedoch auch sehr intuitiv. RPE schärft mein Bewusstsein dafür, was tatsächlich passiert, während ich laufe, wo meine aktuellen Fähigkeiten liegen und vor allem, wie unterschiedlich sich ein und dasselbe Training an einem oder dem anderen Tag anfühlen kann. Schließlich sind wir Menschen und keine Maschinen. Dem Himmel sei Dank.

Stufe 10: Interessanterweise finde ich eine 10/10-Anstrengung weniger schlimm als eine 9/10. Wahrscheinlich, weil sie normalerweise nur ein paar Sekunden andauert.

Stufe 9: Das ist wirklich unerträglich, aber es gehört wohl dazu.

Stufe 7-8: Ich muss schon einen triftigen Grund haben, mich so anzustrengen. Ein Rennen zum Beispiel. Oder die letzte Wiederholung eines 1000- oder 2000-Meter-Intervalls.

Stufe 6: Der magische Bereich. Ich sollte jedoch vermeiden, auf meine Pace zu schauen, weil ich sie sofort in eine Marathonzeit umrechnen würde.

Stufe 4-5: Alles von »Das ist so zum Kotzen, ich bin ein furchtbarer Läufer« bis zu »Fühlt sich an wie Fliegen! Wo geht es zu den Olympischen Spielen?«.

Stufe 1-3: »Laufen, ja geil – her damit!«

KAPITEL 6

AUF DIE ZIELE, FERTIG, LOS!

In den Monaten der Vorbereitung hatte ich viel Zeit, darüber nachzudenken, welches konkrete Ziel ich zwischen Olympic Valley in Kalifornien, dem Startpunkt des *Western States*, und der Ziellinie in Auburn erreichen wollte. Glücklicherweise macht es einem der Ultralaufsport leicht. Aufgrund seiner liebenswerten Einfachheit sind die Messgrößen recht offensichtlich: Entfernung, Zeit und Höhengewinn respektive -verlust. In den meisten Fällen werden die Distanz und die Höhendifferenz vom Rennen vorgegeben. So bleibt den meisten von uns nur die Zeit als Ziel für unsere läuferischen Herausforderungen.

Während der Punk einfach auftaucht und losläuft, unterteilt der Spießer in mir seine Laufziele normalerweise in die Kategorien A, B und C. Anstatt mir ein einziges Ziel zu setzen, habe ich bei Rennen oft drei Ziele. So kann ich meinen Handlungsspielraum erweitern, vor allem, wenn die Dinge nicht so laufen wie geplant. Wenn also das ehrgeizigste A-Ziel in unerreichbare Ferne rückt, kann ich leicht zu meinem immer noch herausfordernden B-Ziel oder, wenn die Dinge noch weiter aus dem Ruder laufen, sogar zu meinem weiterhin befriedigenden C-Ziel übergehen.

Beim *Western States* war das anders. Nachdem ich wochenlang darüber nachgedacht hatte, wurde mir klar, dass ich eigentlich nur **ein** Ziel hatte. Ich nannte es das ABC-Ziel, weil es alles beinhaltete, was ich mir für dieses Rennen wünschte. Ich wollte ein offizieller *Western States 100*-Finisher sein. Dafür musste ich die Tartanbahn der Placer High School in Auburn innerhalb eines Zeitlimits von 30 Stunden erreichen. Das war alles, was ich wollte und alles, was ich tun musste. Nicht mehr, aber auch nicht weniger.

Ich war mir sehr wohl bewusst, dass meine Ziele für den *Western States* etwas ehrgeiziger hätten sein können, wenn ich meine bisherigen Laufleistungen und mein Trainingstagebuch betrachtete. Aber ich fühlte es einfach nicht. Das heißt nicht, dass ich diese 100 Meilen nicht so schnell wie möglich laufen wollte. Ich würde es auf jeden Fall versuchen. Es gab aber einfach kein anderes Zeit- oder Platzierungsziel, das mich getriggert oder motiviert hätte. Es war einfach nicht da. Auf der anderen Seite habe ich aber auch keine locker entspannte Einstellung in mir entdeckt, nach dem Motto: »Es geht mir nur um das Erlebnis. Wenn ich nach 50 Kilometern aufhöre, bin ich trotzdem glücklich und dankbar«. Ganz und gar nicht. Ich wollte den *Western States* finishen. Und ich wollte es in unter 30 Stunden schaffen. Mein ABC-Ziel stand fest.

Ich möchte an dieser Stelle eine kleine Nebengeschichte erzählen. Seit ich 2018 meinen ersten

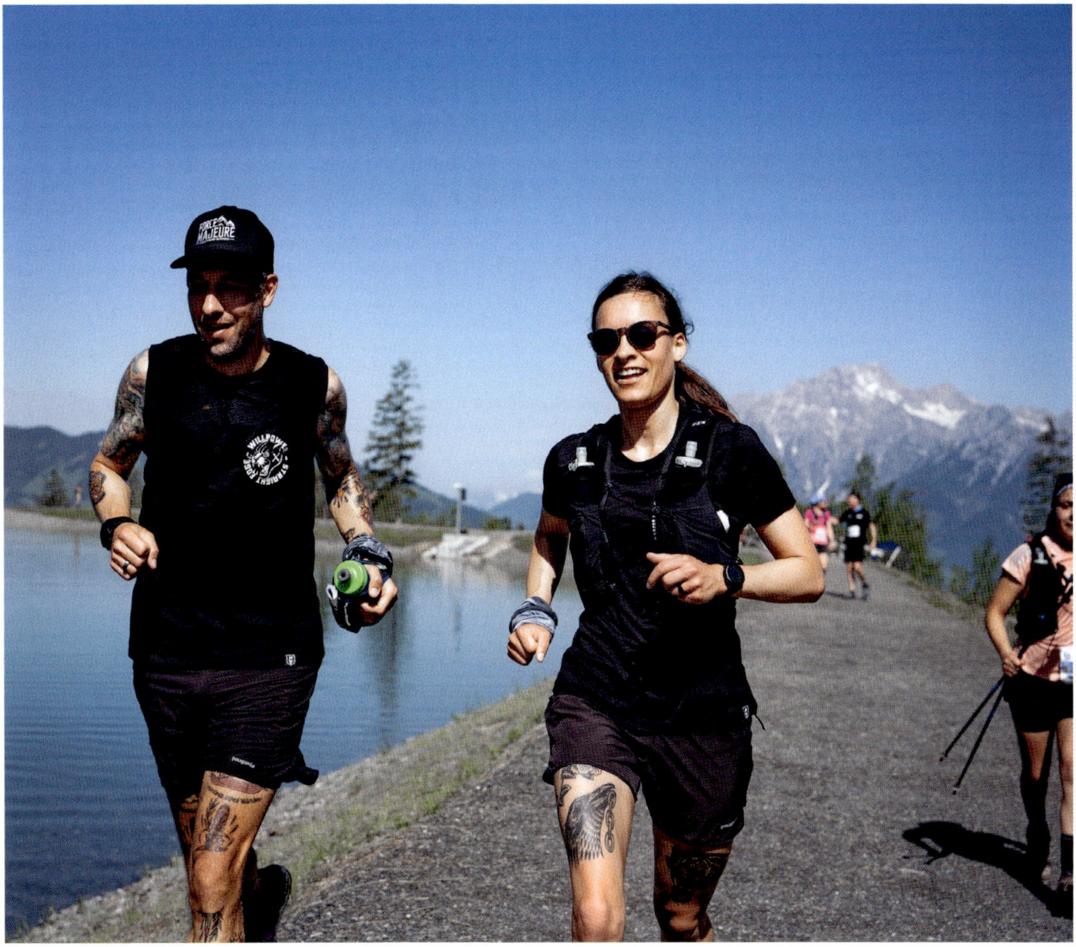

Trainingslauf mit meiner Frau Lisa beim *Hochkönigman Speed Trail.*

schnellen Straßenmarathon gelaufen bin, hat praktisch jeder, den ich kannte, angenommen, dass ich auch einen Marathon unter 3 Stunden laufen könnte. Dass ich das schaffe, wurde nicht nur von allen angenommen, sondern fast erwartet. In ihren Augen war das ein absoluter No-Brainer. Beim nächsten Marathon würde es passieren. Es dauerte ganze 6 Jahre und viele Rückschläge, bis ich endlich die magische 3-Stunden-Schallmauer durchbrach. Was ich damit sagen will, ist, dass Rückschlüsse und Prognosen basierend auf früheren Renn- und Trainingsergebnissen nur bedingt aussagekräftig sind. Vor allem, wenn man über ein Rennen oder eine Renndistanz spekuliert, die man noch nie absolviert hat. Deshalb habe ich schon vor langer Zeit von solchen Hochrechnungen Abstand genommen, was mir bis heute sehr guttut. Der *Western States* war ein weiteres hervorragendes Beispiel dafür, warum diese Herangehensweise Sinn ergibt. Zumindest für mich.

KAPITEL 7

BEHARRLICHKEIT UND HINGABE

Ich liebe Trainingspläne. Wirklich, von ganzem Herzen. Ich weiß aber, dass für viele Menschen ein strukturiertes Training nur ein Mittel zum Zweck ist. Etwas, das sie machen müssen, um besser zu werden. Eine lästige Pflicht, die gemeistert werden muss, damit sie am Wettkampftag zu Höchstform auflaufen und glänzen können. Daneben gibt es auch zahlreiche Läuferinnen und Läufer, die behaupten, überhaupt nicht zu trainieren. Zumindest nicht im klassischen Sinne, mit klar definierten Trainingseinheiten an festgelegten Tagen. Diese Menschen hassen Trainingspläne so sehr, dass sie sich unter keinen Umständen einem unterordnen wollen. Natürlich gibt es auch diejenigen, die es sich nicht leisten können, die notwendige Zeit in ein strukturiertes Training zu investieren, weil andere Dinge in ihrem Leben viel wichtiger sind. Und dann gibt es Leute wie mich: die Trainingsfreaks, die Zeitplanenthusiasten, die Tabellenliebhaber, die Datensammler. Kurzum: die Pedanten des Laufsports. Wenn ich einen Trainingsplan habe, fühle ich mich einfach aufgeräumt. Er gibt mir ein Gefühl von Sicherheit und Ruhe. Er strukturiert buchstäblich mein Leben. Er sorgt für Ordnung, ein Zustand, dem ich seit meiner Jugend ständig hinterherjage, lange bevor ich wusste, was ein Trainingsplan ist. Er ist ein Mittel, um loszulassen und einfach etwas um der Sache willen zu tun. Einen Sinn in scheinbar sinnlosen Handlungen zu finden. Sogar etwas von dem viel zitierten »Leben im Moment«.

Zum Beispiel so:

Frage: »Warum machst du dich für einen 35-Kilometer-Lauf fertig? Es regnet doch.«

Antwort: »Weil es auf dem Plan steht.«

Die Chancen stehen gut, dass sich gerade die Läufe, die man vielleicht übersprungen hätte, als großartig herausstellen. Der andere große Vorteil, nach einem festen Plan zu trainieren, ist, dass ich einen kontinuierlichen Strom von kleinen Mikroerfolgen habe. Jede Trainingseinheit, vor allem wenn es eine harte ist, hat das Potenzial, mich mit einem Gefühl der Freude, des Stolzes und der Zufriedenheit zurückzulassen. Indes kann ich misslungene Trainingseinheiten ohne großen psychischen oder physischen Schaden leicht hinter mir lassen. Diese Rechnung geht für mich zum Glück ganz klar positiv auf, solange mich ein Trainingsplan nicht über- und auch nicht unterfordert.

Ein Trainingsplan ist auch eine unendliche Quelle der Weisheit. Wie ein einziges großes Feldexperiment. Jede einzelne Trainingseinheit wird von unzähligen Faktoren des Lebens und des Laufens beeinflusst. Was habe ich gegessen? Und wann? Wie viele Stunden habe ich letzte Nacht geschlafen? Wie stressig war mein Arbeitstag? Gibt es etwas, das mir Sorgen

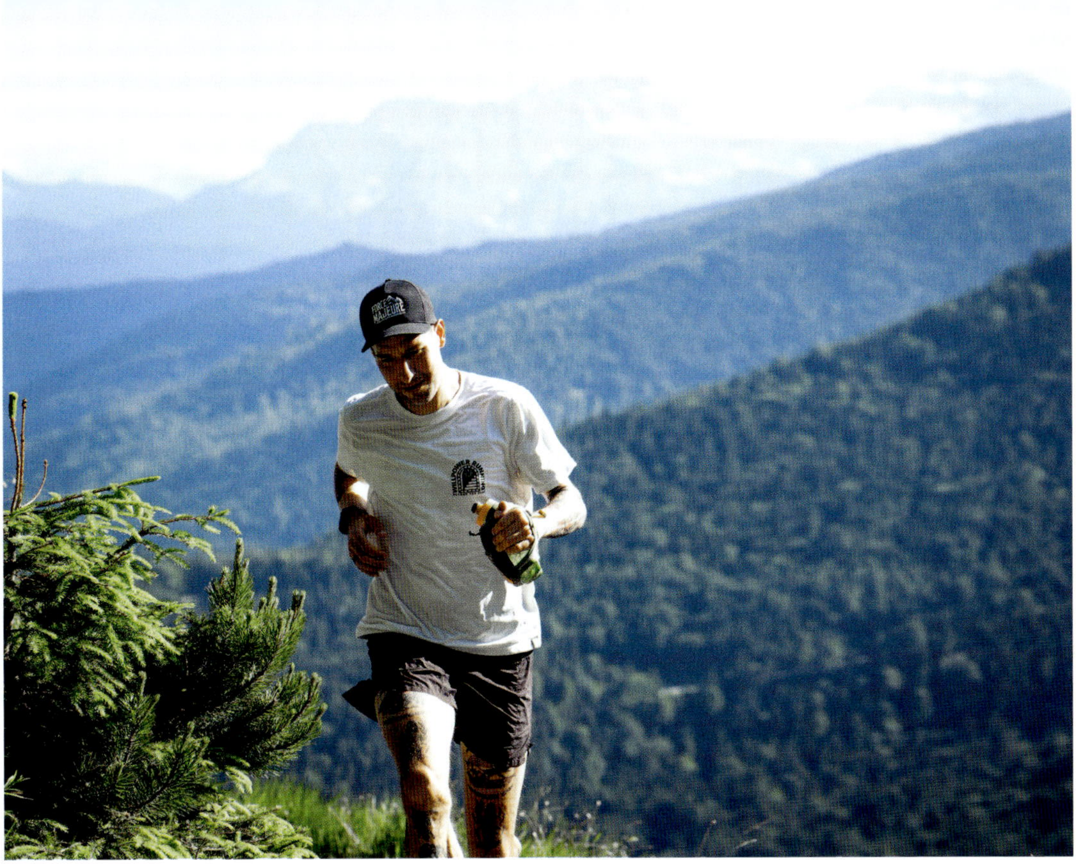

Vorbereitung auf den *Western States* in meiner Heimat, den bayerischen Alpen. Erst für dieses Rennen habe ich angefangen, mit Handflaschen zu laufen. Der Plan: Beim Rennen so wenig Ausrüstung wie möglich dabeihaben.

macht? Welche Schuhe habe ich für das Training gewählt? Was läuft in meinen Kopfhörern? Habe ich die Faszienrolle am Vortag benutzt oder nicht? Wie war das Wetter? Hat mich die Meditation zur Ruhe gebracht oder schläfrig gemacht? Machte es ein Unterschied, ob ich allein oder mit jemandem gelaufen bin? Die Liste lässt sich endlos fortsetzen. Während man am Wettkampftag für all das nur einen Versuch hat, kann man sich im Training in aller Ruhe im Trial-and-Error-Modus austoben. Eine Methode, die mir schon immer treue Dienste geleistet hat.

Ja, hier spricht der Spießer. Strukturierte und durchdachte Pläne sind seine Welt. Aber mal ganz ehrlich: Bei einer so langfristigen Vorbereitung macht es einfach Sinn, einen kühlen Kopf zu bewahren und zu tun, was zu tun ist. Mir ist dennoch bewusst, dass Training allein nur die halbe Miete ist. Um ehrgeizige Ziele zu erreichen oder Rennen zu gewinnen, braucht es eine zusätzliche Komponente, die man nicht auf die gleiche Weise trainieren kann wie Ausdauer und Muskelkraft. Diese Komponente existiert außerhalb der Welt von Geschwindigkeit und Distanz. Aber das Jahr hat – grob überschlagen – 300 Trainingstage und nur eine kleine Handvoll Renntage. Grund genug, dem täglichen Training etwas Liebe zu schenken.

Vor diesem Hintergrund habe ich meine siebenmonatige Vorbereitung auf den *Western States Endurance Run* akribisch dokumentiert. Bei meinen wöchentlichen Aufzeichnungen ging es mir aber nicht so sehr um nackte Zahlen, sondern um weniger greifbare Dinge. Jede Woche stellte ich mir die Frage, warum ich gelaufen bin und was ich dabei gelernt habe. Außerdem habe ich jede Woche meine beste Trainingseinheit gekürt.

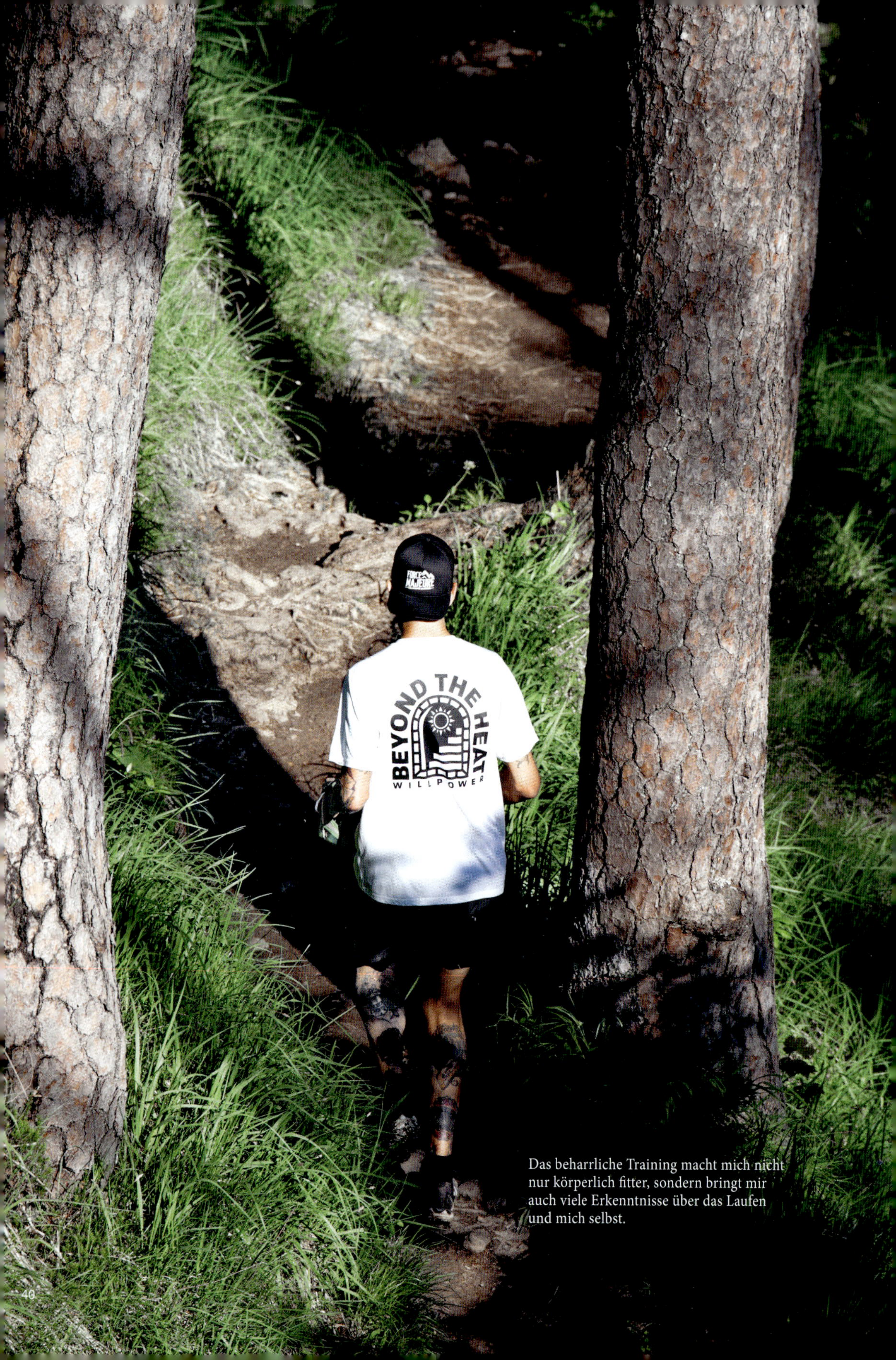

Das beharrliche Training macht mich nicht nur körperlich fitter, sondern bringt mir auch viele Erkenntnisse über das Laufen und mich selbst.

WÖCHENTLICHE TRAININGSREFLEXION

WOCHE	MOTTO	WAS ICH GELERNT HABE	BESTE EINHEIT
01	Qualvoll langsam.	Für einen frischen neuen Start muss man das Alte loslassen.	»Rolling Hills mit rollenden Menschen« (17 km/1:32 h/174 m D+)
02	Weiter rollen, rollen, rollen ...	Beim Laufen kann man nicht viel verlieren. Außer Zehennägel und Geschwindigkeit.	»Rolling Hills have eyes« (12 km/1:08 h/308 m D+)
03	Der Berg lässt mir keine Ruhe.	Beharrlichkeit ist der Schlüssel.	»Longrun mit Aussicht« (26 km/2:30 h/806 m D+)
04	Verdammte Rolling Hills!	Wenn du an einem Tag keine Lust aufs Laufen hast: kein Problem. Wenn du zwei Tage hintereinander keine Lust hast, dann kürzen wir das nächste Training um ein Viertel. Wenn du drei Tage hintereinander keine Freude am Laufen hast, nimmst du dir sofort einen Tag frei.	»Rolling Hills, Rolling Hills, Rolling Hills, ... « (17 km/1:20 h/247 m D+)
05	Umfangreiche Woche, umfangreicher Spaß.	Schlechte Einheiten lassen die guten noch besser erscheinen.	Doppel-Longrun Wochenende (63 km/5:30 h/462 m D+)
06	Bitte dasselbe noch einmal.	Adaption erfolgt, wenn man biegt, aber nicht bricht.	Dreifach-Longrun Wochenende XL (61 km/5:32 h/988 m D+)
07	Erhol dich gut.	Übertraining gibt es. Übererholung nicht.	Kurze Rolling-Hills-Einheit t bei einer 5/10 Anstrengung (16 km/1:10 h/243 m D+)
08	Alles wird gut gehen beim *Western States*. Wirklich alles!	Lass es uns reparieren, bevor es zu einem echten Problem wird.	Ich wünschte es wäre mein *»Wünsch dir Was«*-Lauf gewesen. Leider war mein 6/10-Tempo-Run grauenhaft. Diese Woche keine Lieblingseinheit.
09	Wiederholung führt zu großartigen Ergebnissen.	Grundlagenausdauer ist das Fundament, auf das alles andere aufbaut.	Inoffizieller 10-km-Neujahrslauf (eine Minute langsamer als PB, zwei Minuten schneller als erwartet)
10	Wie geht's dir denn so?	Schnell laufen gibt einem das Gefühl, ein schneller Läufer zu sein. Auch wenn man kein schneller Läufer ist.	»Rolling-Hills-Longrun« mit Michi (30 km/2:30 h/400 m D+)
11	In den nächsten Wochen legen wir einen Gang zu.	Trägt es zu meinem Ziel bei? Ja: behalten. Nein: ändern.	Keine Highlights diese Woche.
12	Kannst du am Mittwoch einen wirklich langen Longrun machen?	Überanalysieren ist der Tod des Vertrauens in den Prozess.	Gleichzeitig die beste und auch die schlimmste Einheit der Woche: »Mittwochs-Longrun « (42 km/3:38 h/248 m D+)
13	Locker laufen, Verpflegung testen und nicht auf Steinen rumsitzen.	Entscheidend ist nicht der Lauf, entscheidend sind die Menschen.	Starnberger See Ultra (49 km/4:12 h/321 m D+)
14	Mach, was dir Freude bereitet.	Höchstform ist ein Ziel, kein Status quo.	Parkrun-Westpark (5 km/18:44 min/32 m D+)

WOCHE	MOTTO	WAS ICH GELERNT HABE	BESTE EINHEIT
15	Lass die Laufstöcke zuhause und laufe kontrolliert, auch wenn du dich stark fühlst.	Es braucht Zeit, um Ausdauer aufzubauen. Im Vergleich dazu ist schneller werden eine niedrig hängende Frucht.	Runcation Tag 4 von Sao Vicente nach Ribeira Granda (21km/2:25 h/1066 m D+)
16	Beeindruckend, dass du dich noch frisch fühlst!	Kein Fortschritt ohne Kampf.	Vielleicht die beste Einheit, seit ich für den *Western States* trainiere. »50 Minuten 5/10« mit einer überraschend schnellen und leichtfüßigen Pace von 4:09 min/km. Direkt nach einer umfangreichen Woche in den Bergen mit 142 km und 8000 m D+.
17	Natürlich wird es auch einen langen Lauf geben: 43 km sind allerdings ein bisschen zu lang.	Ich kann mit Handflaschen laufen.	»Rolling Hills in tatsächlichen Bergen« (17 km/1:51 h/524 m D+)
18	Wiederhole den gestrigen Tag, genauso wie er war.	Schneller laufen bedeutet mehr Kilometer in weniger Zeit. Magie!	»5/10 flach« (14 /1:00 h/60 m D+)
19	Mach einen Plan. Und dann halte dich daran.	Wie man einen Sinn in scheinbar sinnlosen Handlungen findet.	*Kandel Marathon* (5 km Warm-up/30 km schnell/7 km Cool-down/3:10 h)
20	2 Longruns, aber nicht übertrieben lang.	Wie man sich selbst nach Gefühl überrascht.	»5/10 flach« (17 km/1:10 h/71 m D+)
21	Ich bin gespannt, wie die Ergebnisse in ein paar Monaten aussehen werden.	»Lass das Rennen zu dir kommen.« Und wenn es nicht kommt, genieße einfach die Reise.	Temporun beim *Lindkogel Trail* (21 km/2:05 h/1100 m D+)
22	Höhengewinn ist das, was wir brauchen.	Wenn es schneit, dann gleich richtig.	»Longrun mit Höhengewinn« gemeinsam mit der Crew (22 km/2:21 h/871 m D+)
23	Genieße die Berge!	Vertrauen. Am Ende geht es nur im Vertrauen.	2x 20 min den Wank hoch (14 km/1:46 h/1075 m D+)
24	Bist du aufgeregt?	Es gibt keine richtigen oder falschen Gründe, ein Rennen zu laufen.	»Hochzeits-Oly« (6.6 km/0:37 h/74 m D+)
25	Oh, nein! Ich wollte, dass du deine Form beim *Madeira Ultra Trail (MIUT)* genießt.	Am Ende geht es um etwas viel Größeres als den *Western States*. Es geht darum, gesund zu sein und überhaupt laufen zu können.	COVID-19. Kein Training.
26	Es wird noch ein paar Tage dauern, bis wieder alles normal ist.	Ich habe mich damit abgefunden, dass ich vielleicht nicht in Topform bin, aber wenn ich den *Western States* laufe, dann muss das medizinisch vertretbar sein.	»Einphasung VI« Rolling Hills (15 km/1:22 h/426 m D+)
27	Du wirst genau zum richtigen Zeitpunkt in Topform sein. Warte es ab.	Kleine Schritte sind trotzdem Schritte.	»Einphasung XI« *IATF Support Run* (25,7 km/2:46 h/860 m D+)

WOCHE	MOTTO	WAS ICH GELERNT HABE	BESTE EINHEIT
28	Arbeiten wir mit dem, was wir haben.	Ich kann nicht mehr hart und schnell laufen. Für den *Western States* muss ich aber lange und ruhig laufen können.	»Entspannter Berg-Longrun /-Wanderung« zum Scharnitzjoch (20 km/3:00 h/1227 m D+)
29	Erholung verstärken!	Wie verhandelt man mit der Hitze?	»Die echten Berge« Feldernjöchl von Ehrwald aus mit Emi und Lisa (16 km/2:03 h/1093 m D+)
30	Entfessle dich!	Das Ziel ist der *Western States*. Alles andere ist unwichtig.	»Lass das Rennen zu dir kommen«; *Ursa Trail Halbmarathon* (21 km/2:17 h/1095 m D+)
31	Alles zahlt auf dein *Western States*-Konto ein.	Bring noch mehr Snacks mit!	Inoffizieller Speed Trail beim *Hochkönigman Rennen* mit Lisa (21 km/2:19 h/1160 m D+)
32	Quasi alles, was wir bisher im Training gemacht haben, in einer Woche.	Wenn es funktioniert, mach mehr davon.	Dreifach-Back-to-back-Wochenende (60 km/8:23 h/2800 m D+/3800 m D-)
33	Verbinde dich!	Beim Laufen geht es darum, sich mit anderen Menschen zu verbinden, und ich habe die besten Freunde der Welt.	*Escarpment & High Country Longrun* (19 km/2:30 h/1128 m D+)
34	Es wird ein anderes Rennerlebnis.	Ultramarathons läuft man mit dem Herz, nicht mit dem Kopf.	*Western States 100*

KAPITEL 8

VISUALISIERTES SCHEITERN

»Visualisiere nicht die Perfektion.
Visualisiere das Scheitern und manipuliere es!«

– Karim Ramadan

»Don't visualize perfection.
Visualize failure and manipulate it!«

– Karim Ramadan

Wenn ich nicht lief, stand ich vor einem Whiteboard, um mein Rennen zu planen. Der Spießer in mir liebt diesen Ort. Ich bin ein sehr visueller Mensch. Wenn ich ein Bild von etwas im Kopf habe, fällt es mir viel leichter, damit umzugehen. Deshalb habe ich letztes Jahr angefangen, sogenannte »Rennskripte« zu erstellen. Das ist im Grunde eine Visualisierung der wichtigsten Merkmale eines Rennens. Das erste Mal habe ich das für den *CCC* gemacht, mein erster 100-km-Ultramarathon. Neben einem detaillierten Höhenprofil, Markierungen für Aid Stations (Verpflegungsstationen), Namen der Berge und Dörfer, Crew-Treffpunkten, Cut-off-Zeiten, Schraffierungen zum geschätzten Sonnenauf- und -untergang und vereinzelte Notizen zu meiner Rennstrategie durchsuchte ich auch das Internet nach Fotos von wichtigen Abschnitten oder kritischen Stellen auf der Strecke. Das ist besonders hilfreich, wenn ich an einem Lauf zum ersten Mal teilnehme und keine Ahnung habe, was mich erwartet. So entsteht für das Rennen Stück für Stück ein wunderbares Drehbuch, das sich schrittweise zu einem großen, greifbaren Gesamtbild verdichtet. Um mir alle Details einzuprägen, gehe ich das Skript anschließend mehrmals durch und stelle mir vor, wie ich die Strecke entlanglaufe und alle Details erlebe, die am Whiteboard verzeichnet sind. Da das Rennskript beim *CCC* zuverlässig funktioniert hat, habe ich auch eins für den *Western States* gemacht. Aber Karim hat diese Methode mit folgendem Tipp auf eine höhere Ebene gebracht: »Visualisiere nicht die Perfektion. Visualisiere das Scheitern und manipuliere es!«

In der Praxis bedeutet das, dass ich mir nicht vorstelle, die Strecke an einem schönen Tag zu laufen, mich von Anfang bis Ende stark zu fühlen und ohne Probleme vom Start bis ins Ziel zu kommen. Stattdessen stelle ich mir vor, wie ich im strömenden Regen stehe, mir den Knöchel verknackse, dehydriert und völlig am Ende meiner Kräfte bin und vor Müdigkeit fast umkippe.

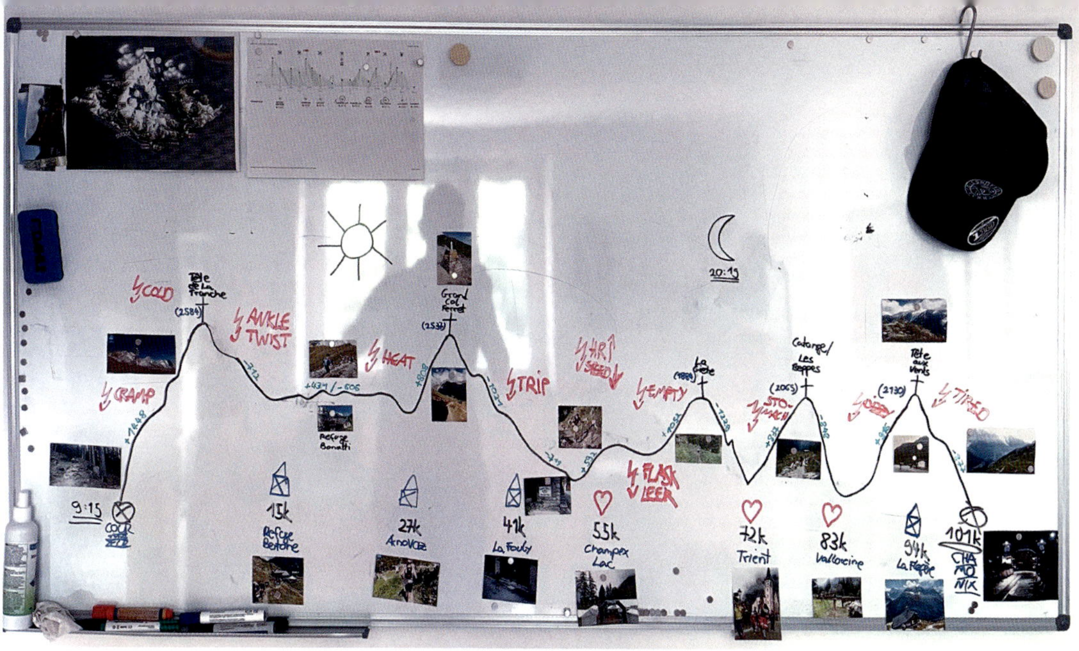

CCC-Rennskript auf dem Whiteboard in unserem Wohnzimmer. Sonne und Mond zeigen Tageslicht und Dunkelheit an. Die kleinen Hütten sind Aid Stations. Mit einem Herz markiert sind die, an denen ich meine Crew treffe. Rot markiert sind mögliche Probleme und Rückschläge.

Wie ich unerträgliche Kopfschmerzen habe, nur noch verschwommen sehe, mein Essen wieder auskotze und bitterlich friere. Aber ich stelle mir auch vor, wie ich diese Probleme während des Rennens löse.

Hier sind einige Szenarien, wie ich sie für *Western States* antizipiert hatte:

- »Beim Anstieg zu Robinson Flat stürzt du und schürfst dir das Knie auf. Es schwillt an und lässt sich nicht mehr abwinkeln. Was tust du?«
- »Beim Passieren des Deadwood Canyon geht dir das Wasser aus, und es ist keine Aid Station in Sicht. Wie gehst du damit um?«
- »Du läufst im High Country und findest deinen Rhythmus, aber deine Schnürsenkel lösen sich immer wieder, bis du schließlich über sie stolperst und stürzt. Was nun?«

Ich denke, es ist klar, wie das funktioniert. Wenn man diese Übung ein paar Mal wiederholt, bekommt man ein realistischeres Bild davon, wie das Rennen auf seinen einzelnen Streckenabschnitten ablaufen wird. Außerdem erstellt man einen soliden Plan für eine ganze Reihe von Dingen, die am Renntag schiefgehen können und werden.

Die Arbeit am Rennskript für den *Western States* hat mir großen Spaß gemacht. Gleichzeitig hat es mir aber auch Angst eingejagt. Vor allem, weil ich mich mit Herausforderungen auseinandersetzen musste, die für mich vollkommen neu waren. Ich hatte noch nie ein 100-Meilen-Rennen bestritten, und ich war noch nie bei so großer Hitze gelaufen. Diese beiden Hauptmerkmale des *Western States* machten mir eine Höllenangst. Ich war mir jedoch sicher, dass es am Ende so sein würde wie bei jedem Ultramarathon: Es gibt unendlich viele Dinge, die schiefgehen und dich in Schwierigkeiten bringen können. Aber das größte Problem ist oft etwas, wofür man nicht gewappnet ist. Diese Vorahnung sollte sich bald bestätigen.

Dennoch bereitete ich mich beharrlich und gewissenhaft auf alles vor, was mich beim *Western States* erwarten würde. Mein Training verlief wunderbar, aber Zweifel waren meine ständige Begleiter.

KAPITEL 9

GENIESSE DEN PROZESS

In den 34 Wochen meiner Vorbereitung hatte ich nie das Gefühl, wirklich hart trainiert zu haben. Mein Coach Karim ist ein großer Verfechter von ausreichend Regeneration, und ich denke, er hat recht. Niemand kann über ein halbes Jahr lang nur mit Vollgas trainieren. Es muss Ruhephasen geben. Zeit, um Körper und Geist heilen zu lassen. Zeit, um den Trainingsstress zu verarbeiten und neue Kraft zu schöpfen. Das macht absolut Sinn. Aber der emotionale Teil meines Gehirns sprach eine andere Sprache.

»Du hättest mehr machen können!«

»Wo sind deine Höhenmeter? Trainierst du überhaupt in den Bergen?«

»Diese 100-Kilometer-Wochen ... du musst mehr davon machen!«

»Hast du überhaupt Krafttraining gemacht?«

»Wo steht deine VO2max?«

Die Schlüsselfrage, die ich mir immer wieder gestellt habe, lautete: »Was bekomme ich für die Arbeit, die ich in das Training investiere?«
Nun, in den meisten Fällen ist das Laufen selbst die Belohnung. Das ist wohl die ehrlichste Antwort. Einfach draußen zu sein, weit und schnell laufen zu können und vor allem überhaupt laufen zu können, ist ein großes Geschenk, das ich sehr schätze.

Während meiner Vorbereitung auf den *Western States* gab es aber auch Tage, an denen ich einfach nur meinen Job gemacht habe, um mein ABC-Ziel zu erreichen. Aber das ist genau das, was kontinuierliches Training ausmacht. Den Job zu erledigen. Zweifel schwangen jedoch immer mit. Ich wusste nie genau, ob sich ein Workout oder eine Trainingsphase so auszahlen würde, wie ich es mir erhoffte. Es gibt einfach kein sichtbares »Lauf-o-Meter«, das meinem »Trainingskonto« einen weiteren »Ausdauerpunkt« hinzugefügt hätte. Natürlich gibt es Hilfsmittel, aber die können nur die Spitze des Trainingseisberges und dessen Auswirkungen auf Körper und Geist interpretieren. Keine VO2max, kein Suffer Score, kein TSS oder CTL kann garantieren, dass man am Ende seine Ziele erreicht.

Natürlich wusste ich, dass das Training einen Effekt haben würde. Die Regel von Belastung und Anpassung gilt für jeden Athleten und jede Athletin, und es gab bisher kein Jahr in meiner Laufkarriere, in dem ich nicht davon profitiert hätte. Wenn man zurückblickt, wo man angefangen hat und wo man heute steht, ist das immer eine enorme Inspiration und Motivation, diesen Weg weiterzugehen. Aber es hat für mich nicht alle Zweifel ausgeräumt. Zweifel, ob diese Entwicklung ausreichen würde, um 100 Meilen durch die Berge zu laufen.

Fazit: Training ist ein wenig so, wie jemanden wirklich zu lieben. Nur wenn deine Liebe bedingungslos ist, frei von der Erwartung einer greifbarer und unmittelbarer Gegenleistungen, kann sie sich voll entfalten.

»Trust the process« (»Vertraue dem Prozess«), sagt man oft. Da ist was dran. Einmal habe ich sogar gelesen: »Enjoy the process« (»Genieße den Prozess«). Da ist sogar noch mehr dran. Und genau das habe ich während meines gesamten Trainings versucht, bis ich an der Startlinie in Olympic Valley stand. Auf dem Weg dorthin hatte ich 2600 Kilometer mit 58.800 Höhenmetern auf und ab zurückgelegt. Viel aussagekräftiger, zumindest für den Spießer, war jedoch die Zahl 288. Das ist die Anzahl der Stunden, die ich während meiner siebenmonatigen Vorbereitung auf den *Western States* gelaufen bin. Aber wie bereits zu Beginn dieses Buches erwähnt, sind das nur Zahlen. Sie waren nur die halbe Miete auf meinem Weg nach Auburn. Vielleicht sogar weniger als die Hälfte.

Trotzdem habe ich die Vorbereitung auf mein ABC-Ziel sehr ernst genommen. Indem ich in den Urlaub gefahren bin. Mehr oder weniger.

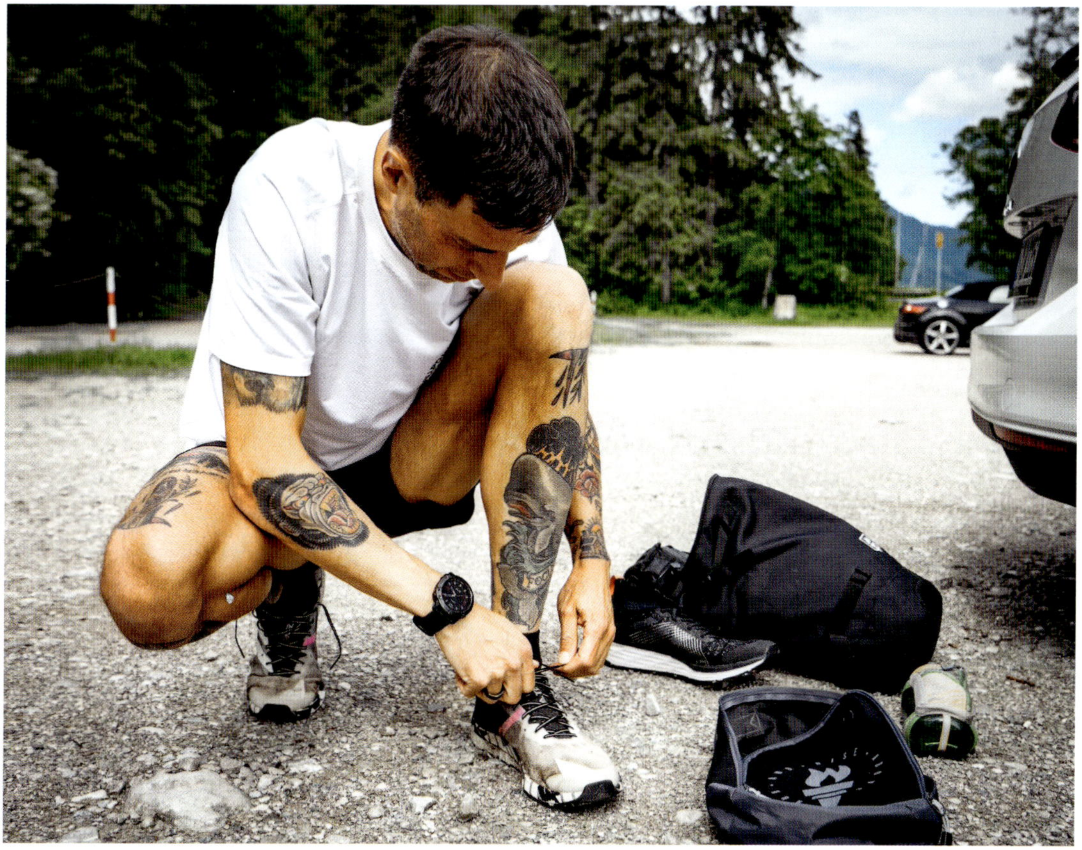

Letzter Trainingslauf vor der Abreise in die USA. Ein großes Geschenk, die lange und intensive Vorbereitung auf den *Western States* verletzungsfrei überstanden zu haben.

KAPITEL 10

RUNCATION, DIE BESTE ART URLAUB ZU MACHEN

»Run. Eat. Sleep. Repeat.«

— *Unknown*

»Laufen. Essen. Schlafen. Wiederholen.«

— *Unbekannt*

Zu meiner Vorbereitung auf den *Western States* gehörte nicht nur eine, sondern gleich zwei sogenannte Runcations. Eine Runcation ist eine Kombination aus Urlaub und Trainingslager und versucht, das Beste aus beiden Welten zu vereinen. Im Idealfall besteht eine Runcation aus nichts anderem als Essen, Laufen und Erholung. Das schönste Leben also. Meine beiden Runcations waren ein großer Gewinn für meine Wettkampfvorbereitung und mein mentales Wohlbefinden. Beide Runcations zusammen waren auch mein Jahresurlaub, eine echte Auszeit vom hektischen Alltag.

Die erste Runcation fand im Februar 2022 statt und führte Lisa und mich nach Madeira, einer wunderschönen portugiesischen Insel im Atlantik. Wir wählten Madeira wegen des warmen Klimas, der gewaltigen Anstiege und der atemberaubenden Natur. Aber es sollte auch ein Streckencheck für mein einziges Vorbereitungsrennen sein: den *Madeira Ultra Trail (MIUT)* im April, etwa zweieinhalb Monate vor dem *Western States*. Während der Runcation haben wir es geschafft, einen beträchtlichen Teil der epischen Rennstrecke abzulaufen. Ansonsten ist Madeira eine sehr entspannte Insel, wenn man nicht gerade in der Hauptstadt Funchal ist. Wir haben die Atmosphäre dort sehr genossen.

Mit Lisa, die auch Ultraläuferin ist, war ich acht Tage hintereinander auf der *MIUT*-Strecke unterwegs, mit nur einem trainingsfreien Tag, der nicht ganz zufällig auf meinen 43. Geburtstag fiel. Die überwältigende Vielfalt der Trails beeindruckte uns bei jedem Lauf aufs Neue. Wir liefen über holprige Schotterstraßen,

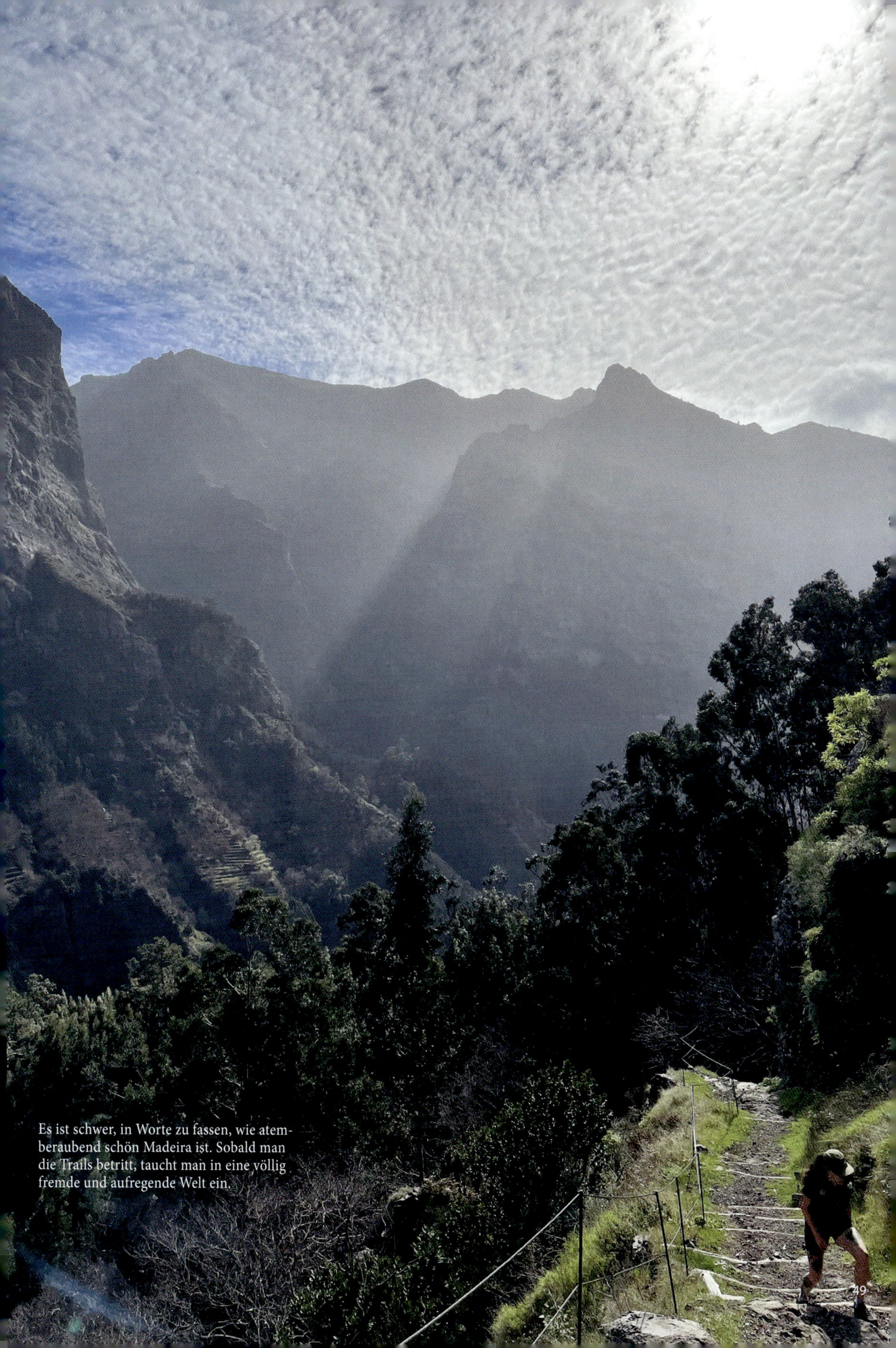

Es ist schwer, in Worte zu fassen, wie atemberaubend schön Madeira ist. Sobald man die Trails betritt, taucht man in eine völlig fremde und aufregende Welt ein.

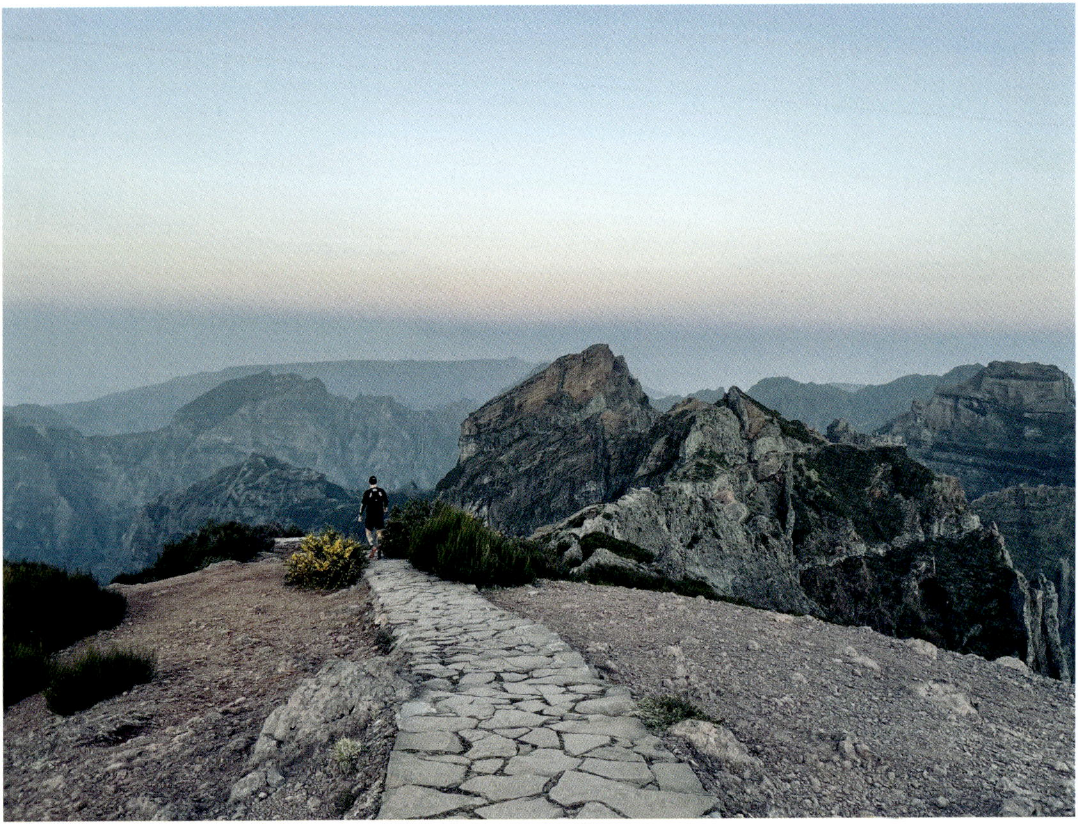

Kurzer, steiniger Wegabschnitt zwischen Pico Ruivo und Pico do Arieiro auf Madeira. Teil der *MIUT*-Strecke.

winzige, in Steinmauern gehauene Pfade, durch dichten Dschungel, kleine Dörfer, dunkle Wälder, unzählige Tunnel und Höhlen, entlang von Sandstränden und über felsige Treppen in großer Höhe. Gleich am ersten Tag verloren Lisa und ich jegliches Gefühl für Zeit und Entfernung und liefen den gesamten letzten Teil der *MIUT*-Strecke, von Machico nach Poiso, rückwärts. Wir waren so begeistert von der Schönheit der Insel, dass wir völlig vergaßen, dass es keine öffentlichen Verkehrsmittel gibt und wir den ganzen Weg zurück zum Ausgangspunkt laufen mussten. Nach einem langen Tag hatten wir 50 Kilometer und 2000 Höhenmeter zurückgelegt. Müde, aber selig, aßen wir beide je drei Teller Pasta und fielen zufrieden ins Bett. Ein durchaus würdiger Auftakt für unsere Runcation.

Bei der Erkundung weiterer Teile der *MIUT*-Rennstrecke gefiel uns besonders die Gegend um den Pico Grande. Dies ist der mittlere Teil des *MIUT*, kurz vor dem größten Anstieg zum Pico Ruivo. Das hügelige Gelände von Encumeada bis zum Gipfel und der wunderschöne Downhill nach Curral das Freiras waren einfach überwältigend.

Eine unberührte Mischung aus verschlungenen Feld- und Steinwegen, massiven Steinmauern und dicht bewachsenen, dschungelartigen Wäldern. Alle paar Kilometer änderte sich die Landschaft komplett, und wir kamen aus dem Staunen nicht mehr heraus. Was für ein wunderbarer Ort.

Im Hinblick auf meine Vorbereitung für den *Western States* gab mir diese Runcation die Gewissheit,

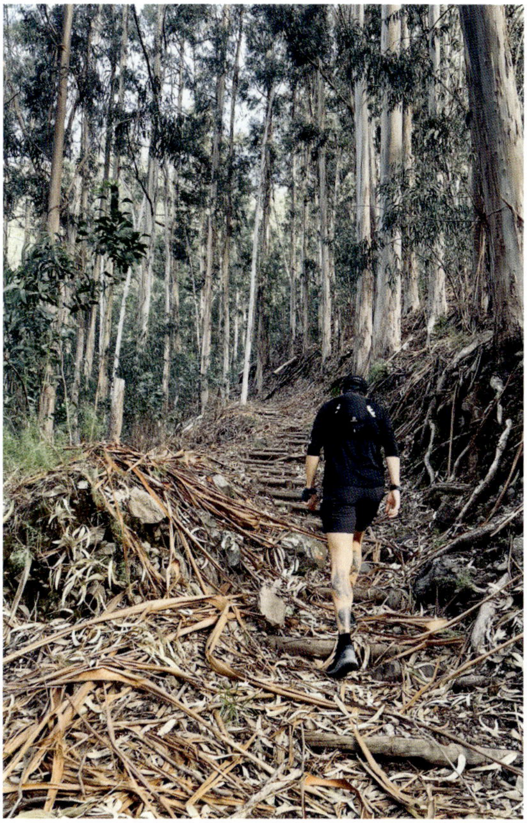

Dschungelartiger Waldweg bei Curral das Freiras auf Madeira. Mittelteil des längsten Anstiegs des *MIUT*.

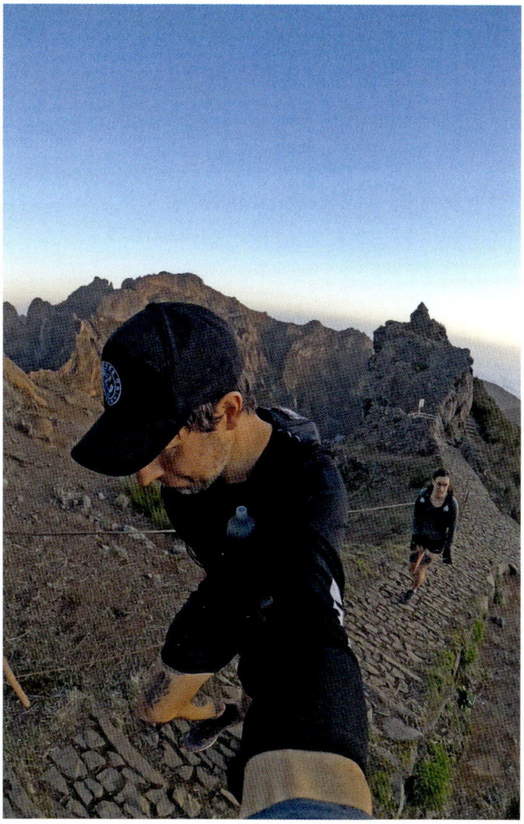

Endlose Stufen in schwindelerregender Höhe rund um den Pico Ruivo.

dass das viele Grundlagentraining und die unzähligen Rolling Hills, die ich in den vergangenen drei Monaten absolviert hatte, ihren Zweck erfüllt hatten. Obwohl ich oft das Gefühl hatte, immer langsamer zu werden, hatte ich offensichtlich eine solide Ausdauerbasis aufgebaut. Auf Madeira konnte ich sie endlich anwenden. Mein Körper steckte die vielen Kilometer und Höhenmeter mit Leichtigkeit weg, und ich fühlte mich mit jedem Tag stärker. Ich habe mich bei den Läufen auf Madeira nie zu sehr verausgabt und die perfekte Balance gefunden, um am Ende eines jeden Tages zwar erschöpft, aber nicht ausgelaugt zu sein.

Das Beeindruckendste an unserer Runcation auf Madeira war, dass ich nicht ein einziges Mal über Zeit, Distanz oder Höhe nachgedacht habe. Ich bin einfach gelaufen. Und zwar viel. Mein Trainer hat mir alle Freiheiten gelassen. Der Spießer in mir auch. Für eine Woche aus dem Routine-Trainingsplan auszubrechen, war ein kluger Schachzug und ließ den Punk jubeln.

Rückblickend war die Trainingsreise nach Madeira definitiv einer der wichtigsten Teile meiner *Western States*-Vorbereitung. Meine zweite Runcation war eine ganz andere Erfahrung, denn mein Training war abrupt zum Stillstand gekommen.

KAPITEL 11

DIE SEUCHE, ERSTER AKT

»You have power over your mind — not outside events. Realize this, and you will find strength.«

— Marcus Aurelius

»Du hast Macht über deinen Geist – nicht über äußere Ereignisse. Erkenne dies, und du wirst Stärke finden.«

— Marcus Aurelius

Im April 2022 erkrankte ich an COVID-19, und mein Lauftraining war vorerst beendet. Nachdem ich eine Woche lang akute Symptome hatte und mich überhaupt nicht bewegen konnte, war ich zunächst voller Hoffnung, als ich langsam wieder mit dem Laufen anfing. Ich begann bei Null, steigerte vorsichtig den Umfang und fühlte mich beim Laufen im Allgemeinen gut, ohne Husten oder Kopfschmerzen. Aber mein Körper, primär meine Lunge und mein Herz, sprachen eine andere Sprache. Egal wie leicht die Belastung war, meine Herzfrequenz schoss sofort in die Höhe und war immer mindestens 20 Schläge höher als üblich. Obwohl ich während des Trainings nicht viel auf meine Herzfrequenz geachtet hatte, wusste ich, dass das viel war. Mein langsamster Schlappschritt fühlte sich wie ein Tempolauf an, und wenn ich auch nur ein wenig schneller lief, war es, als ob mein Herz und meine Lungen jeden Moment explodieren würden. Ich versuchte es mit mehr Pausen, längeren und kürzeren, schnelleren und langsameren Läufen, aber dieser Zustand änderte sich in den nächsten fünf Wochen nicht.

Unnötig zu sagen, dass meine Vorbereitung auf den *Western States* nicht wie geplant weitergehen konnte. Ja, ich bin gelaufen. Ja, ich hatte ein vernünftiges Trainingspensum. Nein, es war kein strukturiertes Training, wie es für ein 100-Meilen-Rennen hätte sein sollen. Aber das Schlimmste war, dass ich mein einziges

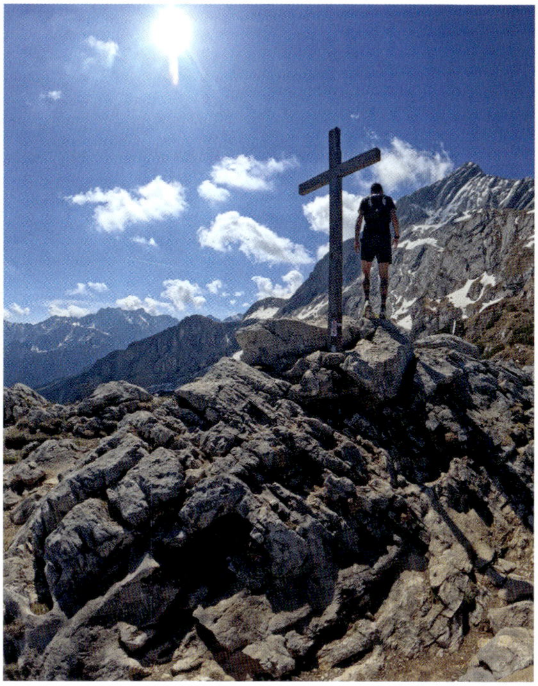
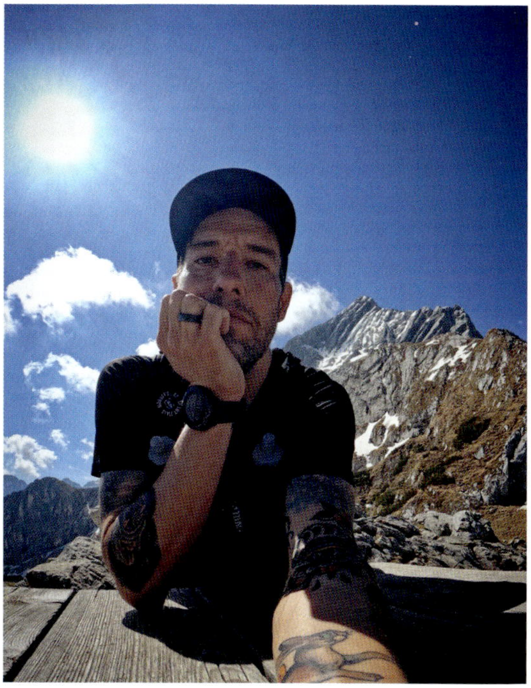

Der erste Lauf nach meiner COVID-19-Infektion führte mich auf den Osterfelderkopf in Garmisch-Partenkirchen. Weit weg von meiner hart erarbeiteten Form.

großes Vorbereitungsrennen, den *MIUT*, absagen musste. Das war nicht nur unglaublich traurig, sondern auch ein großer Rückschlag für mein Training. Vorbereitungswettkämpfe sind perfekt, um die eigene Verpflegung zu testen, die Abläufe an den Aid Stations zu üben, am Pacing zu arbeiten, zu lernen, mit Hitze unter Stress umzugehen und natürlich, um einen langen Tag auf den Beinen zu verbringen. Vor allem aber geben sie Hoffnung, wenn auch keine Garantie, dass es tatsächlich möglich ist, 161 Kilometer zu laufen. Der Spießer war über diese Abweichung vom Plan nicht amüsiert.

Die Genesung verlief schleppend. Ich hatte mich damit abgefunden, dass ich nicht in Topform an der Startlinie in Olympic Valley stehen würde. Ich dachte sogar, dass ich vielleicht gar nicht starten würde, oder dass ich zwar starten, aber nicht ins Ziel kommen würde. Ein Teil von mir war sehr frustriert, dass ich in der kritischsten Phase meiner Vorbereitung so weit zurückgeworfen wurde. Ein anderer, rationalerer Teil von mir war wesentlich bescheidener und entspannter. Erstens hätte das Timing viel schlechter sein können. Eine COVID-19-Infektion kurz vor der Abreise oder, noch schlimmer, in den USA, hätte jede Chance auf eine Teilnahme am *Western States* sofort zunichte gemacht. Zweitens: Im Gespräch mit anderen COVID-19-betroffenen Läuferinnen habe ich ein breites Spektrum an Heilungsverläufen erlebt. Von »Nach zehn Tagen war alles wieder normal« bis zu »Ich kämpfe seit über einem Jahr damit, aus dem Bett zu kommen. Laufen ist für mich völlig undenkbar«.

Mir wurde klar, dass ich mich irgendwo in der Mitte befand, was die Schwere der Langzeit- und Post-COVID-Symptome betraf. Dafür war ich sehr dankbar.

Wochenlang habe ich von Tag zu Tag trainiert. Aber am Ende war es eine weitere Runcation, die den Knoten zum Platzen brachte.

KAPITEL 12

RUNCATION COME-BACK

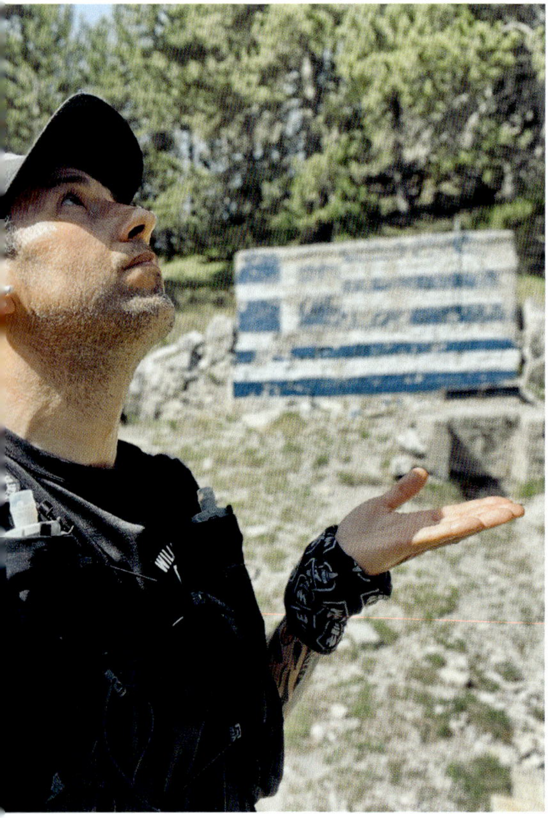

Runcation Nummer zwei in Griechenland. Ein langer Trainingstag auf dem Weg zum Olymp.

»Lass uns mit dem arbeiten, was wir haben.«

– Karim Ramadan

»Let's work with what we've got.«

– Karim Ramadan

Auf dieses Motto haben Karim und ich uns geeinigt, als ich mein Lager für eine zweite Runcation in Litochoro am Fuße des Olymps in Griechenland aufschlug. Warum Griechenland? Es gab drei Gründe. Erstens ist es dort fast so heiß wie in den Schluchten der Sierra Nevada. Zumindest dachte ich das. Selbst im Mai klettern die Temperaturen auf 32° Celsius. Das war ein ordentliches Hitzetraining und würde mir helfen, mich auf die härteste Herausforderung des *Western States* vorzubereiten. Zweitens gibt es in Griechenland unzählige Möglichkeiten für Trailrunning. Von Waldwegen über endlose Anstiege auf fast 3000 Meter bis hin zu hochgelegenen Steinwüsten ist alles dabei. Drittens konnte ich Karim treffen, der dort lebt und den ich seit dem *CCC* im Jahr zuvor nicht mehr gesehen hatte. Kurzum, Griechenland war die perfekte Wahl für meine zweite Runcation.

Dieses Mal reiste ich allein, ohne Lisa, die beste Laufpartnerin der Welt. Leider hatte sie nicht genug Urlaubstage übrig, um mich zu begleiten. Schließlich wollten wir bald nach Kalifornien fliegen, und außerdem hatten wir unsere Reise nach Chamonix für ihren eigenen A-Wettkampf, den *CCC* beim *UTMB*, fest eingeplant. Aber trotz dieser plausiblen Gründe habe ich sie schrecklich vermisst.

Aber das Laufen um den Olymp hat mich mehr als entschädigt. Mit einer Höhe von 2917 Metern ist er von seiner topografischen Prominenz einer der höchsten Gipfel Europas. Die Atmosphäre der griechischen Mythologie ist allgegenwärtig, und die Flora ist außergewöhnlich vielfältig. Zum Zeitpunkt meiner Runcation im Mai war der obere Teil des Olymp noch mit Schnee bedeckt, was das Laufen manchmal recht abenteuerlich machte. Aber am Ende eines jeden Tages ging ich in Litochoro mit einem umwerfenden Blick auf den Sonnenuntergang über dem Mytikas, dem höchsten Gipfel der Region, ins Bett. Ein wirklich inspirierender Ort.

Nach fünf Tagen auf und um den Olymp fuhr ich für ein Wochenende nach Metsovo im Nordwesten Griechenlands, um an einem lokalen Trailrunning-Event, dem *Ursa Trail*, teilzunehmen. Ich meldete mich für alle drei angebotenen Läufe an: einen Vertical K am Freitag, einen Marathon am Samstag und einen Halbmarathon am Sonntag. Es war Karims Idee, meiner Runcation mit diesem Dreierpack eine besondere Note zu geben. Ich hatte schon lange keinen Wettkampf mehr bestritten und war dementsprechend aufgeregt.

Das erste Rennen des schönen *Ursa Trails* war der *Katara Vertical K*, eine Strecke von 4,7 Kilometern und 860 Höhenmetern. Bei diesem besonderen Rennformat befindet sich der Start am Fuße eines Berges und das Ziel auf dem Gipfel. Die Strecke führte also nur bergauf. Karim gab mir grünes Licht, alles zu geben. Deshalb, aber auch weil ich erst einmal in meiner Laufkarriere einen Vertical K gelaufen bin, war ich ein wenig nervös. Das Letzte, was er vor dem Rennen zu mir gesagt hat, war: »Entfessele dich!«

Und das tat ich.

Der *Katara Vertical K* machte seinem Namen alle Ehre. Mit einer durchschnittlichen Steigung von etwa 18 Prozent gibt es buchstäblich keinen einzigen flachen Meter oder eine Bergabpassage. Es ist ein einziger massiver Anstieg durch Wälder, Schotterstraßen, Steinwiesen, Singletrails – und 100 Meter Asphalt kurz vor dem Ziel. Die Hitze und die Steigung machten sich schon nach wenigen Minuten bemerkbar. Ich habe mich während des ganzen Rennens intensiv gespürt und war sehr nah bei mir. Das hatte mir in den letzten Wochen sehr gefehlt. Erschöpft, aber überglücklich erreichte ich das Ziel auf dem Gipfel des Berges. Ich fühlte mich seit Langem wieder befreit und voller Leben.

Lustige Randnotiz mit Tiefgang: Es gab absolut keine Informationen über dieses Rennen oder die Ergebnisse im Internet. Ich habe keine Ahnung, ob ich Zehnter oder 100. geworden bin. Ich weiß nicht einmal, wie viele andere Läuferinnen und Läufer am Start gewesen sind. Ich hatte überhaupt keine Möglichkeit, mich mit anderen zu vergleichen, was normalerweise auch bei einem nicht so wettkampforientierten Läufer wie mir automatisch passiert. Trotzdem war ich stolz und zufrieden, wie es für mich persönlich gelaufen ist. Und genau das ist der Grund, warum ich an Rennen teilnehme.

Aufgrund der wilden Mischung aus Trainingsermüdung, Hitze, Schlafmangel und der sehr unterschiedlichen Ausprägung meiner Trainingseinheiten wusste ich überhaupt nicht, wo ich mit meinen COVID-Symptomen stand. Ich bemerkte noch einige Unregelmä-

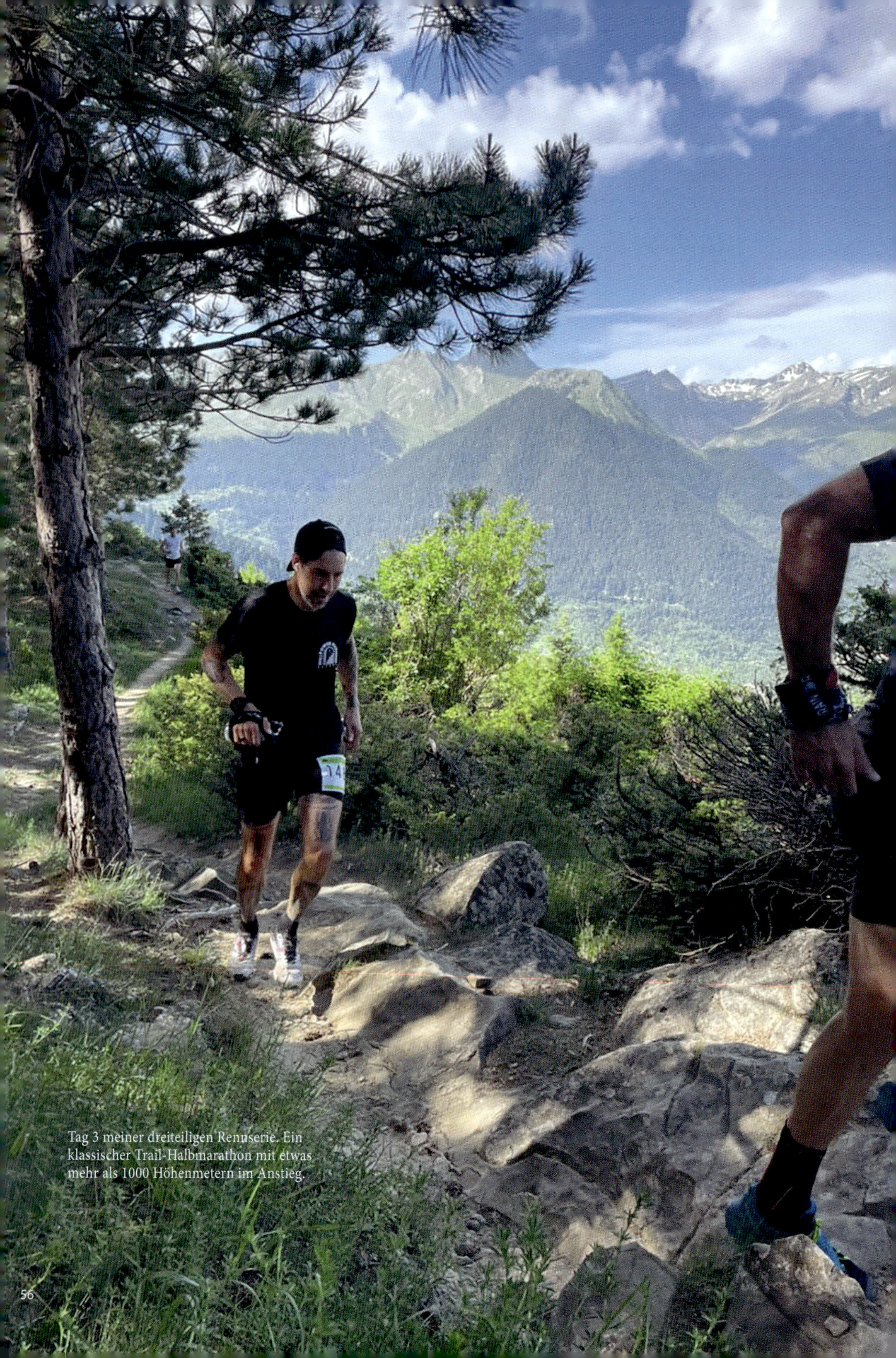

Tag 3 meiner dreiteiligen Rennserie. Ein klassischer Trail-Halbmarathon mit etwas mehr als 1000 Höhenmetern im Anstieg.

ßigkeiten, so lag meine Herzfrequenz trotz der großen Anstrengung nur knapp über der Laktatschwelle, während meine Atemfrequenz auf dem absoluten Maximum war und meine Beine beim Überqueren der Ziellinie keinerlei Muskelermüdung zeigten. Sorry für das Fachchinesisch. Trotz der aufmerksamen Analyse des Spießers war das Wichtigste, dass es mich nicht beunruhigte und ich mir immer weniger Gedanken darüber machte.

Der folgende Tag war ein Ultra-Tag. Eigentlich war der *Ursa Trail* Marathon trotz seines Namens weder ein Ultra noch ein Marathon, denn er ging nur über 40 Kilometer mit 2800 Höhenmetern. Trotzdem war der Plan, das zu simulieren, was ich beim *Western States* machen wollte. Bis zu einem gewissen Grad hat das auch funktioniert. Die erste Hälfte bin ich etwas zu schnell gelaufen, bis mich einige sehr steile Anstiege gebremst haben. Extrem steile, um genau zu sein. So steil, dass jemand eine Eisenkette als Steighilfe an Teilen des Weges befestigt hat. Solche Steigungen erwartet man normalerweise in alpinem Gelände, nicht aber auf den sanft hügeligen Trails im Nordwesten Griechenlands. Die Strecke hielt noch viele solcher Überraschungen bereit, sodass es nie langweilig wurde. In der zweiten Hälfte habe ich dann meinen Rhythmus gefunden, einen tragfähigen Ultra-Shuffle, der vielleicht nicht sehr sportlich aussieht. Aber ich hatte das Gefühl, ich könnte ewig so weiterlaufen und hätte immer noch Spaß dabei. Und das war genau das, was ich für den *Western States* brauchte.

Der letzte Tag meiner Runcation und das dritte Rennen des *Ursa Trails* war ein überschaubarer Lauf von 21 Kilometern Länge mit 1100 Höhenmetern. Aber als ich am Morgen nach dem Marathon nach einer schrecklichen Nacht aufwachte, hatte ich so gar keine Lust zu laufen. Ich hätte lieber einen Espresso Freddo getrunken und das Rennen als Zuschauer vom Streckenrand aus verfolgt. In der Hoffnung, dass mein Schwindelgefühl und meine Müdigkeit auf der

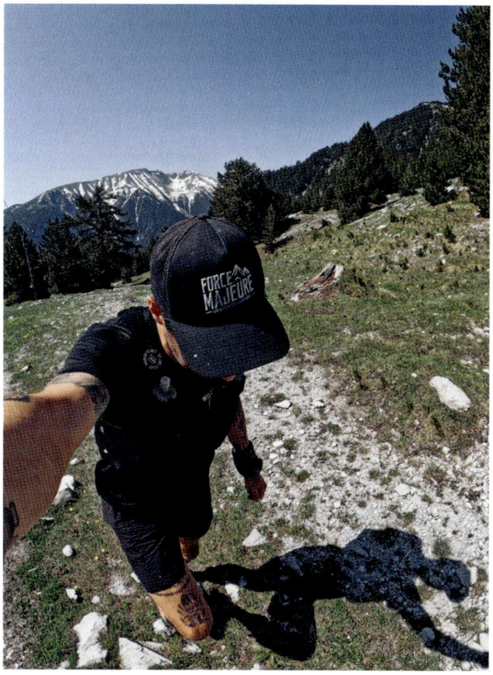

Obwohl es in Griechenland nicht so heiß ist wie in den Canyons der Sierra Nevada, hat mir das Training unter der gnadenlosen Sonne geholfen, mich an die Hitze anzupassen. Zumindest dachte ich das.

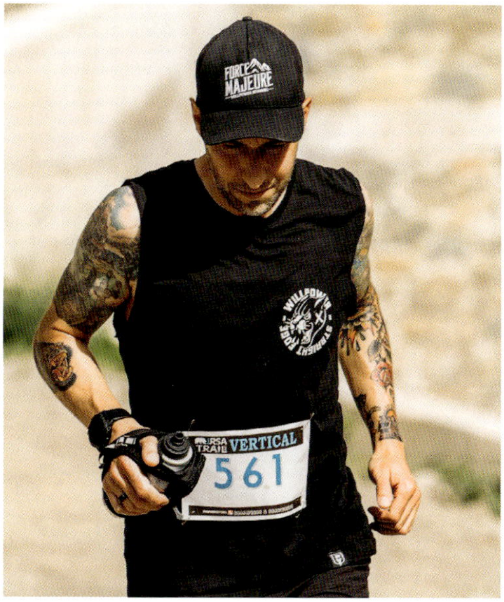

Ein Vertical-K-Rennen ist schneller vorbei, als es begonnen hat, und doch fühlt man sich hinterher wie nach einem Marathon.

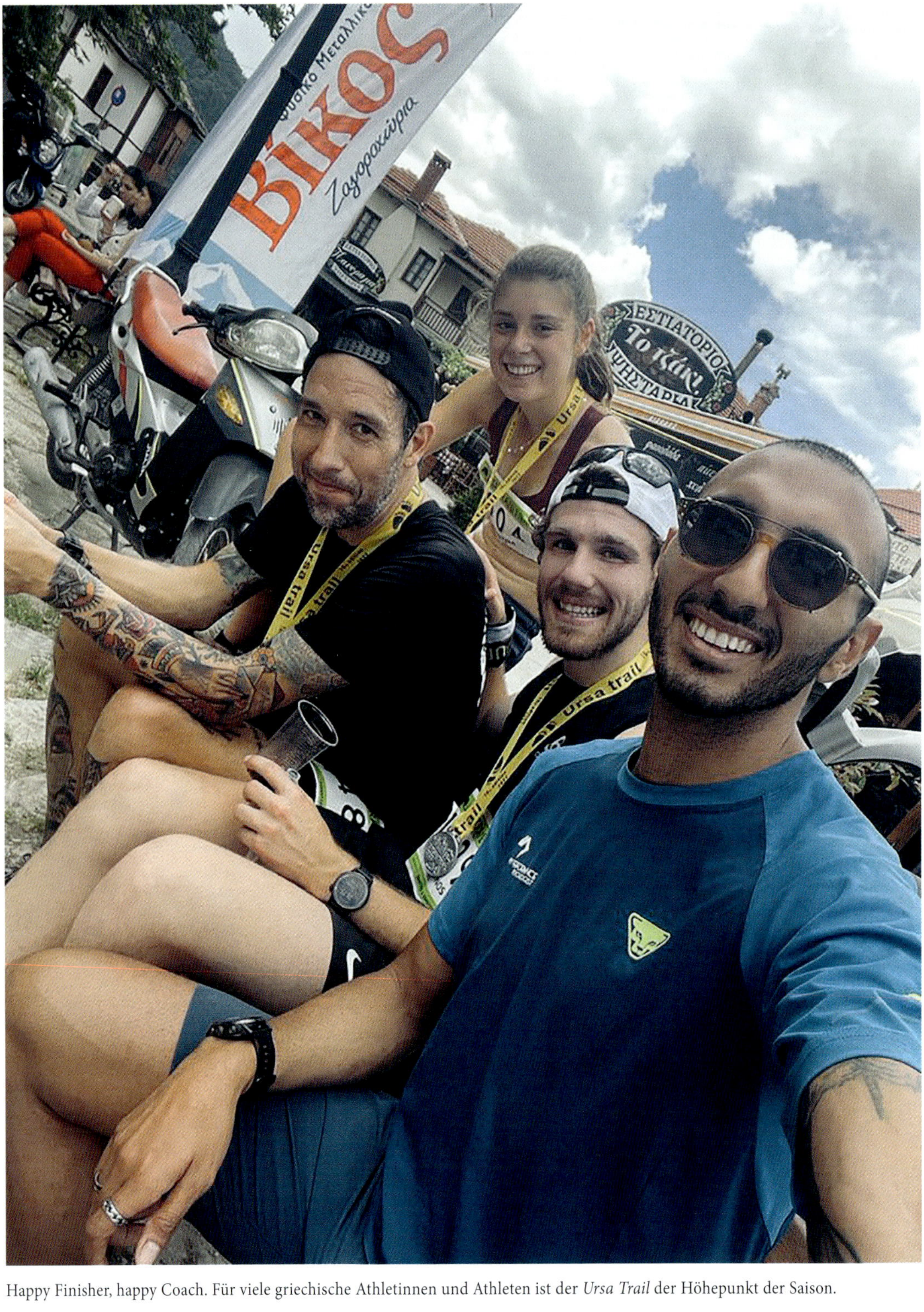

Happy Finisher, happy Coach. Für viele griechische Athletinnen und Athleten ist der *Ursa Trail* der Höhepunkt der Saison.

Strecke nachlassen würden, lief ich die ersten fünf Kilometer sehr konservativ und versuchte einfach, die Reise zu genießen.

Nach der Hälfte des ersten Anstiegs merkte ich, dass meine Beine erstaunlich frisch waren. Ich hatte mir kurz zuvor den mentalen Trick angeeignet, mich auf die Körperteile zu konzentrieren, die gut funktionierten, anstatt auf die, die wehtaten. So nutzte ich meine frischen Beine und ermutigte mich, lange Teilstücke des Anstiegs zu laufen, anstatt zu gehen. Ich überholte ein gutes Dutzend Läuferinnen und Läufer und das Rennen war eröffnet. Auf der zweiten Hälfte wurde ich immer schneller, ohne es zu forcieren. Ich ließ meinen Beinen in den Bergabpassagen freien Lauf, rollte auf den flachen Abschnitten und rannte die meisten Anstiege. Die letzten zwei Kilometer durch enge Steingassen in das malerische Dorf Metsovo waren pure Freude und fast greifbare Liebe zum Laufen. Alles im Leben machte Sinn.

Und die COVID-Symptome? Später am Abend stellte ich überrascht fest, dass mein Herzfrequenzmesser während des Rennens nicht funktioniert hatte. In den vergangenen fünf Wochen hatte ich nach jedem Lauf sofort meine Herzfrequenz überprüft, um nach Anomalien und schlechten Nachrichten Ausschau zu halten. Dass ich es dieses Mal unbewusst nicht getan hatte, machte mich glücklich. COVID-19 war vielleicht noch irgendwo in meinem Körper, aber aus meinem Kopf war es praktisch verschwunden.

Acht Läufe, drei Rennen, 130 Kilometer, 8692 Höhenmeter und eine Laufzeit von 18:43 Stunden. Das sind die harten Fakten meiner Runcation in Griechenland. Ich habe einige hervorragende Trainingseinheiten absolviert, an meiner Hitzeanpassung gearbeitet und meine Pacing- und Verpflegungsstrategien getestet – alles für das große Rennen 26 Tage später. Aber das Bemerkenswerteste war, wie dieser Urlaub meine Einstellung zum *Western States* verändert hat. Nach meiner COVID-19-Infektion kämpfte ich wochenlang mit Wut, Frustration und Selbstzweifeln. Sieben Tage nur Laufen haben mein Selbstvertrauen Stück für Stück wieder aufgebaut und mich viel gelassener gemacht. Mit allem, aber vor allem mit mir selbst. Es war die richtige Entscheidung, eine Auszeit zu nehmen und nach Griechenland zu reisen. Und am wichtigsten war, den Punk laufen zu lassen und nicht den Spießer.

Es hätte keinen besseren Ort für meine Runcation geben können. Die Laufkultur in Griechenland ist extrem lebendig. Ich war so froh, aus meiner Deutschland-Österreich-Schweiz-Italien-Frankreich-Blase herauszukommen und die soziale Bedeutung des Laufens in einem Land zu entdecken, das ich vorher nicht auf dem Radar hatte. Der Laufsport in Griechenland ist sehr kompetitiv. Es gibt zweifellos viel Druck, insbesondere für die Profis. Aber auf der anderen Seite verbindet der Laufsport die Menschen in Griechenland auch eng miteinander. Alle lieben das Laufen und unterstützen einander. Außerdem sind die Rennveranstaltungen perfekt organisiert und haben spannende und wunderschöne Strecken zu bieten. Statt also beim *Zugspitz Ultratrail* (oder was auch immer dein lokaler Lauf ist) zum 100. Mal die gleiche alte Schotterpiste hochzulaufen, könnte man auch mal einen Lauf in Griechenland in Betracht ziehen.

Die verbleibenden Wochen bis zu meiner Abreise in die USA vergingen wie im Flug und das Laufen wurde mehr oder weniger von Reisevorbereitungen und organisatorischen Aufgaben in den Hintergrund gedrängt. Nun wurde es ernst: Der *Western States* sollte Wirklichkeit werden. Nicht nur für mich als Teilnehmer, sondern auch für die großartige Reisegruppe, die mich begleitete.

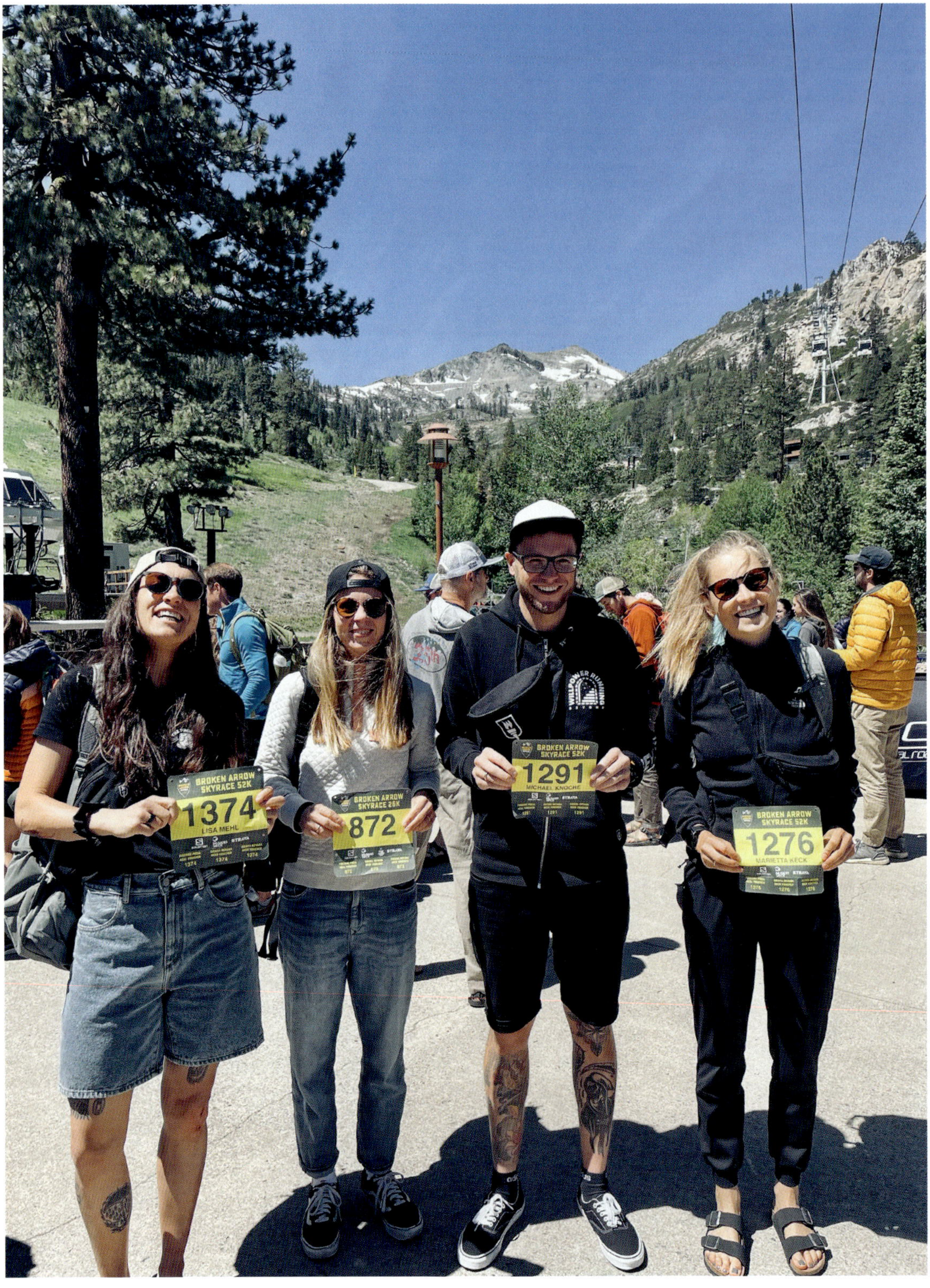

Meine Crewmitglieder sind meine Freunde. Lisa, Christiane, Michi und Marie stolz mit ihren Startnummern für das *Broken Arrow Skyrace*. Nur die Hälfte kommt ins Ziel.

KAPITEL 13

ICH BIN DIE CREW. DU BIST DIE CREW. WIR SIND DIE CREW!

»Ja, wir sind die Crew!«

— *7 Seconds, The Crew*

»Yeah, we're the crew!«

— *7 Seconds, The Crew*

Jedes Abenteuer ist nur halb so schön, wenn man es allein erlebt. Deshalb war ich mehr als glücklich, dass mich einige enge Freunde nach Kalifornien begleitet haben. Sie würden nicht nur mein erstes 100-Meilen-Rennen miterleben, sondern mich auch mit all ihrer Erfahrung, ihrem Organisationstalent, ihrem medizinischen Wissen, ihrem Humor, ihren Kochkünsten, ihrer Muskelkraft und ihrer Ausdauer unterstützen. Und davon haben sie eine ganze Menge. Darf ich vorstellen: meine *Western States*-Crew.

Henning und ich haben viel gemeinsam, auch wenn er der deutlich bessere Läufer ist. Wir haben den gleichen Humor, der nicht wirklich lustig ist. Nur unsere Frauen schmunzeln manchmal. Genau wie ich, tritt er sehr selbstbewusst und überzeugend auf, wenn er in Wahrheit falsch liegt. Aber es kommt ja nicht darauf an, was man sagt, sondern wie man es sagt, oder? Mit dieser praktischen Begabung sind wir beide schon recht weit gekommen. Eine Sache, die wir nicht gemeinsam haben, ist, dass ich den *Western States* bereits gefinisht habe, wenn ich dieses Buch schreibe, während er noch immer davon träumt. Ich habe ihm das nie gesagt, aber er war einer der Läufer, an die ich gedacht habe, als es mir etwas peinlich war, mit nur einem Ticket in der *Western States*-Lotterie ausgelost zu werden. Ich werde auf jeden Fall dabei sein, wenn er an der Reihe ist. Und das wird nicht mehr lange dauern. Ich spüre es.

Mit **Christiane**, die mit Henning verheiratet ist, habe ich auch einige Charaktereigenschaften gemeinsam. Wir sind beide manchmal zu kopflastig. Vor allem bei Rennen. Manchmal ist es hilfreicher, das Hirn auszuschalten und einfach draufloszulaufen. Das fällt uns oft schwer, was uns aber nicht zu weniger leidenschaftlichen Läufern macht und ja, wir arbeiten beide daran.

Sowohl Henning als auch Christiane waren bereits 2019 beim *Western States* und begleiteten ihren Freund Josef auf seinem Weg zu einer beeindruckenden Endzeit von 23:09:32 Stunden. Ihre dort gesammelten Erfahrungen und ihr umfassendes Wissen waren für meine eigene Teilnahme an diesem epischen Rennen von unschätzbarem Wert. Ihre Aufgabe war es, den Zeitplan und die Logistik im Auge zu behalten.

Nicht viele Läufer bringen ihre eigene Ärztin mit zum Rennen. Mit **Marie** hatte ich dieses Glück. Eigentlich ist sie Anästhesistin. Das ist zwar nicht besonders hilfreich, wenn man vor Erschöpfung ohnehin schon außer Gefecht ist, aber sie erklärte sich bereit, meinen allgemeinen Gesundheitszustand im Auge zu behalten und auch eventuelle Verletzungen zu behandeln. Sie übernahm auch die verantwortungsvolle Aufgabe, meine Kohlenhydrat- und Flüssigkeitsaufnahme während des Rennens zu überwachen. Marie ist ebenfalls eine sehr ambitionierte Läuferin, die noch ganz am Anfang ihrer langen Laufkarriere steht. Ich erwähne ihren Anfängerstatus hier, weil es so schön ist zu sehen, wie viel Freude und Erfüllung sie beim Sammeln ihrer Erfahrungen findet. Als Läufer bin ich ihr gar nicht so weit voraus und freue mich jedes Mal, wenn ich an einem dieser denkwürdigen »Erstes-Mal-Rennen« oder Lauferlebnissen teilhaben kann.

Michi ist die Ruhe in Person. Zumindest strahlt er das aus, wenn man an seiner Seite läuft. Das und seine wirklich liebenswerte Art machen ihn zum perfekten Pacer, die Aufgabe, die ich ihm für den *Western States* übertragen habe. Die gelbe Startnummer. Viel mehr eine Ehre als ein Job. Als Pacer kann man einen großen Teil der *Western States*-Strecke laufen, ohne Angst haben zu müssen, irgendwo in einem Canyon gegrillt zu werden. Michis Liebe zum Laufen ist unerschütterlich, und er wagt sich immer wieder selbst an anspruchsvolle Laufprojekte heran.

Und dann war da noch **Lisa**. Ich bekomme immer noch eine Gänsehaut, wenn ich das sage oder schreibe: meine Frau. Wir haben im April 2022 geheiratet, und ich kann ohne Umschweife sagen, dass sie die Liebe meines Lebens ist. Ich habe nicht nur einen wunderbaren Menschen geheiratet, sondern auch eine der erfahrensten Ultraläuferinnen, die ich kenne. Lisa hat Rennen gefinisht und gewonnen, bei denen ich es nicht einmal gewagt hätte, mich anzumelden. Ihre Art zu laufen ist pure Hingabe. Sie läuft mit ganzem Herzen und wächst regelmäßig weit über sich hinaus, wenn sie sich von einem Rennen mitreißen lässt. Ich habe sie zum Crew-Captain meiner *Western States*-Kaperfahrt gemacht und konnte mir keine Bessere für diese Aufgabe vorstellen.

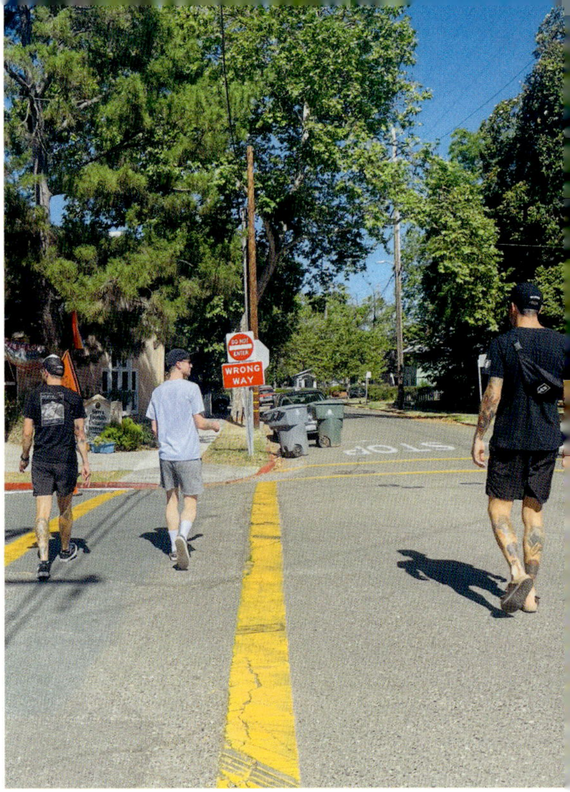

Gemeinsame Vorbesichtigung des legendären Placer High School Track in Auburn. Hier findet wenige Tage später der Zieleinlauf des *Western States 100* statt.

Das war's. Meine Freunde und meine Familie waren meine Crew und Pacer. Kann einem Läufer etwas Besseres passieren? Ich glaube nicht. Ich war zutiefst dankbar und fühlte mich geehrt, von einer Gruppe so großartiger Menschen begleitet zu werden.

KAPITEL 14

EUREKA! AUF NACH KALIFORNIEN

»Eureka!« – Motto des Staates Kalifornien

Hello, Amerika. Nach einem gar nicht so zermürbenden Flug nach San Francisco sind wir schon zehn Tage vor dem großen Rennen angekommen, damit wir genügend Zeit hatten, uns an die Hitze und die Höhe zu gewöhnen. Der *Western States* startet auf etwa 1900 Metern, steigt dann auf 2667 Meter und bleibt fast das ganze erste Drittel des Rennens über 2100 Meter. Unsere frühe Ankunft gab uns auch die Chance, den lästigen Jetlag loszuwerden. Immerhin waren wir der deutschen Zeit neun Stunden voraus, was unseren Biorhythmus gehörig durcheinanderbrachte.

Reisen in die Vereinigten Staaten von Amerika sind für mich immer etwas Besonderes. Mit 16 Jahren war ich zum ersten Mal dort und bin jedes Mal aufs Neue fasziniert von den immensen Widersprüchen dieses Landes. Unvorstellbarer Reichtum trifft auf bittere Armut. Auf der einen Seite die schönste Natur und auf der anderen Seite rücksichtslose Zerstörung der Umwelt. Man begegnet absolut liebenswerten und aufgeschlossenen Menschen, aber auch Hass und unverhohlener Diskriminierung. Die USA sind gleichzeitig sehr fortschrittlich und erschreckend rückständig.

Diese Widersprüche haben mich dazu bewogen, Amerikanische Kulturgeschichte an der Universität München zu studieren. Das Studium ist zwar nicht besonders karrierefördernd, aber ich wollte unbedingt mehr über den Grundstoff erfahren, aus dem diese Nation gemacht ist und warum sie den Rest der Welt über Jahrzehnte kulturell und politisch so massiv geprägt hat. Zweifellos hatten die USA auch einen enormen Einfluss auf mein Leben. Spätestens seit ich meine erste Dose Coca-Cola getrunken habe und mir ein in Deutschland stationierter, amerikanischer Soldat ein blaues Knicklicht in die Hand gedrückt hat. Was es tut? Es leuchtet blau.

Ich hatte schon früher an Läufen in den USA teilgenommen, ausschließlich Straßenmarathons. Der *Western States* sollte mein erstes Trailrennen und mein erster Ultramarathon werden, und das in einer der schönsten Gegenden des Landes, in den Bergen der Sierra Nevada. Monatelang hatte ich Rennberichte, *YouTube*-Videos, Online-Karten und Fotogalerien verschlungen. Und doch war ich völlig überwältigt, als ich vor Ort war.

Wir wohnten in Truckee, der nächsten Stadt nach Olympic Valley, etwa 15 Minuten mit dem Auto entfernt. Unser Hauptquartier war eine wunderschöne Holzhütte mitten im Wald. Sie war perfekt. Sehr ruhig, umgeben von alten Kiefern, mit direktem Zugang zu

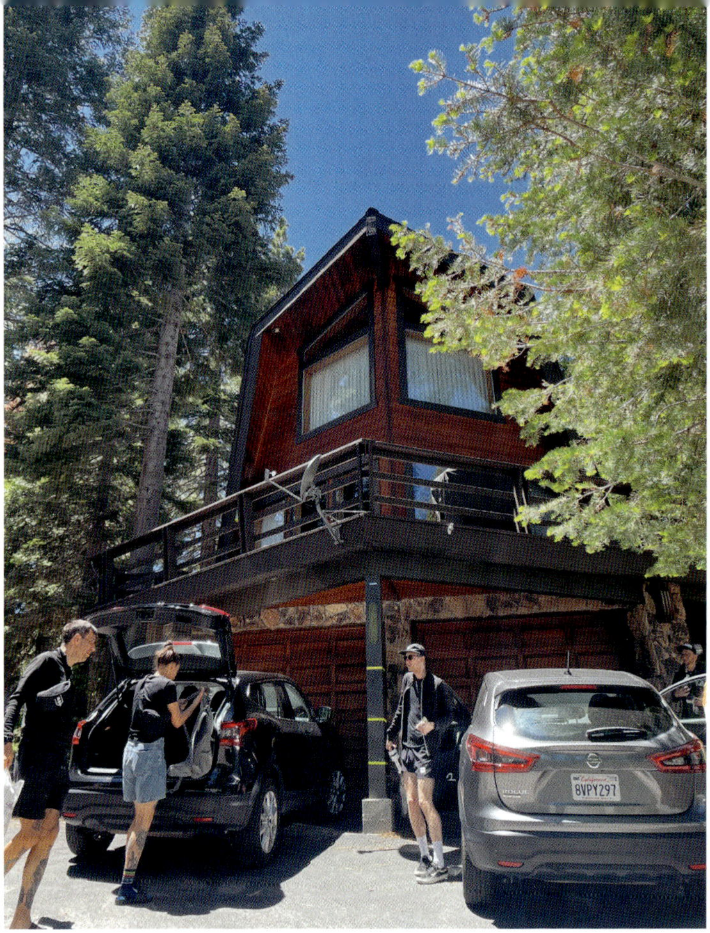

Unsere Holzhütte in Truckee, nur wenige Gehminuten vom Donner Lake entfernt, war die perfekte Wahl als Hauptquartier.

einem traumhaften Trail in der Nähe des Donner Lake. Die Hütte war sehr geräumig, so dass jeder seinen eigenen Bereich hatte – was sich bald als sehr nützlich, wenn nicht sogar unentbehrlich erweisen sollte.

In den folgenden Tagen genossen wir alle einen dringend benötigten Entspannungsurlaub mit gutem Essen, guten Gesprächen, *Western States-YouTube*-Videos, gelegentlichen Läufen und geselligem Beisammensein. Kurzum: Wir hatten eine tolle Zeit.

Als zusätzliche Unterhaltung für alle, die nicht am *Western States* teilnahmen, haben wir uns ein paar Extraaktivitäten einfallen lassen. Eine Woche vor dem großen Rennen fand in Olympic Valley mit dem *Broken Arrow Skyrace* eine weitere Laufveranstaltung statt. Das Rennen beinhaltete den ersten Anstieg der Originalstrecke des *Western States*. Wir wollten es eigentlich nur zum Spaß laufen, aber die Hälfte meiner Crew schied bei diesem knallharten, 45 Kilometer langen Berglauf aus, den alle eindeutig unterschätzt hatten. Der Jetlag und die Höhe haben sicherlich dazu beigetragen, dass Michi und Marie am *Broken Arrow Skyrace* zerbrochen sind. Aber niemand war frustriert oder verärgert, und ich habe es als eine weitere Warnung genommen, den ersten Teil der *Western States*-Strecke nicht auf die leichte Schulter zu nehmen.

Es folgte noch mehr Essen und Laufen, und ehe ich mich versah, stand die Rennwoche vor der Tür. Der Plan für die letzten sechs Tage vor dem Start war, all meine Kraft, meinen Fokus, meine Ausdauer, mein Wissen und meinen Ehrgeiz für den Tag X zu bündeln. Leider kam es ganz anders.

KAPITEL 15

DIE SEUCHE, ZWEITER AKT

»The darkest hour has only sixty minutes.«

– Morris Mandel

»Die dunkelste Stunde hat nur sechzig Minuten.«

– Morris Mandel

Die Rennwoche war eine einzige Katastrophe: Eine zermürbende sechstägige Achterbahnfahrt, in der sich schlechte Nachrichten, noch schlechtere Nachrichten und verzweifelte Versuche, die Probleme zu lösen, abwechselten.

Am Sonntag, eine Woche vor dem Rennen, wurde Lisa positiv auf COVID-19 getestet. Es ist wohl kaum nötig zu erwähnen, dass sie als Crew-Captain und Ehefrau die wichtigste Rolle in meiner Planung für den *Western States* und in meinem Leben generell spielte. Der Gedanke, sie nicht auf der Strecke oder an der Ziellinie zu sehen, jagte mir einen Schauer über den Rücken. Außerdem hatte ich Angst, mich wieder mit COVID anzustecken. Die lange und schwere Infektion im April war mir noch zu gut in Erinnerung.

Aber ein Unglück kommt bekanntlich selten allein. Oder wie es im Amerikanischen noch bildhafter heißt: »When it rains, it pours« – frei übersetzt: Wenn es regnet, dann schüttet es. Einer nach dem anderen und Tag für Tag steckte sich auch der Rest meiner Crew an. Nachdem Lisa am Montag erkrankt war, testeten sich Henning und Christiane am Mittwoch positiv. Michi folgte am Freitag, einen Tag vor dem Rennen. Vor allem dieser letzte Crew-Ausfall war ein großes Problem. Michi sollte mein Pacer sein. Das war eine verantwortungsvolle Aufgabe und entscheidend für den Ausgang des Rennens. Neben Lisa ist Michi mit Abstand der angenehmste Laufpartner, den ich kenne. Seine Anwesenheit als Pacer hätte auf mich große Ruhe ausgestrahlt und von der Anstrengung abgelenkt. Ich war überzeugt, dass mit ihm an meiner Seite auf den letzten 65 Kilometern nichts mehr schiefgehen kann. Aber dazu kam es nicht.

Marie war die Einzige, die sich in dieser verheerenden Woche nicht angesteckt hatte. Wie ich, hatte sie sich bereits Anfang des Jahres mit COVID infiziert und zeigte offensichtlich eine bessere Immunreaktion als der Rest meiner Crew. Marie war 100 Prozent motiviert, mich beim *Western States* zu supporten und zu pacen. Leider hatte sie beides noch nie zuvor gemacht. Und dann musste auch noch mein Trauzeuge Chris,

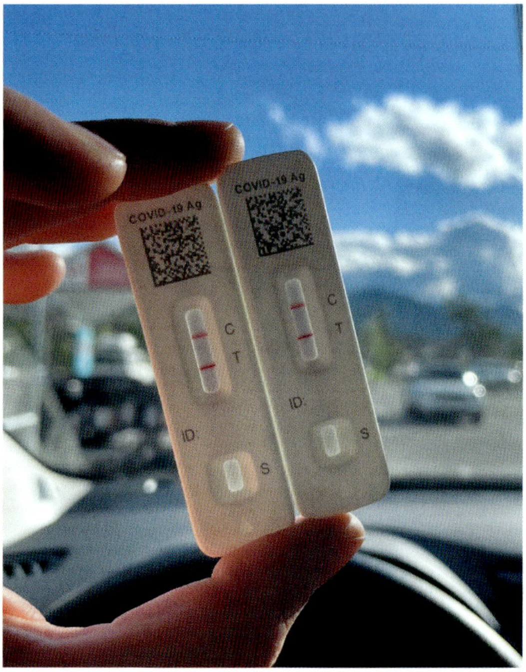

Ein Bild, das vielen bekannt vorkommen dürfte. Ungünstig nur, wenn es sich um die Crewchefin und Ehefrau handelt und es nur noch wenige Tage bis zum Rennen sind.

der am Donnerstag zu uns stoßen sollte, seine Reise in die USA wegen eines überbuchten Fluges kurzfristig absagen. Seine Anwesenheit hätte mir zweifellos einen zusätzlichen Motivationsschub gegeben. Ich kenne niemanden, der das Laufen so sehr liebt und gleichzeitig hasst wie er. Dieser Zwiespalt sollte mich bald selbst heimsuchen.

Schließlich verbrachten wir die ganze Woche damit, Mundschutz zu tragen, Pläne über den Haufen zu werfen, jeden Tag Neuinfizierte zu isolieren und alle verfügbaren Gottheiten anzuflehen, dass Marie und ich gesund bleiben würden. Am Ende war genau das der Fall. Als Bonus erholte sich Lisa schneller als erwartet und war pünktlich zum Start des Rennens nicht mehr ansteckend. Damit konnten – mussten – wir arbeiten.

Mit Lisa und Marie als meine finale Crew hatte ich nicht viel Handlungsspielraum bei der Verteilung der

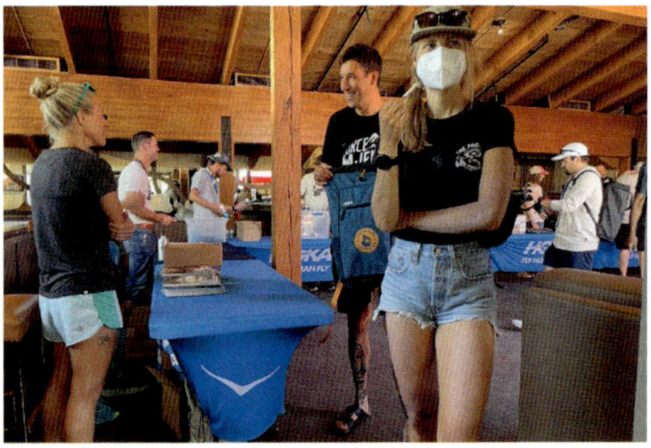

Die Masken konnten leider nicht verhindern, dass am Ende fast die ganze Crew mit COVID infiziert war.

Aufgaben, insbesondere nicht den Job des Pacers. Lisa war zwar wieder unter den Lebenden, aber es gab absolut keine Chance, dass sie die letzten 65 Kilometer von Foresthill, dem Punkt, ab dem Pacer beim *Western States* erlaubt sind, bis ins Ziel mit mir laufen konnte. Wir taten alles, was wir konnten, um dafür eine Lösung zu finden, aber es gab praktisch keine Optionen. Ich habe sogar bei anderen Läuferinnen und Läufern und deren Crews nachgefragt, ob sie jemanden kennen, der sich spontan als Pacer zur Verfügung stellen würde – ohne Erfolg. Außerdem hätte es sich nicht gut angefühlt, stundenlang mit einer vollkommen fremden Person Seite an Seite zu laufen. Schließlich einigten wir uns darauf, dass ich versuchen würde, die erste Hälfte der Nacht allein zu laufen, Marie sollte mich dann auf der zweiten, härteren Hälfte begleiten. Wir gingen davon aus, dass dieser Wechsel bei der Flussüberquerung an der Rucky Chucky Aid Station (KM 126) stattfinden würde. Lisa hingegen sollte für die restlichen Checkpoints des Rennens als Support zur Verfügung stehen. Doch das sollte sich nicht so realisieren lassen. Nicht einmal annähernd.

Eine mehr als nervenaufreibende Woche ging mit einem wackeligen Rennplan und einer stark dezimierten Crew zu Ende. Der Spießer befand sich in Schockstarre.

KAPITEL 16

WETTKAMPFMODUS GESUCHT

Neben der ganzen Aufregung mit meiner sich auflösenden Crew hatte ich noch eine Handvoll Laufeinheiten zu absolvieren. Ich hasse das Tapering, denn die wenigen verbleibenden Workouts vor einem Wettkampf sind meist weder anspruchsvoll noch ultraleicht. Außerdem sind sie oft kürzer, sodass man entschieden zu viel Zeit zum Herumsitzen und Nachdenken hat. Aber alle Trainer, mit denen ich bisher zusammengearbeitet habe, haben das Tapering als eine sehr kritische Phase angesehen. Karim hingegen wirkte eher entspannt. Vielleicht liegt es daran, dass ein 100-Meilen-Lauf kein Straßenmarathon ist und man sich daher etwas mehr Spielraum lassen kann, um die Topform zu erreichen. Vielleicht liegt es aber auch daran, dass er nicht glaubt, dass man in der letzten Woche vor dem Wettkampf noch viel trainieren oder seiner Fitness Schaden zufügen kann. Jedenfalls gestaltete Karim meine allerletzte Trainingswoche wie folgt:

Samstag: Zwei bis drei Stunden langer Lauf nach Gefühl. Ich entschied mich, in Olympic Valley zu starten, den Emigrant Pass, den ersten Anstieg des Rennens, hinaufzulaufen, dann ein Stück durch das High Country zu rennen und auf der gleichen Strecke wieder zurück.

Sonntag: »Ein einstündiger, achtsamer Erholungslauf, bei dem du dich mit der Umgebung verbindest, die äußeren Elemente wahrnimmst und einige Sinneseindrücke sammelst, um zu sehen, wie sich dein Körper auf der Strecke anfühlt.« So hat Karim die Trainingseinheit ursprünglich beschrieben. Ich startete auf einem Wanderweg in Truckee, nur wenige Meter von dem Haus entfernt, das wir gemietet hatten. Die Trails sahen so aus und fühlten sich so an, wie weite Teile des *Western States* aussehen und sich anfühlen. Das dachte ich zumindest.

Montag: Tempolauf. Ein 20-minütiges Warm-up, gefolgt von zehn Minuten im RPE-Modus 6/10, fünf Minuten locker und weitere fünf Minuten im Modus 7/10. Ich absolvierte dieses Training in Olympic Valley rund um einen Golfplatz. Offensichtlich ist diese Route bei Trailrunnerinnen und Trailrunnern, die ein Tempotraining auf dem Plan haben, sehr beliebt, denn ich traf viele von ihnen auf der Strecke. Ich spürte die Höhe, war aber froh, dass ich dennoch zügig von der Stelle kam.

Dienstag: Ich habe Karim gefragt, ob ich die Canyons besuchen darf, und er hat mir grünes Licht gegeben. Ich wollte bereits vor dem *Western States* wissen, wie sich die Hitze wirklich anfühlt. Henning, Christiane, Marie und Michi haben sich mir angeschlossen. Wir vier fuhren zum Rucky Chucky Campingplatz und bekamen einen guten Vorgeschmack auf das, was mich am Renntag erwarten würde. Bei 41° Celsius und ultratrockener, fast statischer Luft erlebten wir eindrucksvoll, was den *Western States* zu einem wahren

Ultralauf-Monstrum macht. Wir beendeten unseren 50-minütigen Lauf über staubige »Fire Roads«, wir würden Forststraßen sagen, mit einer dringend erforderlichen Abkühlung im American River, den ich vier Tage später mitten in der Nacht an einem Seil überqueren musste.

Mittwoch: Aktiver Erholungslauf zur weiteren Akklimatisierung, gefolgt von 5 × 20 Sekunden Steigerungsläufen, um die Beine wieder in Schwung zu bringen. Gesagt, getan.

Donnerstag: Freier Tag. Langweilig.

Freitag: Die letzte Trainingseinheit. 25 Minuten lockeres Joggen nach Gefühl, dazu ein paar Steigerungen. Ich war startklar. Zumindest körperlich. Mental fühlte ich mich kein Stück getapert.

Trotz der Schwierigkeiten, die meine Crew und ich während der Rennwoche hatten, war ich nach dem Tapering ziemlich zuversichtlich und sogar ein wenig aufgeregt im Hinblick auf den *Western States*. Ich hatte das Gefühl, alles getan zu haben, um mich auf dieses Rennen gut vorzubereiten. Ich wusste, dass es nicht einfach werden würde, aber ich war bereit, mich durchzukämpfen, wenn ich auf Schwierigkeiten stieß. Allerdings hatte ich keine Ahnung, wie groß die Schwierigkeiten sein würden. Und wie viel Fokus und Energie mich die letzten sechs Tage Stress gekostet hatten.

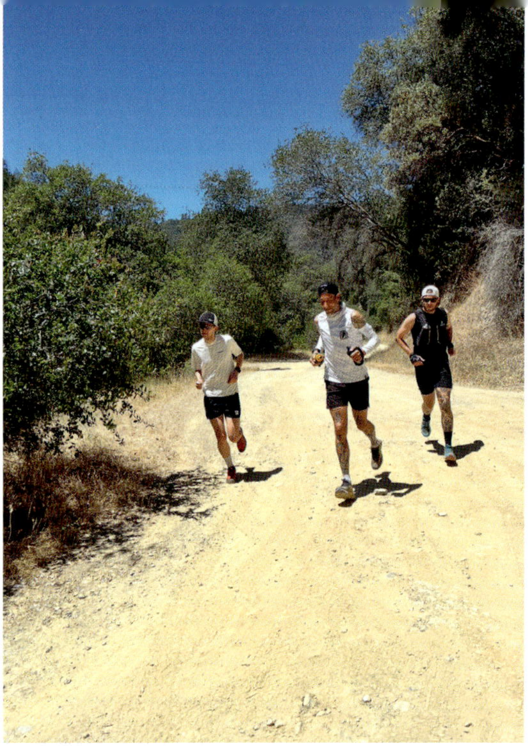

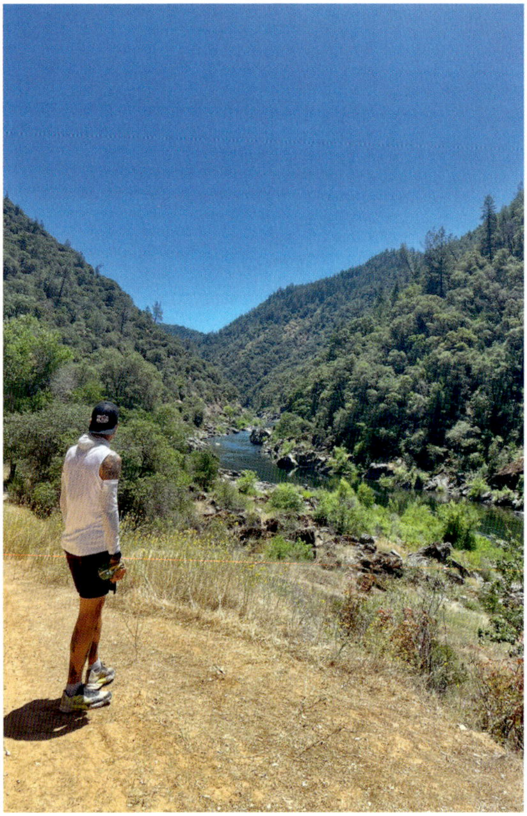

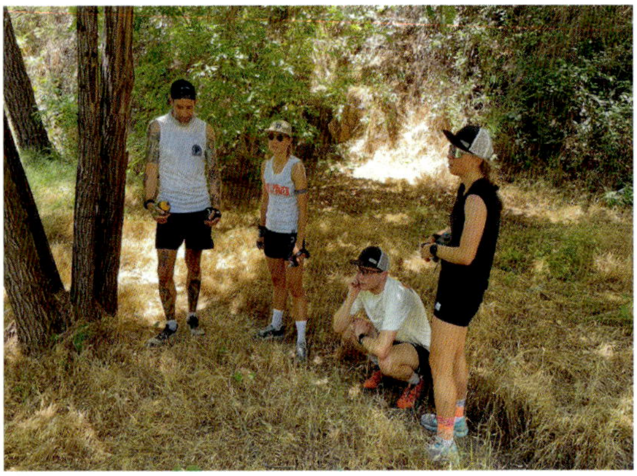

Clever und fahrlässig zugleich, schon vor dem Rennen einen Vorgeschmack auf die vernichtende Hitze des *Western States* zu erhaschen. Das Jahr 2022 war das sechstheißeste in der 50-jährigen Geschichte des Rennens.

KAPITEL 17

WESTERN STATES – ABENTEUER-ATMOSPHÄRE

»Western States ist nicht nur ein Rennen. Es ist eine Einstellung, eine Lebensweise, eine Reise der Seele.«

– Ann Trason, 14-fache Western States-Gewinnerin

»Western States is not just a race. It is a state of mind, a way of life, a journey of the soul.«

– Ann Trason, 14-time Western States winner

Am Freitag fiel jedoch all die Anspannung und Verzweiflung der vergangenen Tage von mir ab. Zusammen mit meiner dezimierten Crew fuhr ich nach Olympic Valley, um meine Startnummer abzuholen und an der offiziellen Rennbesprechung teilzunehmen. Die *Western States*-Vibes schlugen voll zu, und zwar genau zum richtigen Zeitpunkt. Die Laufmesse vor Ort war so winzig, dass man sie leicht hätte übersehen können, und die Laufanmeldung erfolgte altmodisch, fast schon nostalgisch, mit Klemmbrett, Stift und Papier. Es war wundervoll. Ich fühlte mich von den vielen Freiwilligen, den Mitgliedern des »Board of Directors« und den anderen Teilnehmenden gleichermaßen willkommen und wertgeschätzt. Alle waren super hilfsbereit und tiefenentspannt. Es gab viel Raum für ungezwungene Gespräche und aufbauende Worte. Einer der Rennhelfer, Jim Richards, kam auf mich zu, als ich in der Schlange stand, gratulierte mir dazu, es bis hierher geschafft zu haben und ermunterte mich, am nächsten Tag jede Minute des Rennens zu genießen. Die unvermeidliche falsche Aussprache meines komplizierten Nachnamens sorgte, wie bereits bei der öffentlichen Bekanntgabe der Lotterieergebnisse, für Erheiterung. Überall sah man lachende Gesichter. Doch trotz aller Leichtigkeit wussten alle um die

Bedeutung und den Einfluss des *Western States 100* und fieberten dem nächsten Tag entgegen.

Ich habe noch nie zuvor eine so herzliche und authentische Atmosphäre bei einem Rennen erlebt. Es war eine große Familie von 384 Teilnehmenden und ihren Crews, der Rennleitung und unzähligen Freiwilligen. Ein Segen, ein Teil davon zu sein.

Das Gleiche galt für die einzigartige Rennbesprechung, die nach der Abholung der Startnummern und des großzügigen Starterbeutels stattfand. Normalerweise sind solche Besprechungen langweilige, verpflichtende Veranstaltungen, an denen niemand gern teilnimmt. Man bekommt Informationen aufgedrängt, die man auch auf der Website des Rennens nachlesen kann (und das oft auch schon getan hat) und wird über das Wetter informiert, das man selbst bereits dutzende Male auf seinem Smartphone überprüft hat. Nun, einmal mehr ist der *Western States* in dieser Hinsicht einzigartig. Der Rasen vor der Sprechertribüne war rappelvoll. Die Läuferinnen und Läufer sowie ihre Crews und Pacer lauschten aufmerksam jedem einzelnen Wort, das der Renndirektor Craig Thornley und die anderen Board-Mitglieder vortrugen. Es gab großartige Redebeiträge, in denen die traditionsreiche Geschichte des Rennens und alle Beteiligten gewürdigt wurden. Diana Fitzpatrick, die Vorsitzende des *Western States Boards*, widmete auch den indigenen Völkern, die das Land, durch das der *Western States* führt, seit Tausenden Jahren bewohnen, einen gebührenden Raum. Es war das erste Mal, dass diese Gruppen beim *Western States* gewürdigt wurden, und Fitzpatricks Worte sollten denjenigen, von denen das Land nur geliehen ist, Anerkennung zollen. Der bekannte Maler und Rennteilnehmer Yatika Starr Fields, der den Stämmen der Cherokee, Creek und Osage angehört, schuf ein wunderschönes Rennposter mit der Aufschrift »Together we will live-breath good« (»Gemeinsam werden wir gut leben und atmen«). Der Erlös aus dem Verkauf ging an die Washoe-Gemeinde und an die gemeinnützige *Western States Trail Foundation for Environmental Stewardship*. Es war ein bewegender Moment.

Auch die Vorstellung der weiblichen und männlichen Elite wurde von allen aufmerksam verfolgt. Zu diesem illustren Kreis gehörte neben den bekannten Namen auch Jim Howard, der 1981 und 1983 den *Western States* gewann. Nach seinem ersten Comeback im Jahr 2005 kehrte er dieses Jahr nach 17-jähriger Unterbrechung zum Rennen zurück. Und Meghan Canfield, die zum 13. Mal teilnahm und davon siebenmal ihre Altersklasse gewonnen hatte. Alle Athletinnen und Athleten wurden gleichermaßen gefeiert, und jede und jeder war heiß darauf, am nächsten Morgen Seite an Seite an den Start zu gehen.

Dieser Freitagnachmittag unterstrich einmal mehr die beispiellose kulturelle, historische und sportliche Bedeutung des *Western States Endurance Run*. Ich empfand es als große Ehre, das alles aus erster Hand miterleben und ein Teil davon zu sein zu dürfen.

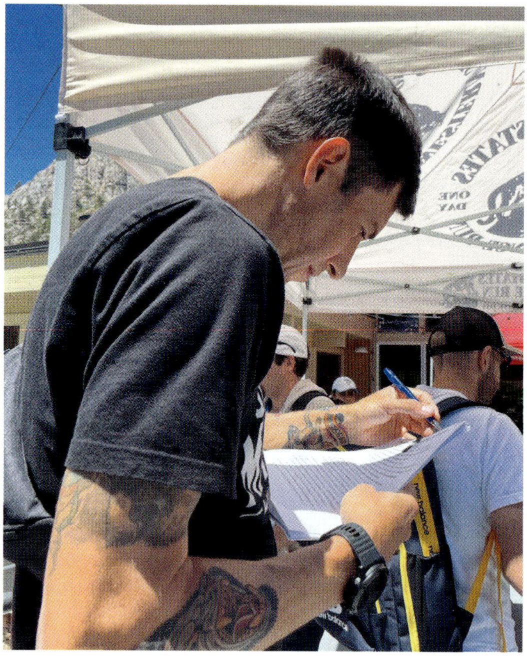

Die Registrierung der 369 Läuferinnen und Läufer erfolgt beim *Western States* mit Klemmbrett und Kugelschreiber.

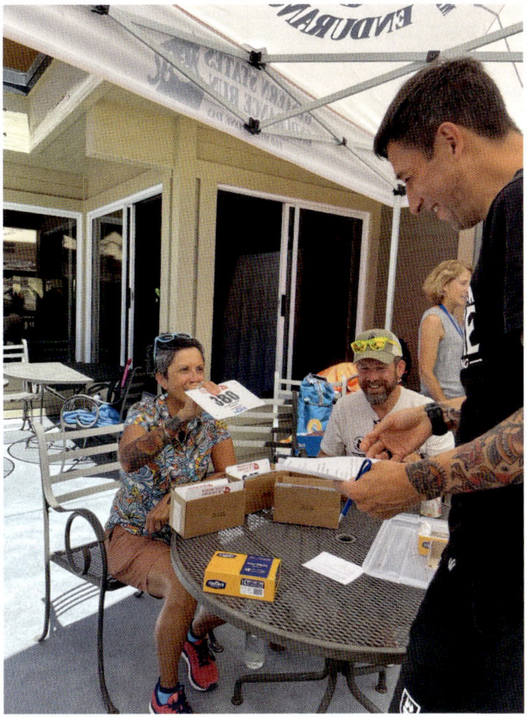

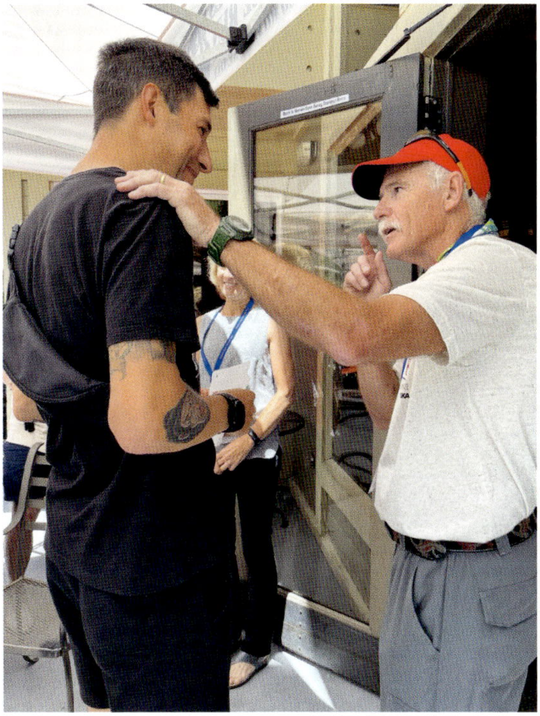

Unglaublich herzliche Stimmung bei der Startnummernausgabe und letzte motivierende Worte vom langjährigen *Western States*-Helfer Jim Richards.

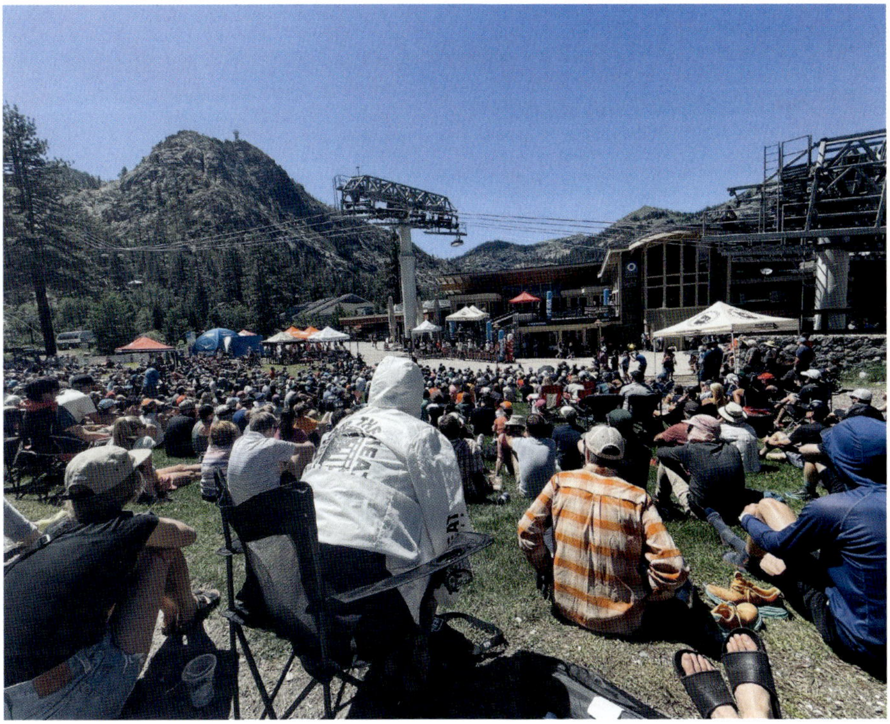

Rennbesprechungen sind oft ermüdende Pflichtveranstaltungen. Nicht so beim *Western States*. Die Teilnehmenden, die Crews, die freiwilligen Helferinnen und Helfer und die Vorstandsmitglieder; es fühlt sich an wie in einer großen Familie.

KAPITEL 18

LETZTE WORTE UND ERSTE SCHRITTE

»An der Startlinie zu stehen, ist die halbe Miete.«

– Unbekannt

»Showing up at the start line is half the battle.«

– Unknown

In den frühen Morgenstunden des 25. Juni 2022 fühlte ich Ruhe in mir. Trotz aller Strapazen hatte ich während der gesamten Rennwoche gut geschlafen. Als der Wecker um 3 Uhr klingelte, begann ich ohne Umschweife mit meiner morgendlichen Wettkampf-Routine: duschen, anziehen, meine Startnummer an die Hose heften und frühstücken. Gepackt hatte ich bereits am Abend zuvor. Der Spießer überlässt nichts dem Zufall. Mein typisches Rennfrühstück besteht aus zwei Scheiben Toast mit Marmelade, zwei Tassen schwarzem Kaffee, einem Glas Wasser und einer halben Banane. So auch an diesem Morgen. Nicht gerade ein Festmahl, aber dieses Menü hat sich schon oft bewährt.

Meine Crew-Mitglieder Marie und Lisa packten fleißig ihre Ausrüstung zusammen und füllten die Kühlboxen mit den Speisen und Getränken, die ich am Vorabend vorbereitet hatte. Alle waren sehr ruhig und konzentriert, und wir sprachen nur, wenn es nötig war. Als alles gepackt war, stiegen wir ins Auto und fuhren nach Olympic Valley, wahrscheinlich zum 27. Mal seit unserer Ankunft in den USA.

Es ist schwer zu beschreiben, wie ich mich bei der Ankunft im Startbereich des *Western States* fühlte. Ich würde es nicht als Vorfreude bezeichnen. Gleichzeitig spürte ich aber auch absolut keine Anspannung in mir. Normalerweise baut sich die Spannung im Laufe einer Rennwoche allmählich auf und erreicht im Idealfall an der Startlinie ihren Höhepunkt. Sie hilft mir, konzentriert zu bleiben, und sie erinnert mich daran, dass etwas Besonderes passieren wird. Mein Coach Karim nennt das »Arousal Management«, also »Aufregungs-Management«. In der *Western States*-Rennwoche war ich jedoch zu sehr mit logistischen und organisatorischen Dingen beschäftigt, anstatt meiner emotionalen Verfassung Aufmerksamkeit zu schenken. Aber ich hatte mich mit all den Rückschlägen abgefunden und war bereit loszulaufen.

Der Startschuss würde um 5 Uhr morgens fallen. Meine geschrumpfte Crew und ich waren 15 Minuten früher am Start, und ich entledigte mich in letzter Sekunde noch einiger Kleidungsstücke. Wir hörten uns die herzerwärmende Motivationsrede des

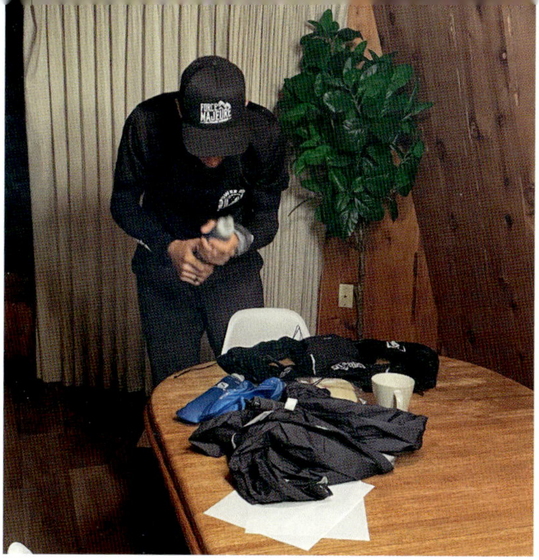

Die Stimmung am Rennmorgen ist ruhig und konzentriert. Der Spießer in mir hat schon seit Wochen alle Abläufe minutiös geplant.

Western States Board-Mitglieds John Trent an, die mit folgender Botschaft ihren Höhepunkt fand: »Drei Ratschläge: Lauft mit Dankbarkeit. Lauft mit Liebe. Lauft mit einem offenen Herzen. In einem datengetriebenen Sport ist das unser Algorithmus von Achtsamkeit und Zuneigung.«

Tief berührt von diesen Worten, kullerte mir eine heimliche Träne über die Wange. Ehe ich mich versah, war der *Western States 2022* gestartet. Und ich mittendrin.

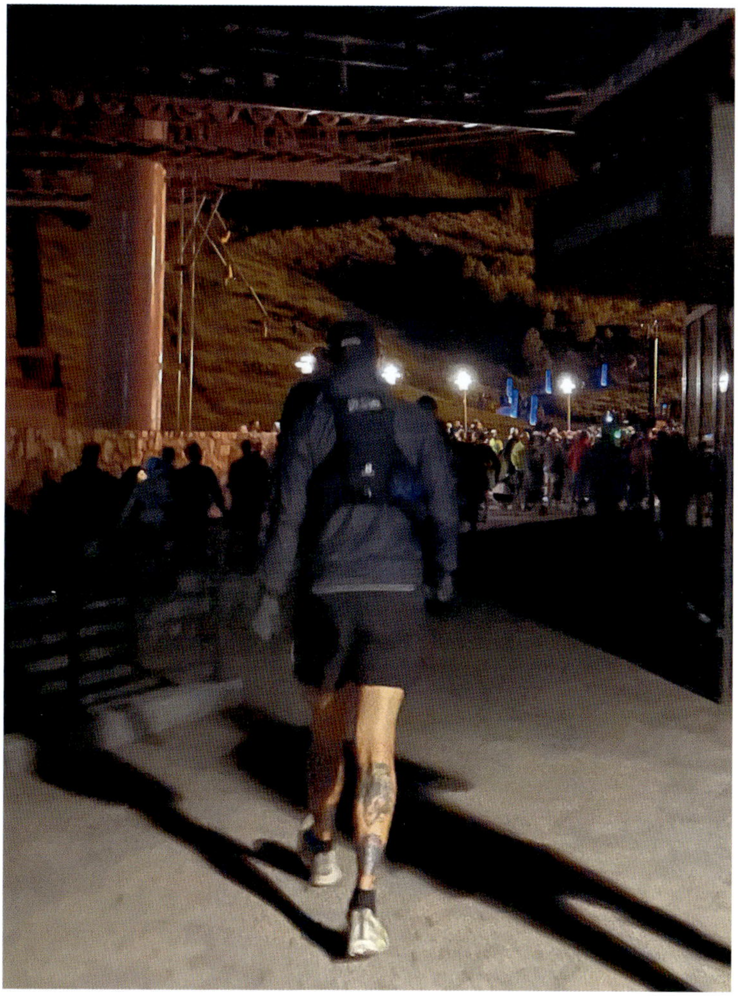

Ein Rennen mit nur 369 Teilnehmenden hat viele Vorteile. Kein Gedränge am Start, spontane Kleiderwechsel und ein letzter Kuss der Ehefrau wenige Sekunden bevor es losgeht.

TEIL 2

In das Unbekannte

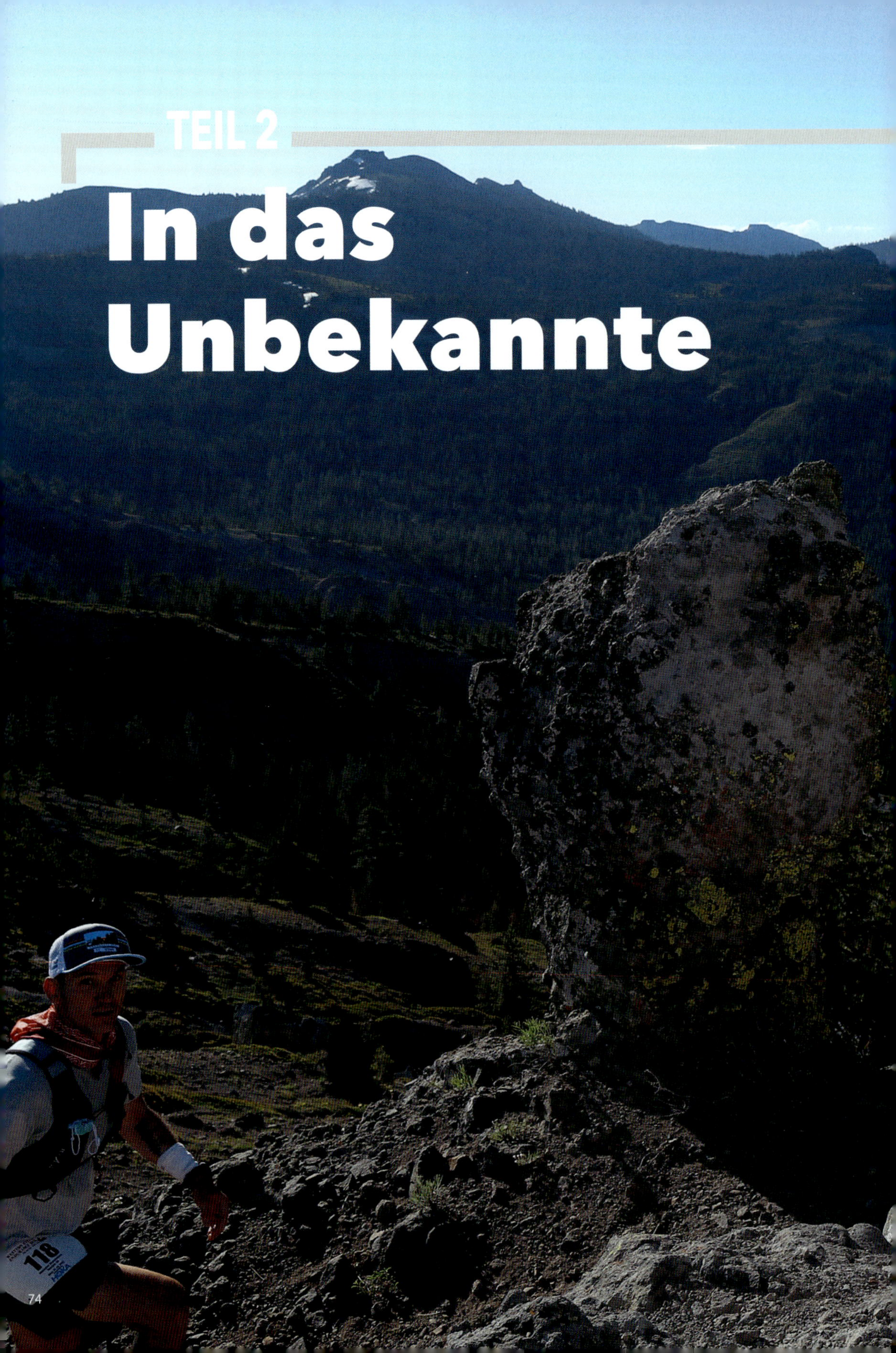

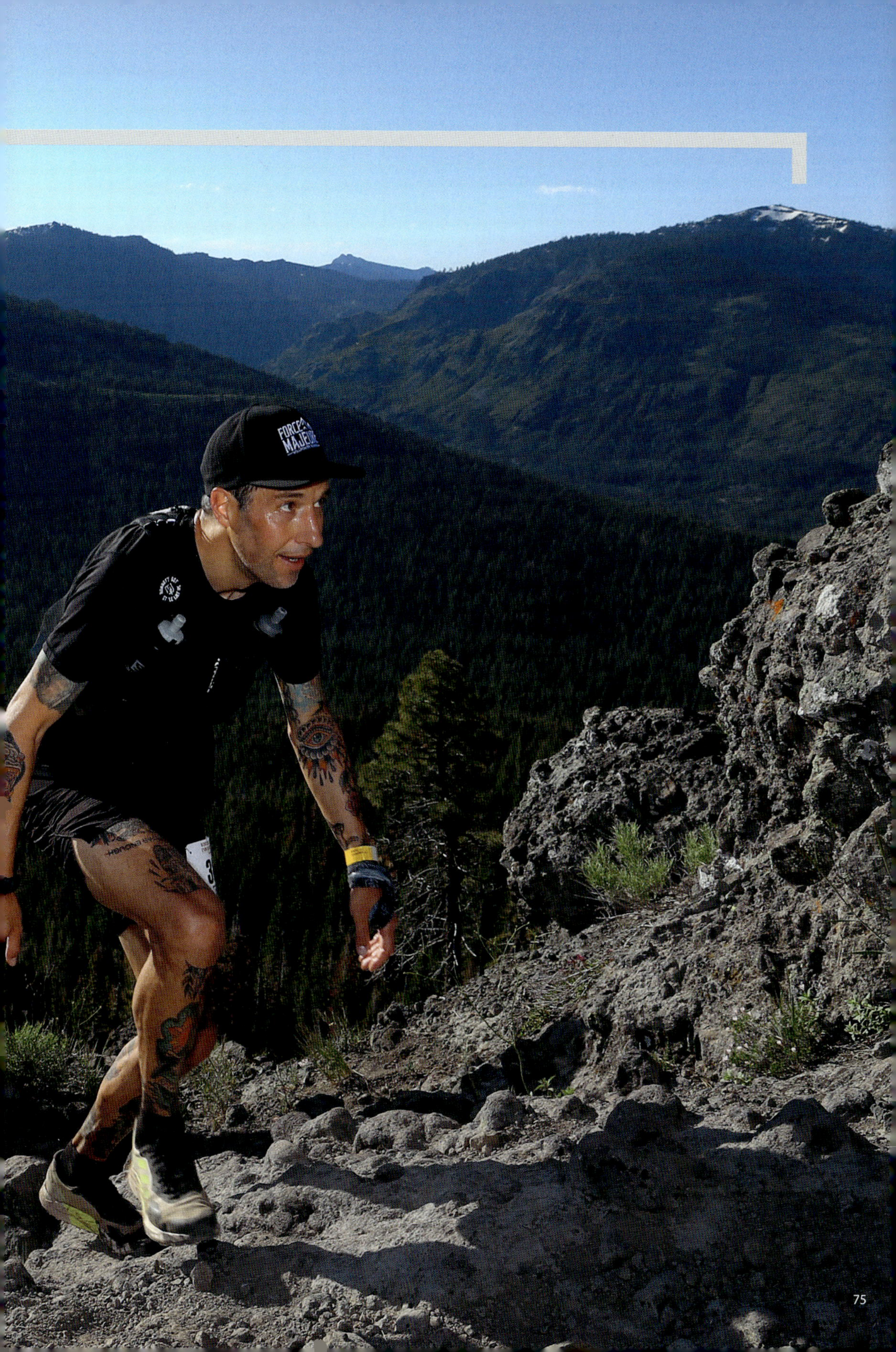
FORCE MAJEURE

KAPITEL 19

AUFBRUCH AUF VERTRAUTEM BODEN

Die ersten Schritte des Rennens fühlten sich vertraut an. Ich war die ersten 13 Kilometer der Strecke bereits einige Tage zuvor im Training gelaufen. Außerdem war es die gleiche Gegend, in der ich meiner Crew beim *Broken Arrow Skyrace* zugesehen hatte. In der Morgendämmerung sah es jedoch anders aus, und es fühlte sich auch anders an. Die Luft war angenehm kühl, wenn auch wärmer, als man es in 2000 Metern Höhe erwarten würde, wo die Temperaturen schnell unter den Gefrierpunkt fallen können – ein subtiler Vorgeschmack auf den bevorstehenden Tag.

In letzter Minute entschied ich mich, auf der ersten Teilstrecke Musik zu hören. Zu diesem Zweck hatte ich kabellose In-Ear Kopfhörer mitgebracht und benutzte die Musik vor allem, um mich zu erden, mich mit dem

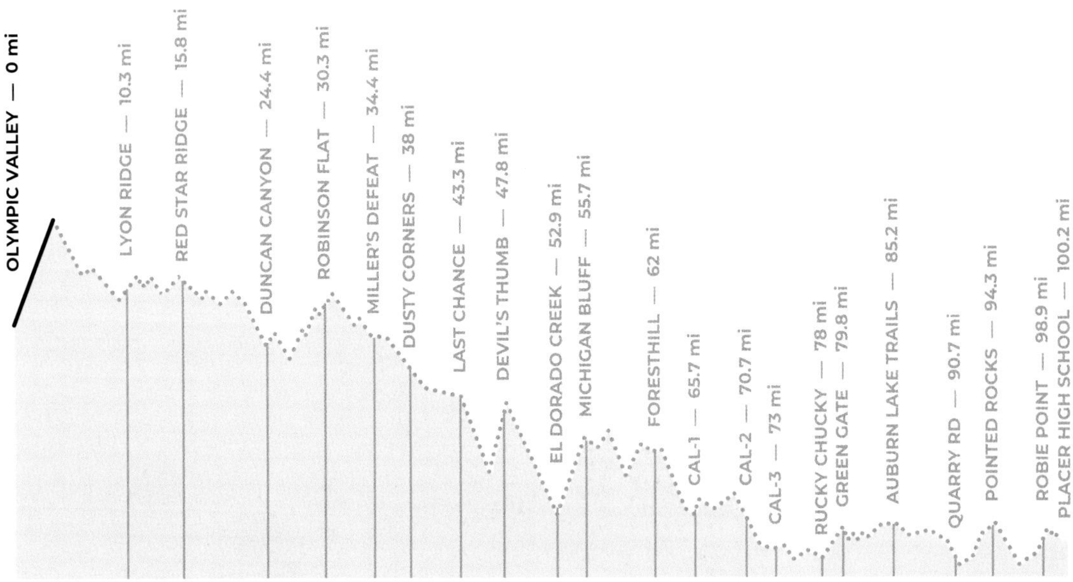

Rennen zu verbinden und die Ablenkung von außen in Grenzen zu halten. Obwohl ich gern laute, aggressive oder schnelle Musik höre, funktioniert die bei einem Ultramarathon für mich nicht. Natürlich geben solche Lieder einen zusätzlichen Energieschub, aber die Kunst des Ultradistanzlaufens besteht darin, das Tempo richtig einzuteilen und nicht nach zwei Stunden maximaler Anstrengung zu explodieren.

Um einen Eindruck davon zu vermitteln, was ich während des Anstiegs zum Emigrant Pass gehört habe, hier einige der ruhigen, manchmal auch melancholischen Songs auf meiner Playlist für den *Western States* Race Day:

***Bon Iver,* »29 #Strafford APTS«**
***Maylene & The Sons of Disaster,* »Drought of '85 «**
***Dan Reeder,* »Bitch Nation«**
***Newton Faulkner,* »Teardrop«**
***Patti Smith Group,* »Because the Night«**
***Snow Patrol,* »Set the Fire to the Third Bar«**
***Tom Rosenthal,* »Go Solo«**
***Agnes Obel,* »Familiar«**
***Leonard Cohen,* »Come Healing«**
***The Gaslight Anthem,* »National Anthem«**
***All the Luck in the World,* »Haven«**
***Birdy,* »Skinny Love«**
***Novo Amor,* »Carry You«**
***Tuvaband,* »Trees«**
***Bruce Springsteen,* »Atlantic City«**
***Thrice,* »Salt and Shadow«**
***Down,* »Jail«**
***King 810,* »Bad Man«**
***Trevor Sensor,* »The Reaper Man«**
***Bear's Den,* »Sophie«**
***Mumford & Sons,* »Little Lion Man (Live)«**
***Alt-J,* »U&ME«**
***Greg Graffin,* »The Fault Line«**
***Tim Barry,* »Prosser's Gabriel«**
***The Lumineers,* »Ho Hey«**
***NYVES,* »Fools«**

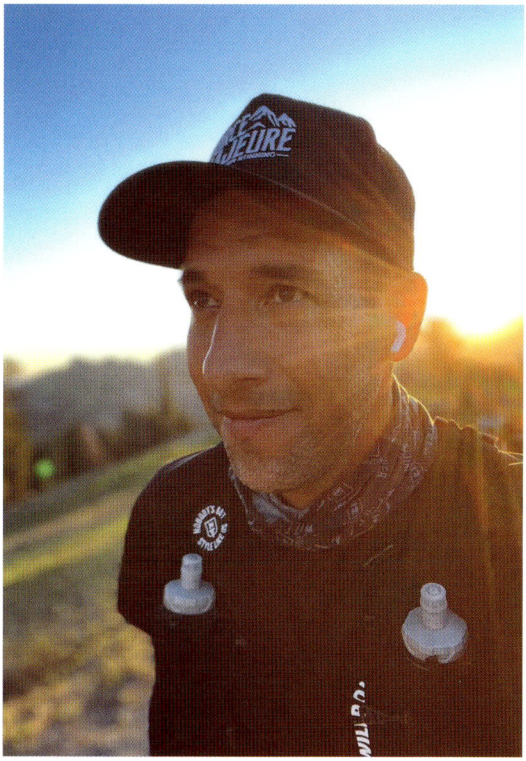

Einziges Selfie des Rennens beim Aufstieg zum Emigrant Pass. Der *Western States* wird mich so vereinnahmen, dass ich die Kamera nicht mehr in die Hand nehmen werde.

Ich hielt mich genau an mein Laufskript, oder was ich davon noch in Erinnerung hatte, und zwang mich, die ersten 762 Höhenmeter auf Fire Roads komplett zu wandern. Nur auf einigen kurzen, flacheren Streckenabschnitten mischten sich ein paar schnellere Laufschritte darunter. Wenn es eine Grundregel für Ultraläufe gibt, dann die, langsam zu beginnen. Quälend langsam. Du wirst viele Stunden unterwegs sein und nur eine Energiequelle zur Verfügung haben. Wenn du sie zu früh im Rennen verbrauchst, bist du dem Untergang geweiht. Ich war überrascht, dass fast alle um mich herum genauso schlau zu sein schienen wie ich. Ein Haufen Spießer. Vorbei waren die Zeiten, in denen man sich schon auf dem Anstieg zum Emigrant Pass ins Nirwana schoss, wovor jeder Rennbericht warnte. Es lebe das Internet mit seinem unendlichen Pool an Weisheit.

Der Emigrant Pass ist einer der legendärsten Anstiege im Ultralaufsport, und es tut mir leid, dass ich ihn so brutal entmystifizieren muss, aber: Es ist eine Skipiste. Die Landschaft besteht aus Flutlichttürmen, Sessellifen, breiten Wegen mit verdichtetem Boden und gelegentlichen Werkzeugresten wie Vorschlaghämmern und Schraubenschlüsseln aller Größen am Wegesrand. Nicht gerade das, was man sich unter Trailrunning-Romantik vorstellt. Trotzdem war die Stimmung in unserer kleinen Gruppe von *Western States*-Teilnehmenden einzigartig. Ich lief mit etwa zwei Dutzend Hobbysportlern irgendwo im vorderen Mittelfeld. Ihre Gesichter (und Waden) wurden mir schnell vertraut und wechselten sich regelmäßig vor und hinter mir ab. Geredet wurde nicht viel. Wir gaben uns alle Mühe, locker und unbeschwert zu bleiben. Aber gleichzeitig wussten wir alle, dass etwas Großes und Wichtiges begonnen hatte.

Dann, schneller als erwartet, war der Anstieg vorbei, und wir standen vor dem ersten von vielen unbeschreiblichen Highlights des Rennens: dem Watson's Monument, das an einen der Begründer des Trails, Robert Montgomery Watson, erinnert. Mit 2667 Metern ist es der höchste Punkt des Rennens.

Genau rechtzeitig zum Aufstieg auf den Emigrant Pass, auf dem sich das Watson's Monument befindet, ging die Sonne auf. Ich lief durch eine Gruppe von Zuschauern, die sehr früh aufgestanden waren, um noch vor den Läuferinnen und Läufern an diesem epischen Aussichtspunkt zu sein. Ein fast ekstatischer Zuschauer, offensichtlich Deutscher, identifizierte mich als einen der wenigen Läufer aus seinem Heimatland und forderte mich auf, mich umzudrehen und die aufgehende Sonne zu betrachten. Ich folgte seinem Rat. Eine Sekunde später blickte ich auf den Horizont und erkannte, wie wenig ich bereits gelaufen war und wie viel noch vor mir lag. Es war ein sehr bewegender Moment. Ich war beim *Western States* angekommen.

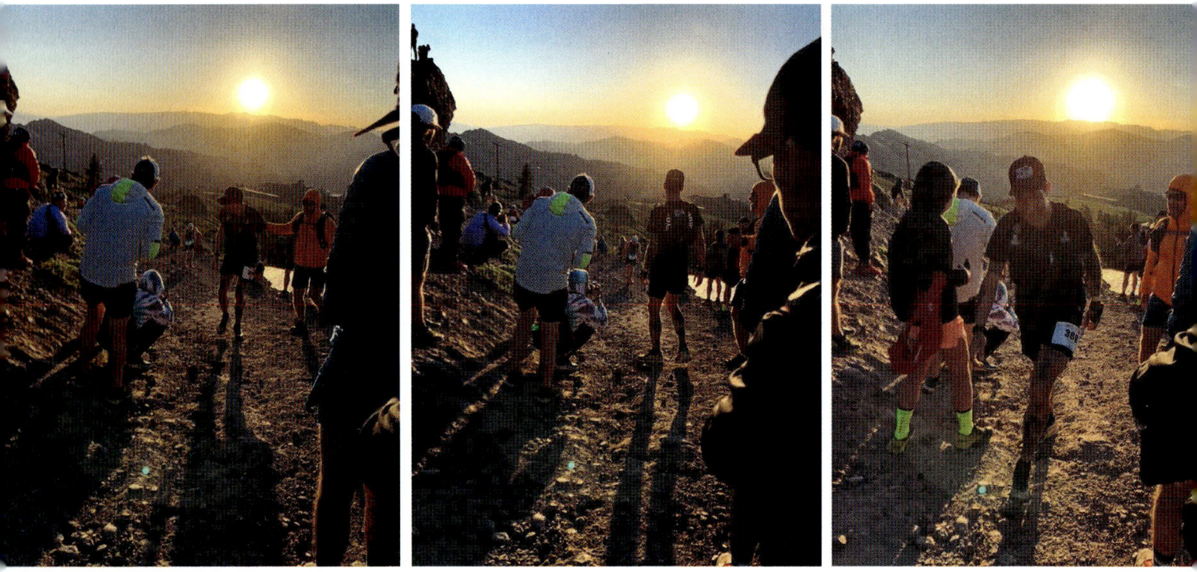

Die Überquerung des Emigrant Pass zählt zu den schönsten Momenten beim *Western States*. Der Blick in die aufgehende Sonne hat sich für immer in mein Gedächtnis eingegraben.

KAPITEL 20

HIGH COUNTRY UND DÜNNE LUFT

Gleich nach Sonnenaufgang ging es ins High Country, den angeblich technisch anspruchsvollsten Teil des Rennens mit verschlungenen Singletrails durch Bäume und unbefestigte Wege voller Steine, Geröll und Baumwurzeln. Ich will nicht überheblich klingen, aber wenn man Training und Rennen in den europäischen Alpen gewohnt ist, ist das alles sehr gut laufbar. Da für das Rennen in diesem Jahr große Hitze vorhergesagt war, wusste ich, dass ich keine nennenswerten Schneefelder zu überqueren hatte, wie die Läuferinnen und Läufer in den Jahren zuvor. Stattdessen bekamen wir gelegentlich nasse Füße oder versuchten, sie zu vermeiden, indem wir um kleine Bäche und Pfützen herumtanzten.

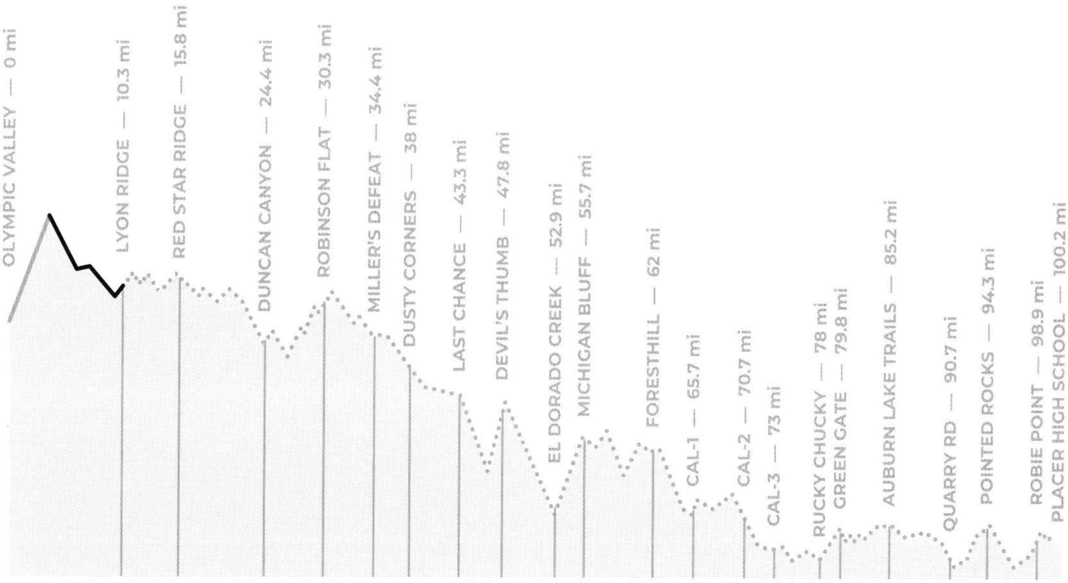

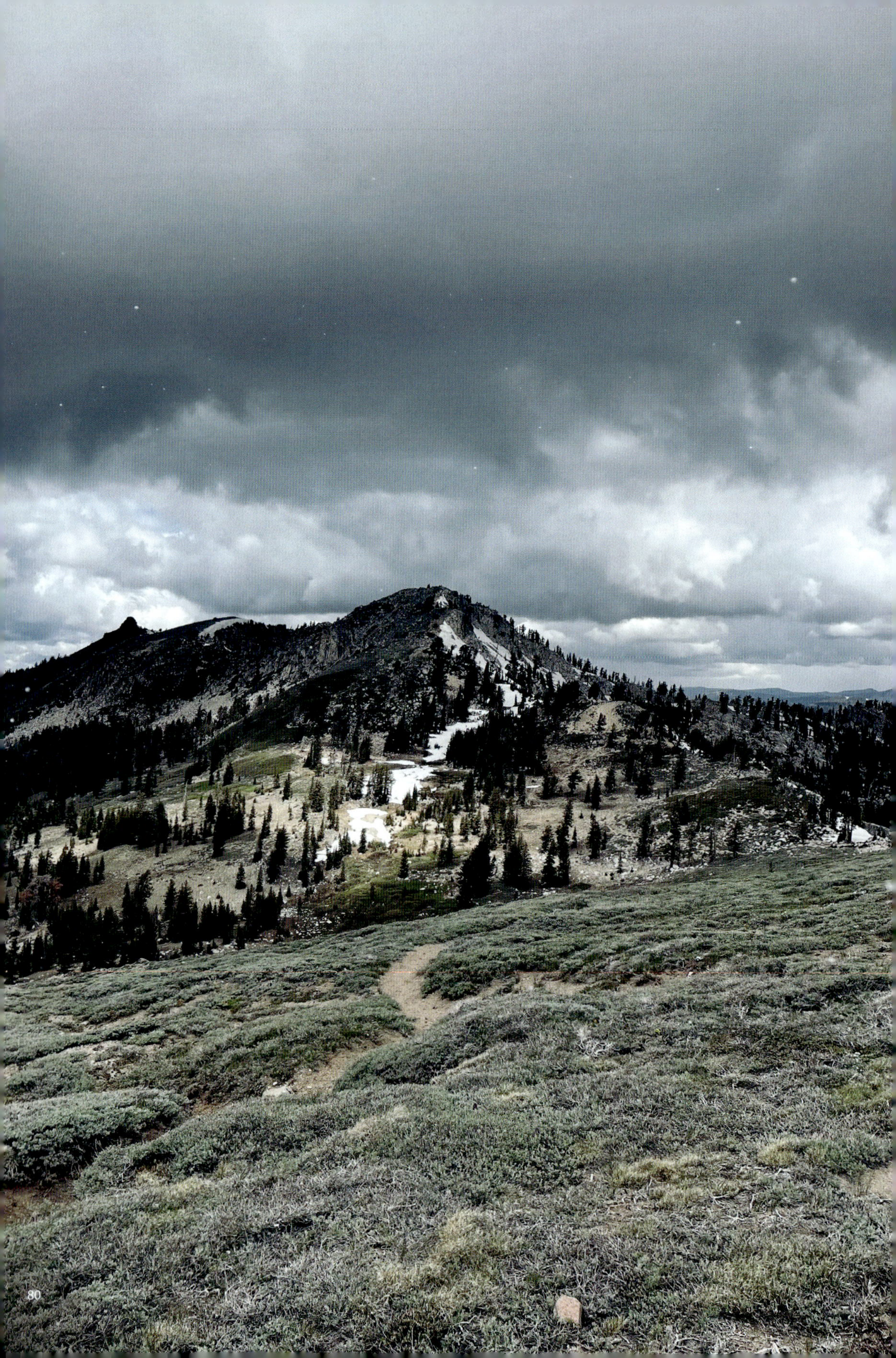

Von allen Herausforderungen, die ich auf dieser ersten Etappe erwartet hatte, hat mir nur die Höhe Sorgen bereitet. Mit dem geringeren Sauerstoffgehalt in der Luft fühlt sich alles etwas schwerer an, als es eigentlich sein sollte. Man kann zwar tief einatmen, aber man hat das Gefühl, nicht genug Sauerstoff zu bekommen. Und je mehr man sich anstrengt, desto schwieriger wird es. Ich hatte dafür trainiert und mich nach meinen letzten Tapering-Läufen in großer Höhe auch etwas akklimatisiert. Trotzdem beobachtete ich meine Atmung und Anstrengung sehr genau, um nicht zu viel Energie zu verschwenden. Wie bereits erwähnt, hatte ich mir vorgenommen, den ersten Teil des Rennens ruhig anzugehen – schließlich war es ein 100-Meilen-Rennen und kein 10-Kilometer-Lauf.

Dabei war ich umgeben von Schönheit. Die Berge der Sierra Nevada in Kalifornien sind einfach überwältigend. Es ist eine riesige, unberührte, fast märchenhafte Berglandschaft, die sich seit Hunderten, wenn nicht Tausenden Jahren kaum verändert hat. Die kleinen Pfade, auf denen wir liefen, waren behutsam in die Natur gezeichnet und schlängelten sich um uralte Bäume, riesige Felsblöcke und dichtes Gestrüpp. Die Strecke war sorgfältig mit Fähnchen markiert. Und doch verirrten sich immer wieder kleine Gruppen von Läuferinnen und Läufern in die Wildnis, wenn auch nur für wenige Meter. So unberührt ist die Landschaft der High Sierras.

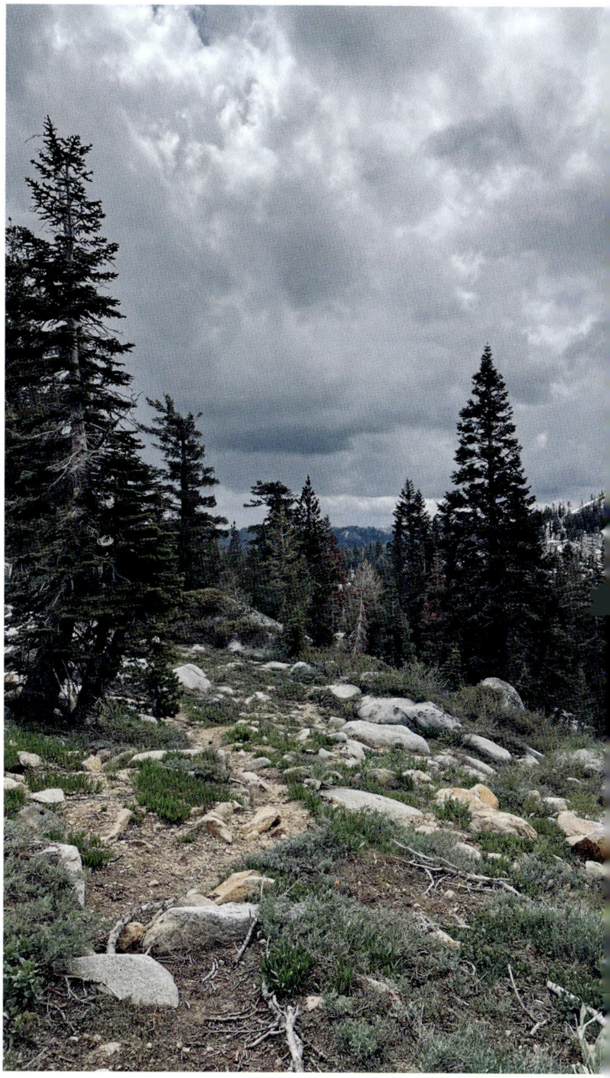

Die Trails des High Country wirken völlig unberührt und gleichzeitig wie ein Ruf, immer tiefer in die Wildnis vorzudringen.

Während des ersten Teils des *Western States Endurance Run* fühlte ich mich sehr ruhig und friedlich. Es war still in mir. Ein gelungener Start in einen langen Tag und eine noch längere Nacht. Ich kam in einen guten Flow auf dem längsten Abschnitt zwischen zwei Aid Stations und erreichte Lyon Ridge bei Kilometer 16,6 ohne größere Probleme. Ich freundete mich mit der Höhe und den gelegentlichen Schluckaufs des Gänsemarsches an, der sich dynamisch wie eine Ziehharmonika zusammenzog und ausdehnte. Auch wenn meine Zwischenzeiten etwas anderes vermuten lassen, kann ich ehrlich sagen, dass ich im ersten Teil des Rennens höchstens eine »2« von »10« gelaufen bin. Okay, vielleicht eine »3« von »10«. Auf jeden Fall habe ich nicht überpaced, auch bin ich nicht zu schnell gestartet. Der Spießer hätte sich das nicht getraut.

Das High Country ist ohne Zweifel einer der schönsten Orte auf diesem Planeten.

KAPITEL 21

AID STATION ENGEL

Lyon Ridge (KM 16,6), die erste Aid Station des Rennens, erreichte ich nach etwas mehr als zwei Stunden – und war in weniger als einer Minute wieder draußen. Ich versuche mich bei Ultramarathons an eine Regel zu halten, die ich mir selbst auferlegt habe: »Wenn es an einer Aid Station nichts mehr zu tun gibt, weiterlaufen«.

Und alles, was ich an dieser Aid Station zu tun hatte, war, zwei vorbereitete Flaschen mit Sportgetränkepulver mit Wasser zu füllen – eine schnelle und einfache Aufgabe. Aber das reichte den Freiwilligen an der Aid Station, um mir zu zeigen, wie hilfsbereit und engagiert sie sind. Sie nahmen mir die ganze Arbeit ab, schüttelten sogar die Flaschen, damit sich das

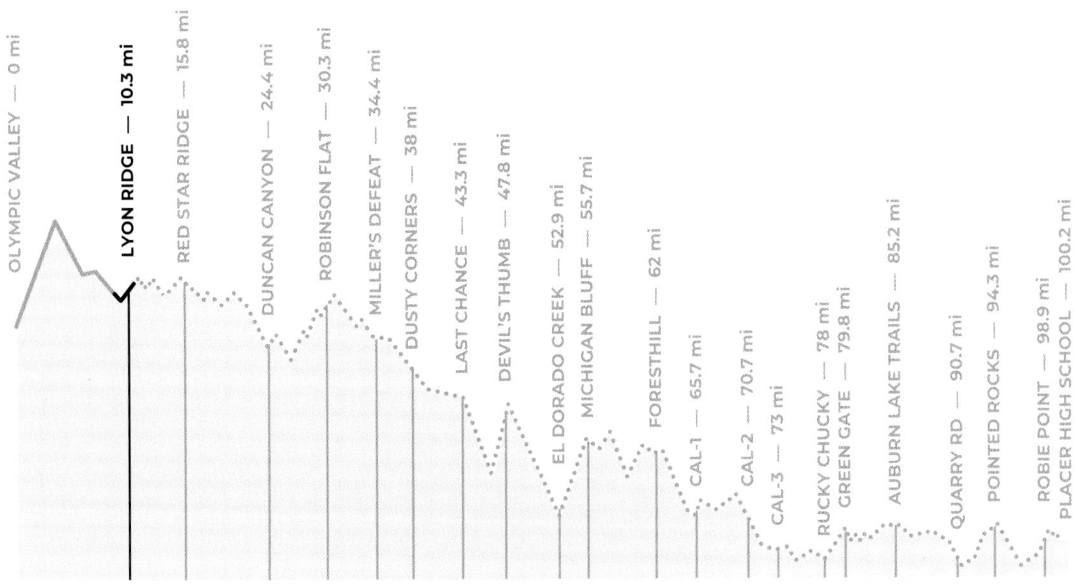

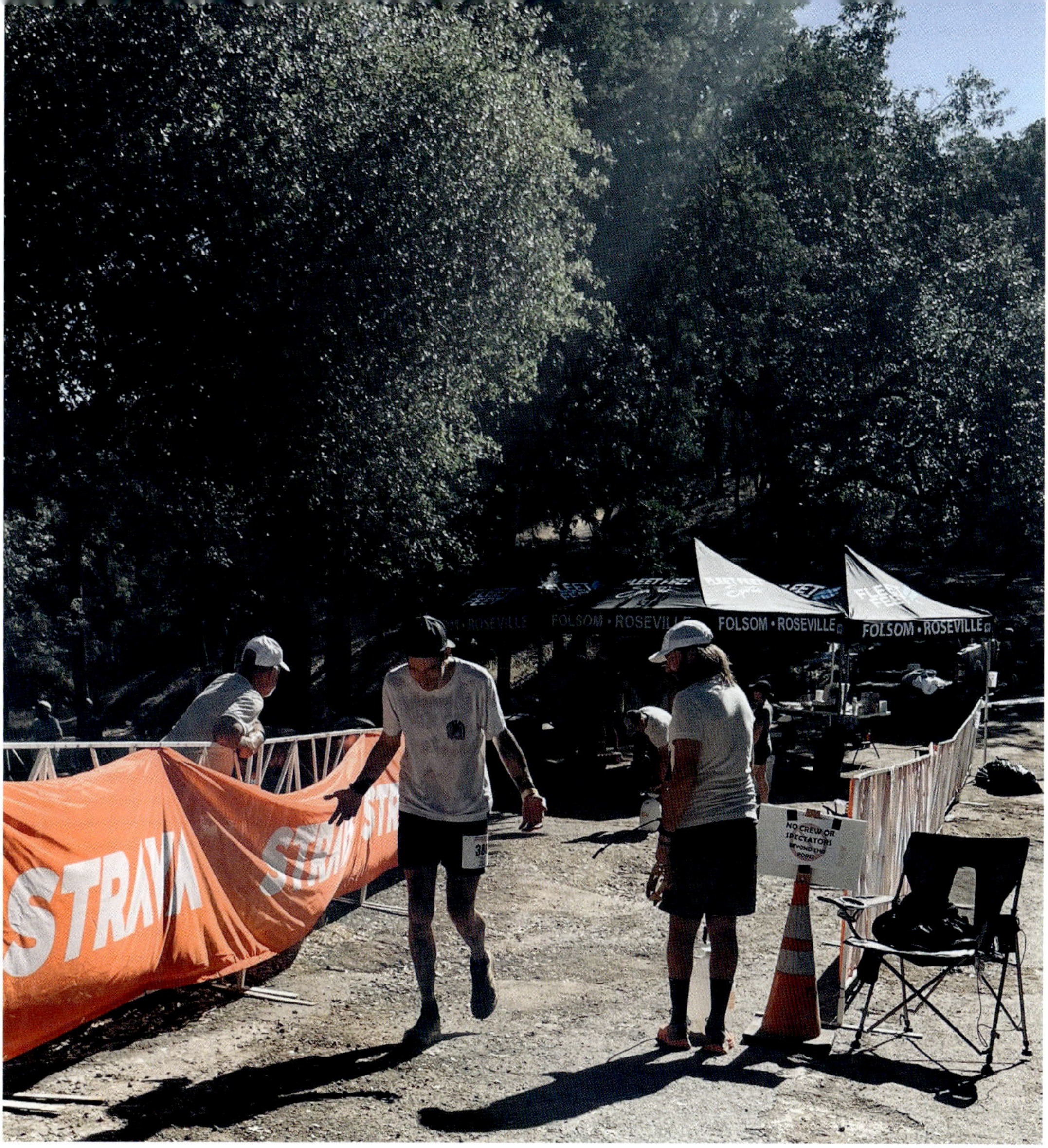

Eine von vielen Gratisduschen auf dem Weg von Olympic Valley nach Auburn. Ohne die dutzenden Freiwilligen an den Aid Stations wäre das Rennen kaum zu bewältigen.

Pulver auflöste, und fragten mich, ob ich noch etwas bräuchte. Ich verneinte, bedankte mich aus tiefstem Herzen und machte ihnen ein Kompliment für die tolle Musik, die aus den großen Lautsprechern dröhnte. Ich weiß nicht mehr, welches Lied sie spielten, aber es war sehr motivierend, sowohl für die Läuferinnen und Läufer als auch für das Personal an der Aid Station. Die Stimmung war einfach fantastisch. Was für eine herzliche Gastfreundschaft und eine wunderbare Atmosphäre!

Lyon Ridge war keine glückliche Ausnahme. Jede Aid Station und jeder Kontrollpunkt wurde diesem unglaublich hohen Standard gerecht. Alle Helfenden waren zu 100 Prozent auf die Bedürfnisse der ankommenden Laufteilnehmerinnen und -teilnehmer eingestellt. Nach einer herzlichen Begrüßung wurden Trinkflaschen und Flasks mit allem gefüllt, was man sich wünschte. Dann half einem jemand, sich mit Eis gegen die Hitze zu wappnen. Man musste ihnen nicht erklären, wo und wie man die Eiswürfel am

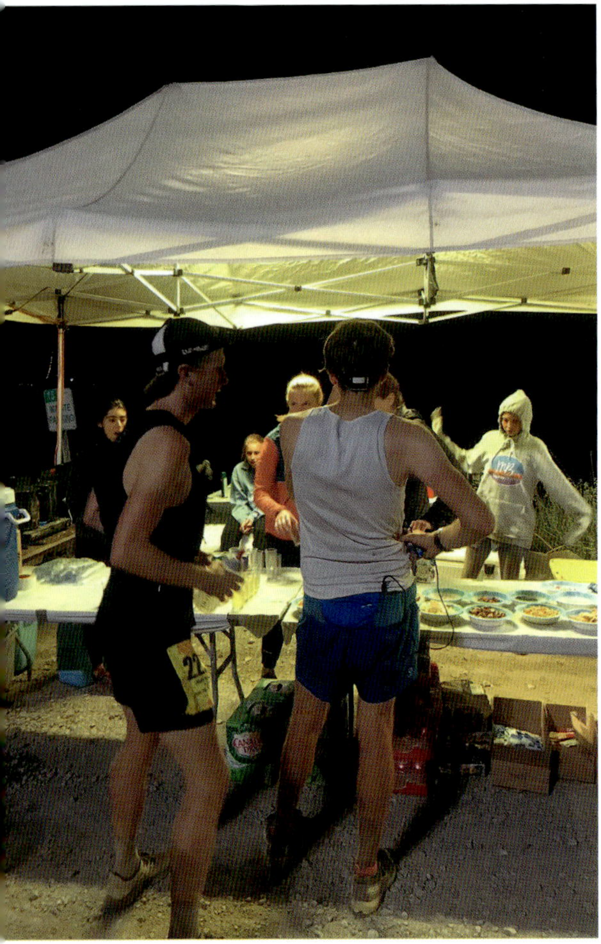

Henning als Pacer für seinen Freund Josef 2019. Seine *Western States*-Vorerfahrung war für die Crew und mich Gold wert.

besten verstaut, sie wussten genau, was sie taten. Absolute Kühlprofis. Es gab immer einen gut bestückten Verpflegungstisch, selbst an den entlegensten Aid Stations. Snacks, frisches Obst, Gebäck, warme Speisen wie Suppen und eisgekühlte Erfrischungsgetränke aller Art. Es schien, als ginge ihnen nie etwas aus. Selbst als Läufer im mittleren oder hinteren Teil des Feldes wurde man mit dem gleichen erstklassigen Angebot versorgt. Beim Verlassen der Aid Station bekam man auf Wunsch noch ein zusätzliches Schwammbad. Es war ein Rundum-sorglos-Paket.

Die gut geölte Maschinerie der Aid Stations ist kein Zufall. Die freiwilligen Helfer sind bestens geschult, und die zugewiesenen Aid Station Captains sorgen dafür, dass an ihren Verpflegungspunkten alles wie am Schnürchen läuft. Alle sind stolz auf ihre Arbeit und nehmen ihre Aufgabe, die Teilnehmenden an ihrem großen Tag zu unterstützen, sehr ernst. Es gibt wohl keinen anderen Lauf auf der Welt, bei dem die Betreuung an den Aid Stations so gut ist. Davor ziehe ich meinen Hut.

Trotz der tollen Gastfreundschaft, die definitiv zum Verweilen einlud, war ich schnell wieder zurück auf dem *Western States Trail*. Der psychologische Trick, ein Rennen gedanklich in kleinere Teile zu zerlegen, funktioniert bei mir insbesondere bei Ultramarathons sehr gut. So habe ich mich immer nur auf die nächste Aid Station konzentriert und nicht auf die großen Brocken wie ein Viertel oder die Hälfte des Rennens. Es ist viel einfacher, 20 mal 8 Kilometer zu laufen als 100 Meilen. Obwohl, wie ich später lernen sollte, auch 8 Kilometer unerträglich lang sein können. Aber im ersten Drittel meines *Western States*-Laufes flog die Zeit förmlich an mir vorbei. Und die Aid Stations auch.

Eine weitere hilfreiche Technik, die ich von Karim gelernt habe, ist das gelegentliche bewusste Wahrnehmen meiner Sinne. Auf den folgenden Streckenabschnitten habe ich immer wieder darauf geachtet, was ich sehe, rieche, höre, schmecke und fühle. Ein solcher Scan dauert weniger als 5 Sekunden, kann aber ein mächtiges Werkzeug sein, um sich neu zu fokussieren und in den gegenwärtigen Moment zurückzukehren. Mein Selbstcheck auf dem Weg zur nächsten Aid Station, Red Star Ridge, zeigte mir, dass ich körperlich und mental in guter Verfassung war. Ich fühlte mich bereit und hoffnungsvoll für den Tag und die Nacht, die vor mir lagen. Ich war von Kopf bis Fuß im *Western States*-Modus.

KAPITEL 22

RED STAR RIDGE-AUF-WÄRMPROGRAMM

Meine Beine fühlten sich großartig an. Ich war mit einer Intensität unterwegs, die sich absolut nachhaltig anfühlte, und die Aid Station Red Star Ridge (KM 25) kam und ging genauso schnell wie die erste. Ich flog förmlich über den Trail. Die folgenden 13 Kilometer bis zur dritten Aid Station, Duncan Canyon, holten mich jedoch schnell wieder auf den Boden der Tatsachen zurück. Die morgendliche Kühle war längst verschwunden, und die Hitze baute sich langsam und mächtig vor mir auf. Umso deutlicher, da man in diesem Abschnitt des Rennens aufgrund eines Waldbrandes vor der Sonne vollkommen ungeschützt war.

Außerdem erkannte ich, dass die Rennstrecke größtenteils durch völlig entlegenes Gebiet führt.

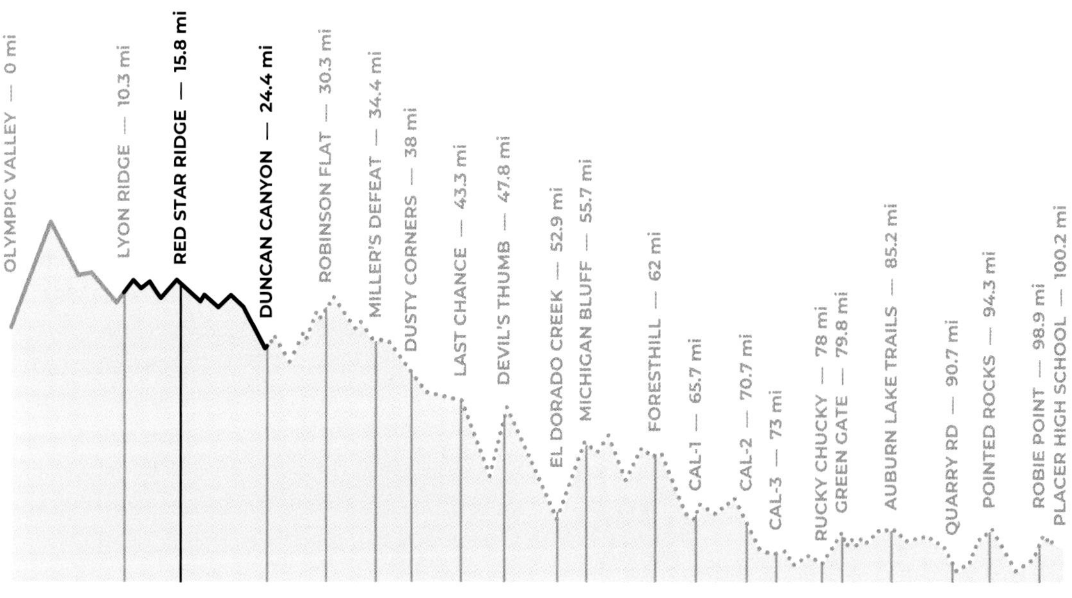

Das war mir vorher nicht so konkret bewusst. Wenn man in Europa an Rennen teilnimmt, passiert man normalerweise an jedem Anstieg ein paar bewirtschaftete Hütten und in jedem Tal ein vollwertiges Dorf. Ein Großteil des zerklüfteten *Western States Trails* jedoch ist nur zu Fuß, zu Pferd oder per Hubschrauber erreichbar, und es können Stunden vergehen, bis man jemanden sieht, der kein Teilnehmender oder Helfer des Rennens ist. In dieser frühen Phase meiner *Western States*-Reise habe ich die Abgeschiedenheit und Einsamkeit jedoch sehr genossen.

Ich befand mich inmitten der majestätischen Granite Chief Wilderness und folgte ehrfürchtig den schmalen Pfaden, die in das schroffe Hinterland gezeichnet waren. Es war, als ob der *Western States Trail* mir seine Seele mit all ihrer Tiefe und Schönheit offenbart hätte. Aber auch mein größter Widersacher begann sich zu offenbaren. Die Hitze war schlagartig zur harten Realität meines Rennens geworden. Ich war jedoch bisher nicht in der Lage, eins und eins zusammenzuzählen. In den vergangenen Monaten war ich Hunderte Kilometer unter der unbarmherzigen Sonne und in ihrer gnadenlosen Hitze gelaufen. Ich hatte mein Trainingsrevier zwischenzeitlich ins mediterrane Griechenland verlagert und dort drei schweißtreibende Rennen an drei aufeinanderfolgenden Tagen absolviert. In den letzten Wochen meiner Vorbereitung habe ich mich sogar nach einigen Läufen in die Sauna gesetzt, um mich an die Hitze anzupassen. Ich dachte, ich hätte mich für meinen Endgegner gewappnet. Doch nun musste ich nach und nach feststellen, dass meine Schutzmaßnahmen nur auf Hoffnung beruhten und der Realität nicht standhielten.

Geistesgegenwärtig, wie ich war, ging ich in Shorts und T-Shirt an den Start in Olympic Valley. Ich sah andere Läufer, die das Rennen in voller Kälteausrüstung begannen. Sie trugen lange Hosen, Windjacken und sogar Wollmützen. Ich war erleichtert, dass ich trotz der morgendlichen Kälte nicht in die gleiche Falle getappt war. Aber neben meiner Sommerkleidung trug ich auch eine Laufweste, die meinen Rücken vollständig bedeckte. Sie diente hauptsächlich dazu, all meine Sandwiches, Gels und Sportgetränke zu transportieren. Außerdem war meine gesamte Kleidung und Ausrüstung schwarz. Mein Stil – ja sogar meine Einstellung – seit ich ein Teenager war. Aber als die *Western States*-Hitze einsetzte, bekam ich unweigerlich die Konsequenzen meiner modischen Entscheidungen zu spüren.

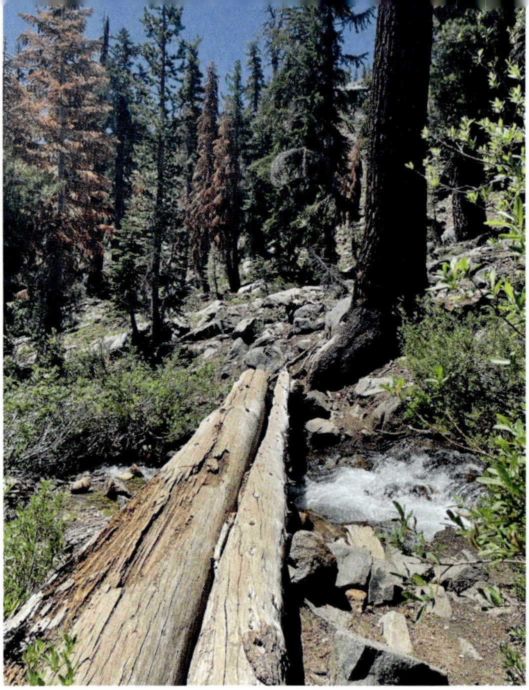

Wenn nicht vereinzelt irgendwo ein rotes Fähnchen als Streckenmarkierung auftauchen würde, könnte man zeitweise meinen, man sei ganz allein auf dem *Western States*-Trail unterwegs.

Nichts von alledem konnte jedoch meine Stimmung trüben. Ich war voller Hoffnung, neugierig und hungrig auf die vielen Kilometer, die vor mir lagen. Und was noch wichtiger war: Ich war immer noch sehr gelassen. Vereinzelt kamen mir Erinnerungen an mein Training und meine COVID-19-Infektion in den Sinn. Ich erinnerte mich auch an die Rennwoche im Schnelldurchlauf und an all die Begebenheiten und Erlebnisse, die zu diesem gegenwärtigen Moment geführt hatten. Ich lief tatsächlich den *Western States Endurance Run*. Das war alles, was in diesem Moment zählte.

KAPITEL 23

DIE HOHE KUNST DES POSITIVEN SELBSTGESPRÄCHS

»Achte auf deine Gedanken, denn sie werden zu Worten. Achte auf deine Worte, denn sie werden zu Taten. Achte auf deine Handlungen, denn sie werden zu Gewohnheiten. Achte auf deine Gewohnheiten, denn sie werden zu deinem Charakter. Achte auf deinen Charakter, denn er wird zu deinem Schicksal.«

– Unbekannt, wird u.a. Lao Tzu und dem Talmud zugeschrieben

»Pay attention to your thoughts, for they will become words. Pay attention to your words, for they will become actions. Pay attention to your actions, for they will become habits. Pay attention to your habits, for they will become your character. Pay attention to your character, for it will become your fate.«

– Unknown, Attributed i.a. to Lao Tzu and the Talmud

In der Nacht vor dem Rennen erzielte Karim beeindruckende Ergebnisse an der Front der psychologischen Vorbereitung. Wir wussten beide, dass meine mentale Stärke ein entscheidender Faktor für den *Western States* Lauf sein würde. Wir hatten diesem Thema schon während meines Trainings viel Aufmerksamkeit geschenkt, aber jetzt war es an der Zeit, den Feinschliff für den großen Tag vorzunehmen. Normalerweise gingen wir mein Rennskript mehrmals durch und visualisierten all diese Dinge, mit denen ich konfrontiert werden würde oder könnte. Den Regen und die Traufe. Aber da die letzte Woche vor dem Rennen so schrecklich entgleist war, entschied sich Karim stattdessen, mit mir eine sehr einfache, aber

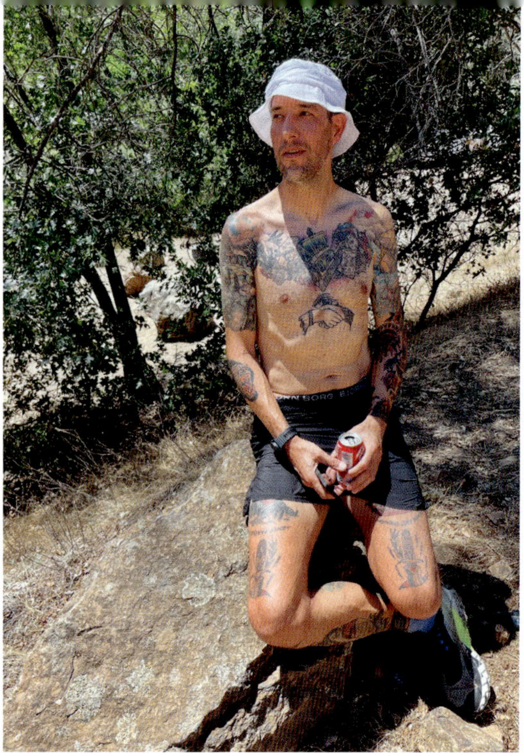

Der Kopf spielt beim Ultralauf eine entscheidende Rolle. Ohne mentale Anker, motivierende Gedanken oder positive Bestätigung ist es fast unmöglich, so viele Stunden am Stück zu laufen.

effektive Strategie für positive Selbstgespräche zu entwickeln. Am Ende kamen wir auf drei Kernsätze, die mich treu durch das erste Drittel des Rennens begleiten sollten:

»Ich bin gut vorbereitet.«

»Ich werde mein Bestes geben.«

»Es wird eine andere Rennerfahrung.«

»Ich bin gut vorbereitet« gab mir Selbstvertrauen und nahm mir ein wenig die Angst, hauptsächlich vor der Hitze und der Entfernung des *Western States*.

»Ich werde mein Bestes geben« nahm mir den Druck, in Topform sein zu müssen, motivierte mich aber gleichzeitig, mich hart zu pushen.

»Es wird eine andere Rennerfahrung« half mir, alle bisherigen Wünsche und Vorstellungen, wie dieses Rennen ablaufen sollte, und all die Dinge, die während der Rennwoche schiefgelaufen waren, loszulassen. Es ermutigte mich auch, mich auf alles einzulassen, was das Rennen für mich bereithalten würde. Schließlich ist anders, wie der bittere Geschmack von schwarzem Kaffee, nicht schlecht. Aber eben anders.

Das positive Selbstgespräch ist ein heikles Thema. Es wird oft missverstanden. Manche Menschen glauben an die überholte Praxis, leere Phrasen wie »Du bist der Beste!« und »Du schaffst das!« immer und immer wieder aufzusagen. In der Hoffnung, dass die laute Wiederholung zum Glauben führt und der Körper schon folgen wird. Jeder ist diesen Menschen schon einmal beim Laufen begegnet und hat sich gefragt, wen sie da eigentlich anschreien.

In Wirklichkeit sind positive Selbstgespräche viel individueller. Manche Sätze oder Worte funktionieren bei einem selbst, jedoch nicht bei anderen. Es kommt darauf an, ob sie etwas in uns auslösen oder nicht. Und ob sie die erwünschten oder unerwünschte Gedanken und Gefühle auslösen. Wenn ich an meinen positiven Selbstgesprächen arbeite, versuche ich darauf zu achten, was eine Aussage oder ein einzelnes Wort in mir hervorruft, wenn ich es zum ersten Mal höre. Wenn ich erst darüber nachdenken muss, ist es meistens nicht das Richtige für mich. Beim *CCC* zum Beispiel hat das einfache Wort »atmen« viel mehr in mir ausgelöst als das kompliziertere »Es ist eine große Ehre, an diesem Rennen teilzunehmen«. Ich hatte vor, am Renntag beides zu verwenden, aber ich habe den zweiten Satz schnell verworfen, während mich »atmen« den ganzen Weg von Courmayeur nach Chamonix begleitet hat.

Die Sätze »Ich bin gut vorbereitet«, »Ich werde mein Bestes geben« und »Es wird eine andere Rennerfahrung« wurden bald zu meiner letzten Verteidigungslinie gegen einen immer stärker werdenden Gegner, der gerade die Bühne des *Western States* betreten hatte.

KAPITEL 24

KAMPF GEGEN DIE HITZE BEI DUNCAN CANYON

An der Duncan Canyon Aid Station (KM 39,3) begann ich mit meinen Abkühlungsmaßnahmen. Mir war klar, dass ich meinen Körper davon abhalten musste, sich immer weiter aufzuheizen, bevor es zu einem renngefährdenden Problem wurde. Vor allem mein immer stärker werdendes Schwindelgefühl war ein klares Zeichen dafür, dass ich kurz vor einem Hitzschlag stand. Das Abkühlungsprotokoll wurde eine Aid Station früher als geplant notwendig, weshalb ich für diese Prozedur nicht richtig ausgerüstet war. Ich trug eine enganliegende schwarze Mütze, unter der nicht viel Eis Platz hatte, um meinen Kopf zu kühlen.

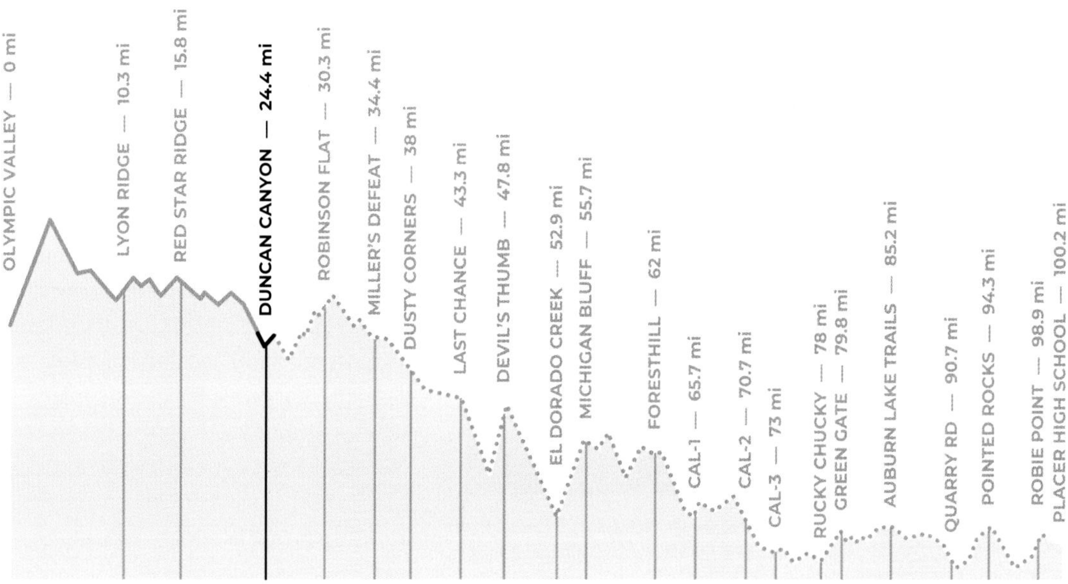

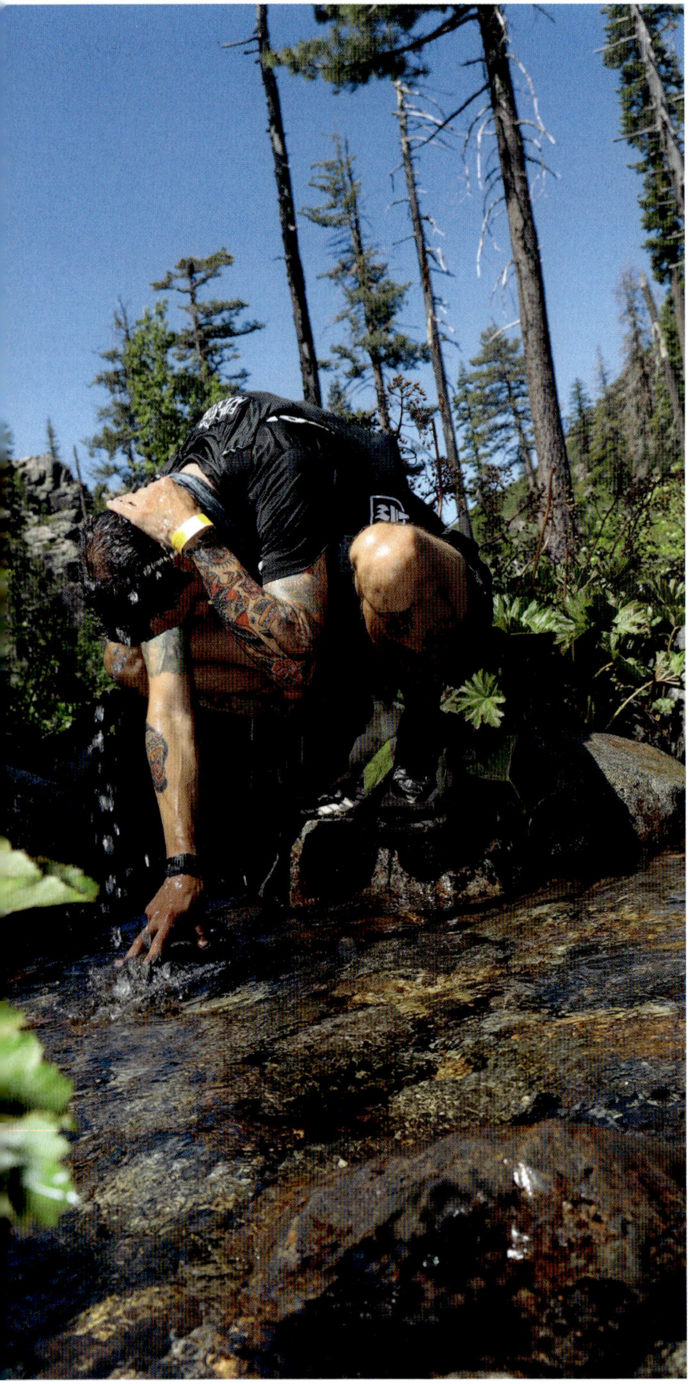

Eine der wenigen Abkühlungsmöglichkeiten am Duncan Canyon Creek zwischen den Aid Stations Duncan Canyon und Robinson Flat. Langsam merke ich, dass ich in Schwierigkeiten stecke.

Ich hatte auch kein geeignetes Schlauchtuch oder Bandana, um meinen Nacken zu kühlen; der sehr enge Schlauchschal, den ich um meinen Hals trug, konnte nicht viel Eis aufnehmen. Und schließlich hatte ich keine Armlinge, die ich mit Eis hätte füllen können. Wieder einmal waren die Freiwilligen unglaublich hilfsbereit und zuvorkommend. Zum Glück, denn ich war auf sie angewiesen. Mir war schon so heiß, dass ich die Abkühlungsmaßnahmen nicht mehr allein hätte durchführen können. Einfache Dinge, wie meinen Schlauchschal zu einem Eisbeutel zu falten oder Eiswürfel in meine Trinkflaschen zu drücken, waren für mich unglaublich kompliziert geworden. Ich geriet zwar nicht in Panik, aber ich machte mir ernsthafte Sorgen, wie es weitergehen sollte.

Bis zu diesem Zeitpunkt war ich gut damit gefahren, mein kohlenhydratreiches Sportgetränk und Wasser zu trinken. Ich deckte meinen grob berechneten Energiebedarf und nahm so viel Flüssigkeit zu mir, dass ich trotz der Hitze nicht dehydrierte. Allerdings wurde mir immer mehr bewusst, dass ich keines der echten Nahrungsmittel, die ich bei mir trug, herunterbekommen würde. Nicht einmal mit Gewalt. Es handelte sich um Sandwiches mit verschiedenen Aufstrichen, die ich im Training und bei früheren Rennen dutzende Male getestet hatte. Mein fehlender Appetit auf jegliche Art von fester Nahrung war höchstwahrscheinlich auf die Hitze und ihre Auswirkungen auf meinen Körper zurückzuführen. Keine große Sache, dachte ich.

Oh Mensch, wie falsch ich doch lag. Es **war** eine große Sache.

KAPITEL 25

NAHRUNGSMITTEL GENAU INS SCHWARZE

»Give me fu, give me fa, give me tabba sabba sah ... Uh!«

– Metallica

Es folgt ein kleiner Exkurs. Reden wir über Essen. Hmmm, lecker. Das ist ein viel diskutiertes Thema in der Laufwelt, aber eigentlich lässt es sich auf eine einfache Wahrheit reduzieren: Wer einen Ultramarathon laufen will, braucht Kohlenhydrate. Und zwar jede Menge. Aber die Kohlenhydratzufuhr ist eine heikle Angelegenheit. Wenn einem der Magen einen Strich durch die Rechnung macht, ist man verloren. Ich kann aber mit Stolz sagen, dass mir das noch nie passiert ist, wofür ich sehr dankbar bin.
Auch wenn künstliche Sportgetränke und Gels viele Kohlenhydrate enthalten und einen weit bringen können, wird man irgendwann anfangen, natürliche Nahrung zu essen. Wenn man das nicht tut, hat man wahrscheinlich bald genug von dem süßen Zeug und sehnt sich nach anderen Geschmacksrichtungen und Texturen. Natürliche Nahrungsmittel können auch eine wichtige Rolle bei der Versorgung mit Salz spielen, das bei hohen Temperaturen lebenswichtig ist. Wer viel schwitzt, verliert nicht nur Flüssigkeit, sondern auch viele Elektrolyte.
Echte Nahrung kann alles sein, von belegten Brötchen über Nudeln mit Tomatensoße bis hin zu Reisbällchen oder Pfannkuchen. Wer seine Hausaufgaben wirklich gut macht, testet die künstlichen und die echten Nahrungsmittel während des Trainings und findet heraus, welche Mengen er in welcher Zeit und bei welcher Belastung zu sich nehmen kann. Am Ende einer solchen Testphase hat man seine »Bull's-Eye Foods« (Volltreffer-Nahrungsmittel) gefunden. Dieser von Ultratrainer Jason Koop geprägte Begriff beschreibt Nahrungsmittel, die man jederzeit und in großen Mengen zu sich nehmen kann, auch wenn man lange und hart läuft. Die Bull's-Eye Foods sind also das, was man am Wettkampftag dabeihat.

Für den *Western States* habe ich mir vorgenommen, etwa 300 Kalorien pro Stunde zu mir zu nehmen. Das sind etwa 75 Gramm Kohlenhydrate. Das entspricht einem Pfannkuchen mit Schokoaufstrich, einem Sandwich mit Erdnussbutter und Marmelade, drei Kartoffeln oder einem kleinen Teller Nudeln. Diese

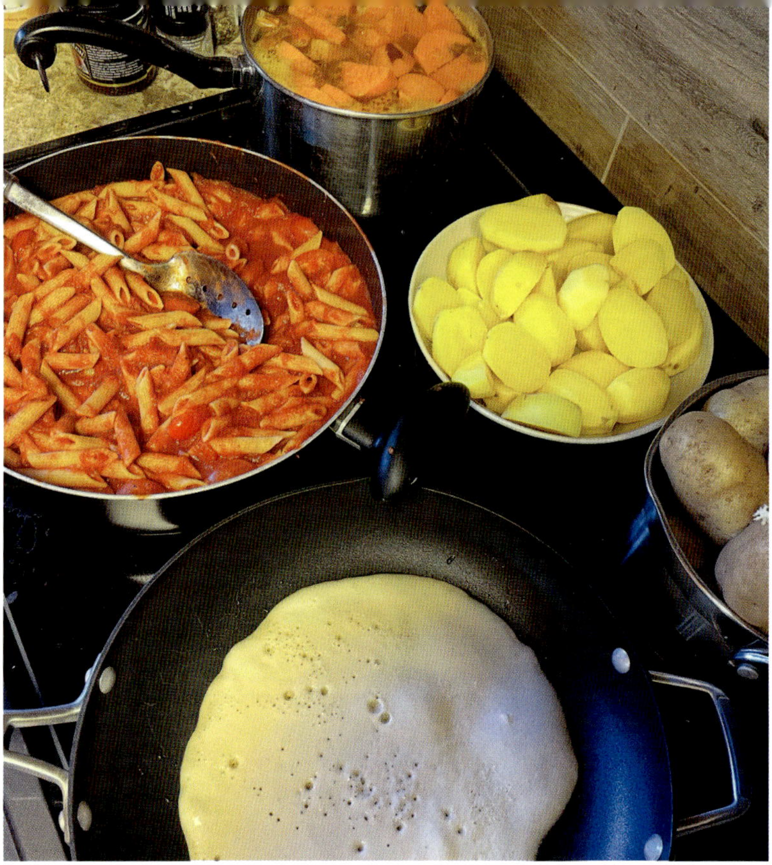

Der Energiebedarf während eines Ultramarathons ist immens und kann mit künstlichen Gels und Sportgetränken allein kaum gedeckt werden. Natürliche Lebensmittel liefern neben der willkommenen Abwechslung auch dringend benötigte Salze.

Beispiele sind kein Zufall, denn das sind meine natürlichen Volltreffer-Nahrungsmittel. Sie enthalten viele Kohlenhydrate und eine hohe Kaloriendichte, ich kann sie jederzeit essen und liebe ihren Geschmack und ihre Konsistenz. Sie enthalten außerdem Salz, und vor allem: Ich habe sie dutzende Male bei verschiedenen Trainingsläufen und Rennen getestet. Diese Nahrungsmittel lassen sich gut vorbereiten und von meiner Crew von Aid Station zu Aid Station transportieren. Einen Teil kann ich auch in meiner Laufweste mit auf den Trail nehmen.

Meine Hauptenergiequelle ist jedoch ein kohlenhydratreiches Sportgetränk, das ich ebenfalls ausgiebig getestet habe. Mit satten 300 Kalorien pro 500 Milliliter liefert es nicht nur jede Menge Kohlenhydrate, sondern deckt auch einen Großteil meines Flüssigkeitsbedarfs. Bei Hitzeschlachten wie dem *Western States* besteht allerdings die Gefahr, dass man zu viele Kohlenhydrate zu sich nimmt, wenn man die Kalorienzufuhr mit Flüssigkeit kombiniert. Ich hatte aber nie Probleme mit zu vielen Kohlenhydraten. Außerdem habe ich mir vorgenommen, tagsüber immer eine zusätzliche Flasche mit einfachem Wasser mitzunehmen, um etwas extra Flüssigkeit ohne Zucker zu haben.

Am Abend vor dem Rennen stand ich in der Küche und kochte Nudeln mit Tomatensoße, machte Sandwiches, Pfannkuchen und füllte Flaschen mit meinem Sportgetränk. Außerdem köchelte stundenlang ein kleiner Topf auf einer winzigen Flamme in der hinteren Ecke des Herdes. Darin befand sich eine einfache vegane Brühe mit völlig zerkochten Nudeln. Obwohl diese Mahlzeit alles andere als Haute Cuisine war, war sie meine Lebensversicherung, wenn mich alle anderen Nahrungsmittel im Stich lassen würden. Oder umgekehrt. Damals ahnte ich noch nicht, welch wichtige Rolle diese Brühe später auf meiner *Western States*-Achterbahnfahrt spielen würde.

KAPITEL 26

ROBINSON FLAT KIRMES UND CREW-LIEBE

Nach der Überquerung des Duncan Creek, wo ich das erste von vielen erfrischenden Ganzkörperbädern nahm, führte mich ein langer Anstieg nach Robinson Flat (KM 48,8), der ersten Aid Station, wo ich auf meine Crew traf. Es war das reinste Chaos. Der Platz war überfüllt und der Lärm der Supporter, Offiziellen und Zuschauer ohrenbetäubend. Aufgereiht wie die Zinnsoldatinnen warteten die Crews hinter einer kleinen Absperrung ungeduldig auf ihren Einsatz. Von links dröhnte eine Beschallungsanlage, und ein Ansager verkündete lautstark und unter großem Jubel jeden Läufer und jede Läuferin, die Robinson

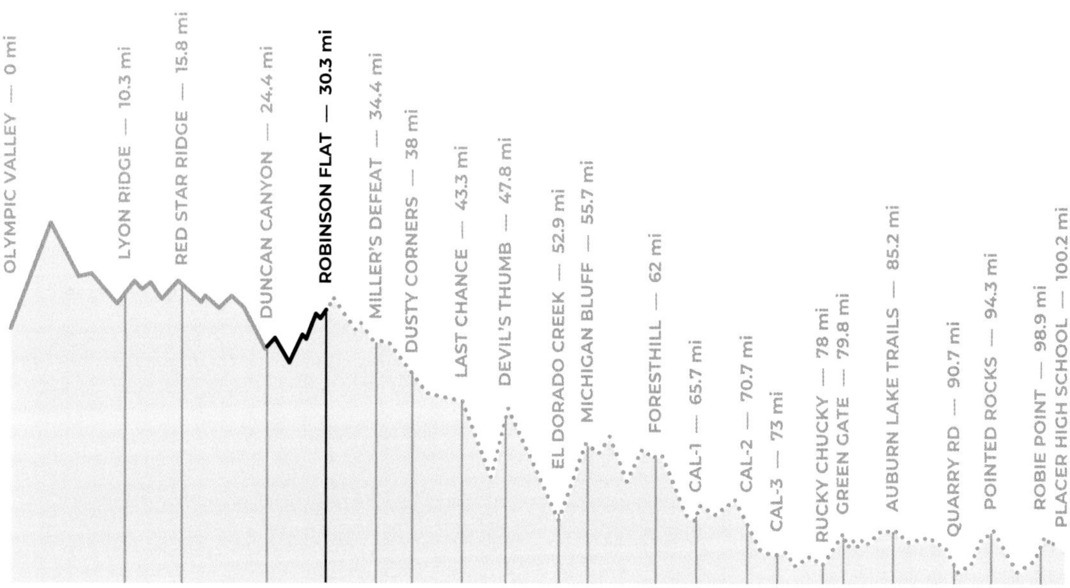

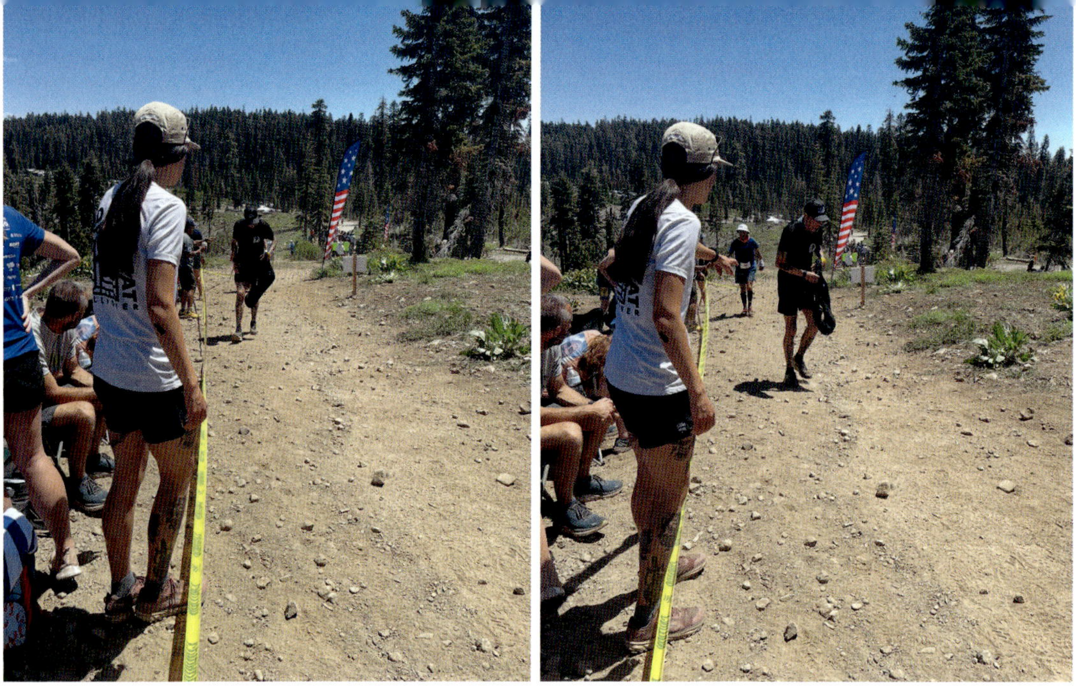

Bei meiner Ankunft in der belebten Aid Station Robinson Flat sieht man mir an, dass ich bereits angezählt bin.

Flat erreichten. Es wäre sicher ein schönes Fest geworden, wenn ich nicht so erschöpft von den letzten 48 Kilometern gewesen wäre. Außerdem musste ich zusammen mit meiner Crew eine Checkliste von 27 Aufgaben in weniger als 10 Minuten abarbeiten. Ich weiß, dass viele Leute Robinson Flat wegen seiner Partyatmosphäre feiern, aber ich fand es einfach nur extrem anstrengend.

Trotzdem habe ich mich riesig gefreut, Lisa und Marie zum ersten Mal seit Olympic Valley wiederzusehen. Es ist schwer in Worte zu fassen, wie es sich anfühlt, seine Crew bei einem Ultramarathon zu treffen. Einerseits fühlt man sich geschmeichelt. Menschen opfern selbstlos ihre kostbare Zeit und Energie für dein Laufprojekt. Sie ertragen Schlafmangel, wahnsinnige Langeweile, nervenaufreibenden Zeitstress und tragen fast ein ganzes Haus voller Sachen von einem Ort zum anderen, ohne zu wissen, ob die Läuferin überhaupt etwas davon braucht oder ob sie es jemals so weit schafft. Auf der anderen Seite hat jemand, der sich verpflichtet, einen meiner Läufe zu unterstützen, einen Auftrag angenommen. Ich bin sehr direkt, wenn es um meine Bedürfnisse geht, und manchmal klinge ich – oder der Spießer in mir – schon vor dem Rennen etwas fordernd, wenn ich sage, was am Renntag zu tun und zu lassen ist. Aber es ist ein Geben und Nehmen, und ich habe ebenso schon viele Crew-Jobs übernommen.

Henning und Christiane, die bereits drei Jahre zuvor einen Läufer beim *Western States* begleitet hatten, waren für Marie und Lisa eine wahre Schatztruhe an praktischem Wissen und hilfreichen Insider-Informationen. Die meisten Aid Stations, auch die mit Crew-Zugang, sind schwer zu erreichen und mit viel Autofahren, Busreisen und Fußmärschen verbunden. Gleichzeitig darf man auf keinen Fall zu spät kommen und seinen Läufer verpassen. Crewing beim *Western States* erfordert sorgfältige Planung und akkurate Ausführung, woran ich aber während meines Rennens keine Gedanken mehr verschwendet habe. Ich habe mich einfach darauf verlassen, dass meine Crew den Laden im Griff hat und ich sie an den vereinbarten Aid Stations treffen werde.

Lisa und Marie haben sich bei Robinson Flat hervorragend um mich gekümmert und waren besser vorbereitet als die Mechaniker bei einem Boxenstopp in

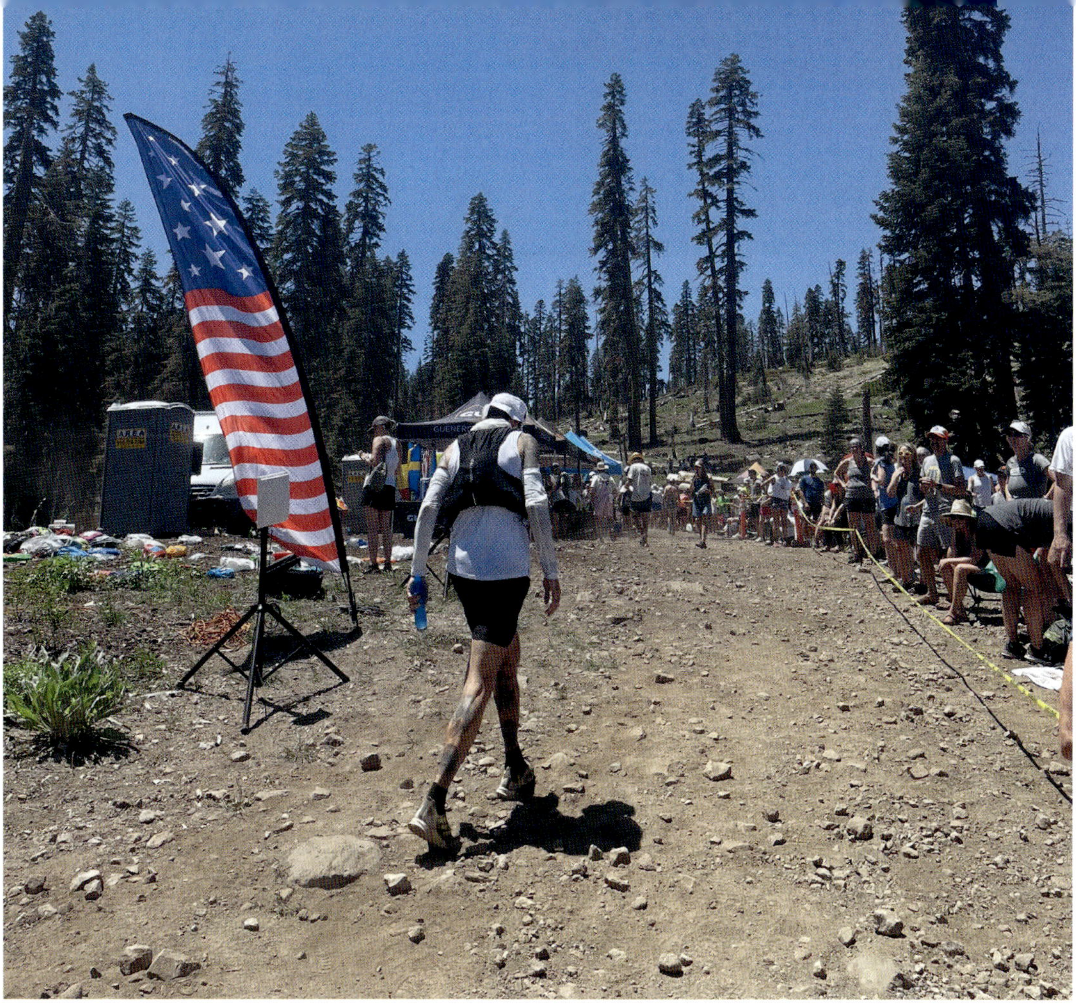

Der überfällige Wechsel auf mein Hitze-Outfit und die Versorgung mit einem halben Kilo Eis geben mir neue Zuversicht. Zumindest für den Moment.

der Formel 1. Ich wusste, dass ich die beste Crew der Welt hatte und sie alles geben würden, um mich zu unterstützen. Leider musste ich ihr erstes und dringendstes Angebot sofort ablehnen: richtiges Essen. Der Gedanke, eine meiner vorbereiteten Mahlzeiten zu essen, hat mich im wahrsten Sinne des Wortes würgen lassen. Es ist eine seltsame Erfahrung, die jeder einmal beim Ultralaufen macht. Obwohl der Körper dringend Kohlenhydrate benötigt, würde man lieber den Tank komplett leerlaufen lassen, als etwas in den Mund zu stecken, geschweige denn zu kauen und zu schlucken. Sich trotzdem zum Essen zu zwingen, ist eine Fähigkeit, die nur wenige Ultraläuferinnen und -läufer beherrschen. In meinem Fall kam es überhaupt nicht infrage, eine der von meiner Crew angebotenen Speisen zu vertilgen. Ich musste wieder einmal feststellen, dass Training nicht gleich Wettkampf ist und am Renntag alles aus dem Ruder laufen kann, auch das, worauf man eigentlich vorbereitet war. Oder glaubt, vorbereitet gewesen zu sein. Andererseits bleibt einem nichts anderes übrig, als die Abläufe im Training immer wieder zu üben und auf das Beste zu hoffen.

Was ich allerdings zu mir nehmen konnte, war Kaffee. Kaffee während eines Rennens zu trinken, hat mir schon oft geholfen. Egal, ob ich nachts den Stubaier Gletscher hochgelaufen bin oder tagsüber auf einem Acker in Rodgau meine Runden gedreht habe. Vielleicht ist es der besondere Geschmack. Alles andere, was

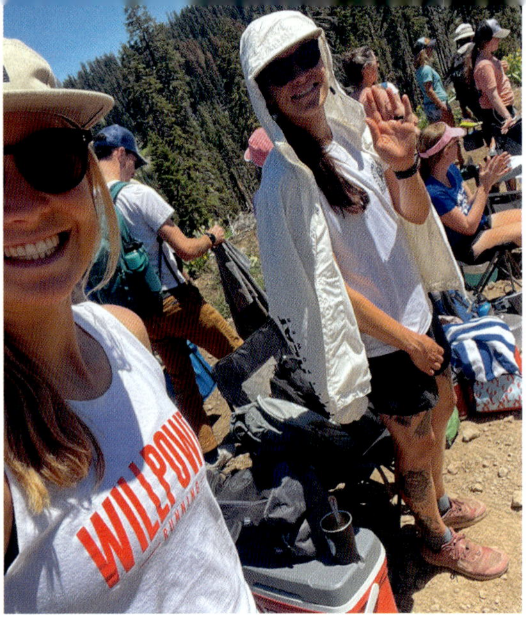

Lisa und Marie warten gut vorbereitet an der Robinson Flat Aid Station. Teil einer *Western States*-Crew zu sein, kann fast so erlebnisreich sein, wie selbst zu laufen.

ich normalerweise während eines Rennens zu mir nehme, ist entweder herzhaft oder süß. Da ist der bittere Geschmack des Kaffees eine willkommene Abwechslung. Außerdem habe ich generell ein positives Verhältnis zu Kaffee. Ich mag einfach all die Rituale, die mit der Zubereitung und dem Genuss dieses köstlichen Getränks verbunden sind. Und Koffein weckt die Lebensgeister, egal ob am Montagmorgen oder beim Ultramarathon. Normalerweise zwinge ich meine Crew, einen Gaskocher und eine kleine Espressokanne mit auf den Trail zu nehmen. Aus Angst, einen Flächenbrand auszulösen und weil es viel einfacher zu handhaben ist, bin ich für den *Western States* auf einen köstlichen Instantkaffee umgestiegen, den ich erst wenige Wochen zuvor entdeckt hatte. Endlich ein Plan, der zu funktionieren schien. Trotzdem habe ich in Robinson Flat nur Kaffee und Wasser zu mir genommen – nicht das, was wir uns vorgenommen hatten. Und auch nicht gerade vorteilhaft, was den Energiebedarf für die restlichen 113 Kilometer des Rennens anging.

Was mich aber am meisten irritierte, war, dass meine Beine in der Sekunde, in der ich mich auf einen Campingstuhl setzte, anfingen zu krampfen. Das traf meine Crew und mich vollkommen unvorbereitet. Jedes Mal, wenn ich ein Bein bewegte, zog sich eine neue Muskelgruppe schmerzhaft und auf unnatürliche Weise zusammen. Nach kurzer Diskussion stellten wir fest, dass die Ursache für dieses unerwartete Problem Salzmangel war. In einem Ausmaß, wie ich es bei keinem meiner bisherigen Ultramarathons erlebt hatte. Die Tatsache, dass ich in den letzten 7,5 Stunden nichts Richtiges gegessen hatte, hatte neben dem offensichtlichen Kohlenhydratdefizit wohl eine Reihe von Folgeproblemen ausgelöst. Ich hatte mich darauf verlassen, dass das Salz in meinen Sandwiches und anderen Nahrungsmitteln meinen Bedarf decken würde – aber all diese Verpflegung und entsprechend auch das Salz steckten noch in meiner Laufweste. Ich hatte sie nicht angerührt. Mein Körper hatte mehrere Stunden lang kein Natrium bekommen, aber gleichzeitig hatte ich eine ganze Salzgrube ausgeschwitzt. Nicht gut.

Um eine Kettenreaktion weiterer Folgeprobleme zu vermeiden, erklärten wir die Hitze zur Wurzel allen Übels (und nicht unser Versäumnis, keine Salztabletten mitgenommen zu haben) und versuchten fortan, mich bestmöglich dagegen zu wappnen. Positiv zu vermerken ist, dass unser gut vorbereitetes Kühlprotokoll voll ins Schwarze traf. Der Spießer atmete erleichtert auf. Ich entledigte mich meiner dunklen Rennkleidung vom Morgen und schlüpfte in mein selbst entworfenes schneeweißes »Beyond the Heat«-Outfit. Dazu einen ebenfalls weißen Fischerhut mit kleinen Eistaschen und mit Eis gefüllte Armlinge. Vor allem aber zog ich endlich meinen großen Schlauchschal an, um mir ein paar zusätzliche Eiswürfel in den Nacken klemmen zu können – den Teil des Körpers, der die meiste Hitze abstrahlt. So hatte ich es jedenfalls gelesen. Außerdem bekam ich eine neue Laufweste, die bereits mit kalten Getränken und allem, was ich sonst noch brauchen könnte, gepackt war. In letzter Sekunde reichte mir Marie noch eine Tüte Salzbrezeln, um das Natriumproblem zu lösen. Ich konnte sie zwar nicht essen, aber wenigstens die Salzkörner ablecken. Das klang nach einem Plan. Und schon war ich wieder weg.

KAPITEL 27

LETZTE HOFFNUNG BEI LAST CHANCE

Ich befand mich nun auf der zweiten und entscheidenden Etappe des *Western States 100,* den Canyons. Namentlich Deadwood, El Dorado und Volcano. Obwohl ich bereits 50 Kilometer zurückgelegt und einige Probleme angehäuft hatte, fühlte ich mich noch fit genug, um zur nächsten Aid Station und damit zum nächsten mentalen Ankerpunkt zu wandern und zu laufen. Die Singletrails und Forststraßen führten die Flanke des Little Bald Mountain hinauf, gefolgt von einem langen Downhill nach Miller's Defeat (KM 55,4). Mir ging es nicht gut, aber im Großen und Ganzen habe ich das gemacht, was man bei einem Ultramarathon eben so macht: Ich habe mich irgendwie vorwärtsbewegt.

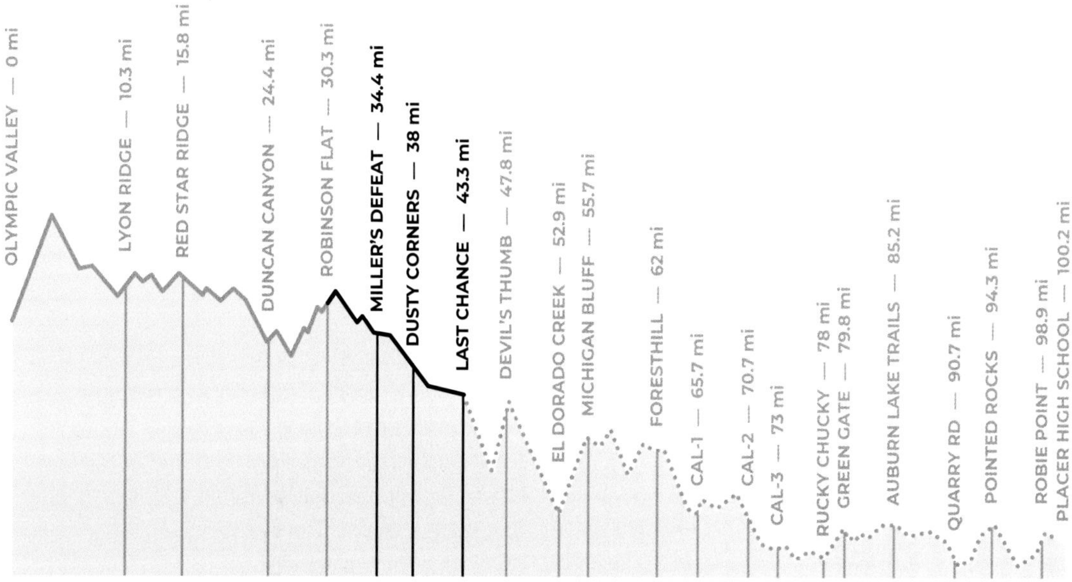

Dusty Corners (KM 61,2) und Last Chance (KM 69,7) waren von einem anderen Kaliber. Ich befand mich nun auf der Südseite des Kammes, auf dem ich im High Country gestartet war, und die Hitze nahm drastisch zu. In einem Rennbericht hatte ich gelesen, dass der Blick auf den Screw Auger Canyon auf der einen und den Deadwood Canyon auf der anderen Seite kurz vor Last Chance atemberaubend sein soll. Leider kann ich mich nicht mehr an viel von diesem Abschnitt erinnern. Ich versuchte mich irgendwie zusammenzureißen, denn ich war mit Haut und Haaren in die alles entscheidende Hitzeschlacht hineingezogen worden.

An jeder der drei Aid Stations Miller's Defeat, Dusty Corners und Last Chance wiederholte ich mein Kühlprotokoll. Die Freiwilligen dort waren gut vorbereitet, um das ausnahmslose Bedürfnis der Läuferinnen und Läufer nach schneller Kühlung zu befriedigen. Ich füllte meine Armlinge, meinen Schlauchschal und meinen Fischerhut mit Eis, und gelegentlich bekam ich einen eiskalten Schwamm in den Nacken. Alles mit der unverzichtbaren Hilfe vieler helfender Hände, die genau wussten, was zu tun war. Außerdem steckte ich mir Eiswürfel in die hintere Tasche meiner Laufweste, um meinen Rücken zusätzlich zu kühlen. Dabei hatte ich völlig vergessen, dass sich in dieser Tasche mein Sportgetränkepulver befand. Am Ende hatte ich eine klebrige, schleimige und tonnenschwere Sauerei auf dem Rücken. Da ich mein Sportgetränk ohnehin bald nicht mehr runterbekommen würde, war es vielleicht kein großer Verlust.

Diese Kühlmaßnahmen waren meine letzte Hoffnung. Allerdings wirkten sie an verschiedenen Stellen meines Körpers unterschiedlich gut. Die Wirksamkeit reichte von »fantastisch« bis »nicht vorhanden«. Während die Eiswürfel in meinem Nacken für etwa 1 bis 2 Stunden eine konstante und angenehme Kühlung zu bieten schienen, verschwand das Eis in meinen Armlingen innerhalb weniger Minuten, nachdem ich eine Aid Station verlassen hatte. Die Armlinge selbst

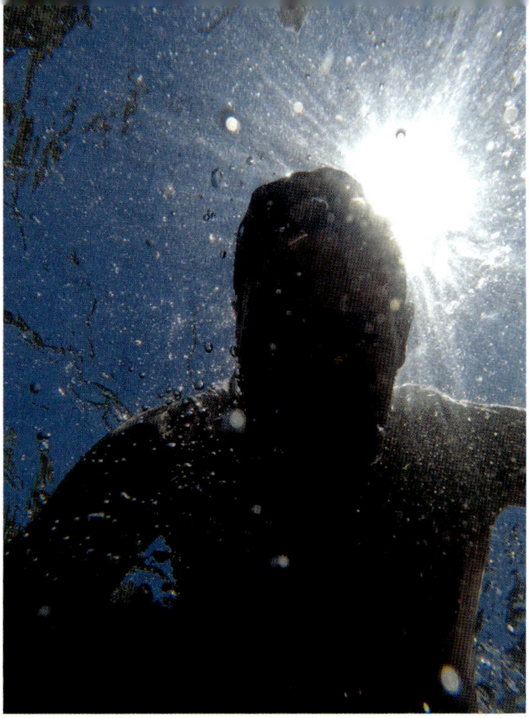

Licht und Schatten. Kühlmaßnahmen fühlen sich gut an, können aber die Abwärtsspirale nicht aufhalten.

verschwanden auch fast, denn ich hatte schon einiges an Gewicht verloren. Vor allem Wasser natürlich. Meine Arme waren jetzt viel dünner als bei meinem Last-Minute-Einkauf in Olympic Valley am Tag zuvor, wo ich diese schneeweißen Armlinge noch erworben hatte. Jetzt waren sie zu weit und rutschten ständig von den Armen. Noch schwieriger war es, meinen Kopf zu kühlen. Während das Übergießen mit Eiswasser an einer Aid Station gut funktionierte, war das mit den Eiswürfeln unter meinem Fischerhut eine ganz andere Geschichte. Das verursachte schon nach wenigen Minuten Gehirnfrost. Ich fühlte mich, als hätte ich zu gierig Speiseeis gegessen. Ich musste ständig die Eisbrocken unter meinem Hut umschichten, um dieses unangenehme Gefühl zu vermeiden.

Zusammenfassend kann man sagen, dass sich alle meine Kühlmethoden für kurze Zeit gut angefühlt haben. Insgesamt schienen sie aber nur ein Tropfen auf den heißen Stein zu sein. Oder auf den heißen Körper. Es war eine bittere Wahrheit für den Spießer, aber seine Kontrolle über das *Western States*-Rennen entglitt ihm mehr und mehr.

KAPITEL 28

VERHANDLUNGEN MIT DER DEADWOOD-HITZE

»The heat doesn't care how tough you are.« – *Jason Koop*

»Der Hitze ist es egal, wie hart du bist.« – *Jason Koop*

Als Nächstes fand ich mich im Deadwood Canyon wieder, einem der drei heißesten Abschnitte des Rennens. Eigentlich Wildwest-Romantik pur, aber die besondere Topografie mit steilen, fast senkrechten Hängen, die die Sonne direkt reflektieren und kaum Luftbewegung zulassen, heizt diesen Ort extrem auf. Die Hitze war unerträglich. Ich suchte verzweifelt nach einem geeigneten

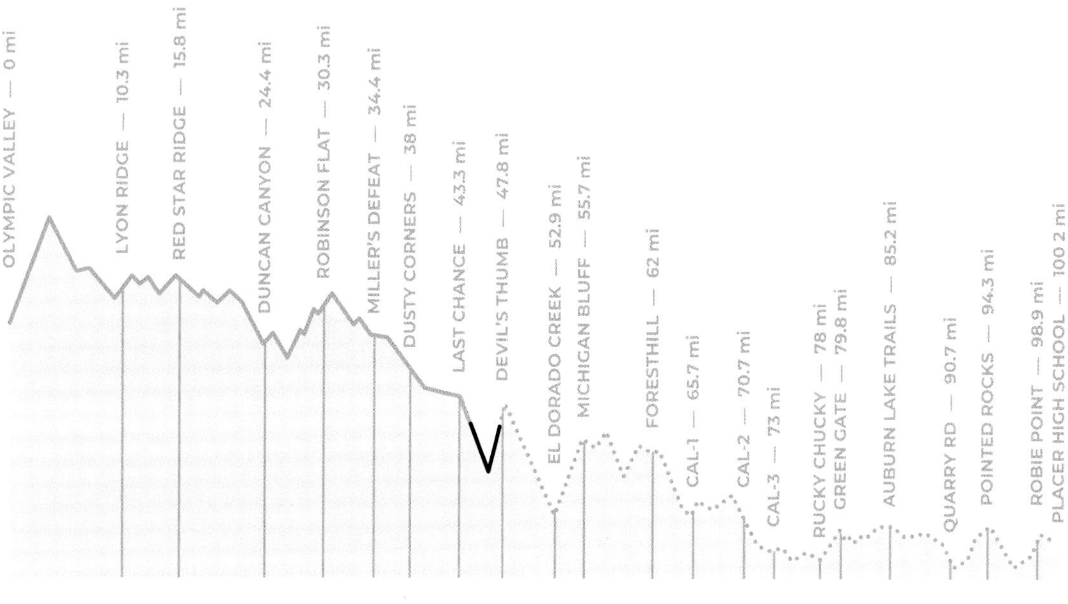

Laufrhythmus, bei dem ich selbst nicht zu viel Hitze produzierte, weil ich mich zu sehr anstrengte, aber trotzdem von der Stelle kam. Mein einziges Ziel war es, die nächste Aid Station zu erreichen, um mich erneut mit Eiswürfeln und kalten Getränken herunterzukühlen. Unermüdlich verhandelte ich mit der Hitze, aber ich konnte mich nicht durchsetzen. Sie ließ mich einfach nicht vorankommen, ohne dabei in Schwindel und Müdigkeit zu ertrinken. Ja, zu ertrinken. Genau so fühlte es sich an.

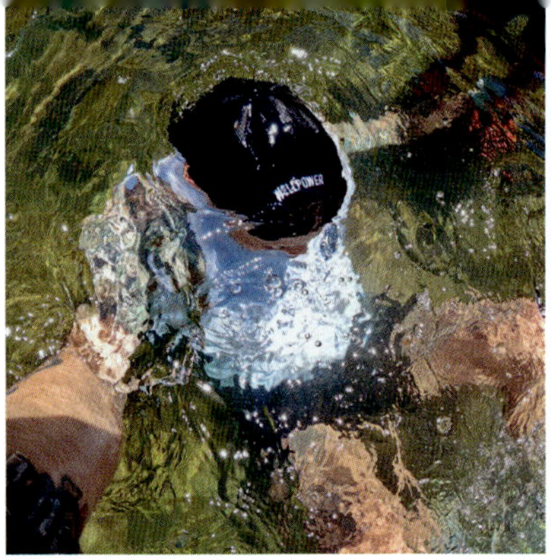

Schon einige Tage vor dem Rennen mache ich Bekanntschaft mit der berüchtigten Hitze des *Western States*. Ein Ganzkörperbad im kühlen Nass war auch im Deadwood Canyon meine letzte Rettung.

Ein paar Tage zuvor hatte ich die berüchtigten Temperaturen des *Western States* bereits bei einem Trainingslauf in den Canyons erlebt. Ich erwischte einen repräsentativen Tag und bekam eine mehr als überzeugende Demonstration der flirrenden Hitze. Während meiner kurzen 50-minütigen Einheit über staubige Feldwege versuchte ich, eine Beziehung zu meinem Endgegner aufzubauen. Oder zumindest eine Vereinbarung für den Tag des Rennens zu treffen. Ich würde sie respektieren, indem ich nicht zu hart pushte, und im Gegenzug würde sie mich bis zum Sonnenuntergang gewähren lassen. Ich war zuversichtlich, dass dieser Deal für den *Western States* stehen würde, aber das war nicht der Fall. So wie der Berg einen manchmal nicht passieren lässt, erlaubte es mir die Hitze nicht, in den Canyons so zu laufen, wie ich es gern gewollt hätte.

Inzwischen war ich deutlich langsamer geworden. Die Hitze im Deadwood Canyon fühlte sich dick und zähflüssig an und machte jeden Schritt, jede Bewegung und sogar das klare Denken dreimal so schwer wie normal. Ich hatte das Gefühl, dass ich brennende Luft einatmete, die meinen Körper mit jedem Atemzug noch mehr erhitzte. Mit verschwommener Sicht und vernebeltem Verstand musste ich einsehen, dass ich nicht mehr derjenige war, der die Kontrolle hatte. Es war eindeutig die Hitze.

Erschwerend kam hinzu, dass ich mein kohlenhydratreiches Sportgetränk völlig aufgegeben hatte. Alles in mir wehrte sich dagegen, an der Flasche zu nippen. Allein der Gedanke daran brachte mich fast zum Kotzen. Das Einzige, was ich zu mir nehmen konnte, war Wasser. Ich hatte dieses Sportgetränk bei Dutzenden Rennen und langen Trainingseinheiten über Monate und Jahre hinweg verwendet. Es hat mich nie im Stich gelassen. Bis zu diesem Zeitpunkt. Mein Körper war völlig aus dem Gleichgewicht geraten. Nichts schien mehr richtig zu funktionieren. Schlimmer noch: Anstatt an möglichen Lösungen für die drohende Katastrophe zu arbeiten, schien mir mein bevorstehender Kollaps immer egaler zu werden. Der Spießer war mit all seinen Plänen am Ende. Ich war dem Untergang geweiht.

Nach einem steilen Downhill in den Deadwood Canyon überquerte ich eine Hängebrücke und fand mich kurze Zeit später von Kopf bis Fuß in einem kleinen Wasserbecken wieder, das durch eine Quelle an der Wand des Canyons entstand. Die Krämpfe in meinen Beinen, als ich in die Hocke ging, waren kaum auszuhalten, aber das war es wert. Ein echter Hoffnungsschimmer. Ich war nicht der Einzige, der diese Abkühlung als lebensrettende Maßnahme betrachtete. Schon nach einer Minute wurde ich von zwei anderen überhitzten Läufern, die ungeduldig warteten, aus meiner Badewanne verdrängt. Trotz der phänomenalen Hitze und der Schäden, die sie in meinem Körper angerichtet hatte, brachte mich ein kurzer Sprung ins kalte Wasser wieder auf ein fast akzeptables Niveau. Leider nicht für lange.

Obwohl sich meine Situation dramatisch verschlechtert hatte, kam mir nicht in den Sinn, dass mein Rennen im Begriff war, in einem riesigen Desaster zu enden. Mein Gehirn war nicht mehr in der Lage, das »Big Picture« zu sehen. Ich befand mich im reinen Überlebensmodus.

KAPITEL 29

DER DAUMEN DES TEUFELS

Der Aufstieg nach dem Bad in der Quelle führte zur berüchtigten Devil's Thumb Aid Station (KM 76,9), benannt nach einer markanten, unübersehbaren Felsformation. Der Weg dort hinauf wurde mir zum Verhängnis. Ich wusste, dass es schwierig werden würde: ein steiler Aufstieg von 610 Höhenmetern mit 36 engen, in die Canyonwand gehauenen Serpentinen. Ich erinnerte mich vage an mein Rennskript für diesen Abschnitt, das ungefähr so lautete: »Das ist der härteste Anstieg des Rennens. Du kannst nichts dagegen tun. Zieh es einfach durch.«
Genau das habe ich getan. Aber das Einzige, was durch war, war ich. Nach der Hälfte der Strecke bin ich weder gewandert noch gelaufen, sondern wie ein

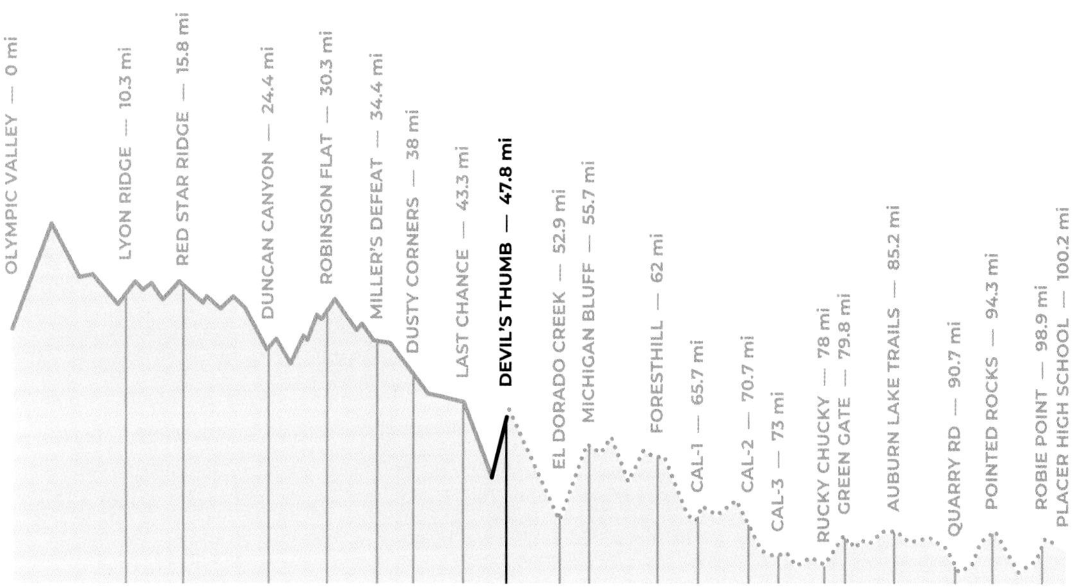

Zombie den steilen Canyonpfad hinaufgekrochen: hirntot, taumelnd und völlig am Ende. Mit jedem Schritt spürte ich, wie sich meine allerletzten Kraftreserven in Luft auflösten. Das Fortkommen war zu einer quälend langsamen und mühsamen Tortur geworden. Meine Beine fühlten sich an wie Anker, die sich jedem Versuch widersetzten, sie vom verbrannten Boden zu lösen. Ich muss wie der Überlebende einer Naturkatastrophe ausgesehen haben, als ich mich diesen scheinbar endlosen Anstieg hochschleppte. Mein Schwindelgefühl und meine Müdigkeit waren wirklich bedrohlich geworden.

Sekunden später lag ich zitternd und von Krämpfen überzogen auf einer Pritsche. Es muss ausgesehen haben wie eine Szene aus *Der Exorzist*. Ich hatte jede Kontrolle über meine Gliedmaßen und meinen Oberkörper verloren. Ich zitterte und zuckte wie ein Fisch an Land. Seltsame Laute tönten durch meine klappernden Zähne. Ich schlang die Arme fest um meine Brust, um die Krämpfe und das Zittern zu bremsen. Es funktionierte nicht.

In diesem Augenblick wurde mir die harte Wahrheit bewusst. Das Rennen war für mich gelaufen.

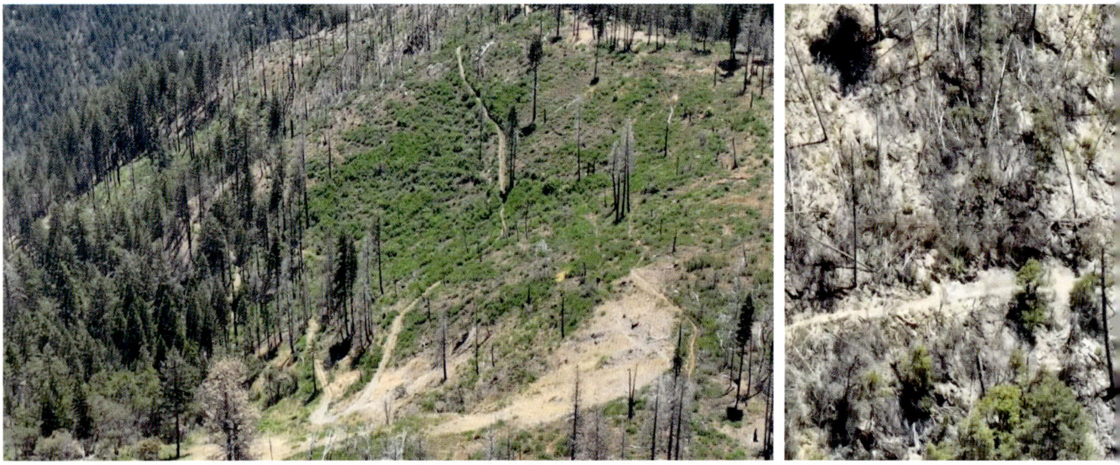

Devil's Thumb ist eine der heißesten Stellen des Rennens. Man ist der Sonne schutzlos ausgeliefert.

Ich saß in der ersten Reihe und sah zu, wie ich langsam das Bewusstsein verlor.

Ich habe keine Ahnung, wie ich die Aid Station Devil's Thumb erreicht habe. Von der zweiten Hälfte des Anstiegs weiß ich nichts mehr. Null Erinnerung. Aber irgendwie habe ich es trotz meiner katastrophalen körperlichen Verfassung bis zum Gipfel geschafft. Das Nächste, woran ich mich entsinnen kann, ist, dass mich eine mitfühlende Helferin fragte, was ich bräuchte. Ich stammelte benommen: »Nichts. Nur eine Pause.«

Obwohl es eine schmerzhafte und schreckliche Entscheidung ist, ein Rennen aufzugeben, hat es mir mental sofort einen Schub gegeben. Es war eine große Erleichterung. Denn das Aufgeben kann sich wie eine Befreiung aus einer Notlage anfühlen. Als ich wusste, dass ich keine 84 Kilometer mehr laufen musste, fiel eine große Anspannung von mir ab. Tatsächlich sah mein Spießer seine Chance, auf Nummer sicher zu gehen und die Sache lebend zu überstehen. Natürlich war ein Teil von mir traurig, dass es so enden würde. Es war jedoch beunruhigend zu sehen, wie schnell und bereitwillig ich mich der Entscheidung beugte, aus dem

Western States auszusteigen, dem Rennen, von dem ich so viele Monate lang geträumt hatte.

Aber was war passiert? Selbst Monate danach fiel es mir schwer zu sagen, was genau mich in einen so schlechten Zustand gebracht hat. Es muss eine Mischung aus Hyponatriämie, also Salzmangel, Hitzschlag und extremer Erschöpfung gewesen sein. Dass ich einen halben Tag nichts gegessen hatte, war sicher auch nicht hilfreich. Was auch immer die Symptome oder die Ursache meines Zustands waren, die Hitze war der Grund. Ein ebenso banaler wie frustrierender Grund.

Das war nicht die Botschaft, die ich hören wollte. Ich hatte gehofft, ja sogar erwartet, dass man mich zu einem Sanitätszelt bringen würde, wo man mein Armband durchtrennen, mir eine Infusion verpassen und mich in ein Shuttle nach Auburn setzen würde.

Nun, in Devil's Thumb gibt es kein Sanitätszelt. Und einen Shuttle-Bus gibt es auch nicht. Wie viele andere Aid Stations des *Western States Endurance Run* liegt Devil's Thumb mitten in der Wildnis der Sierra Nevada. Ich hatte nur eine Möglichkeit. Wie die Frau gesagt hatte, musste ich weiterlaufen. Also tat ich es. Jemand

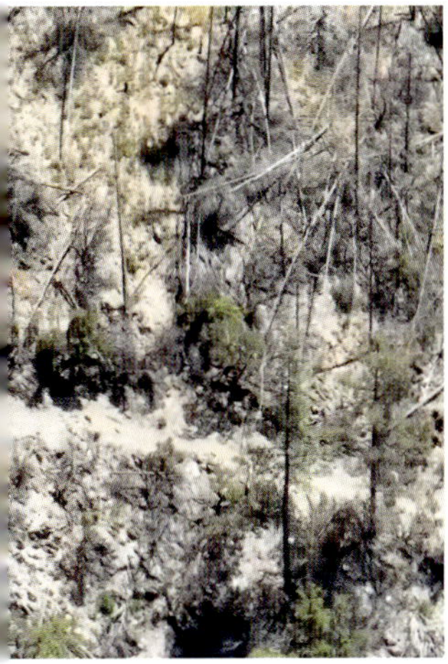

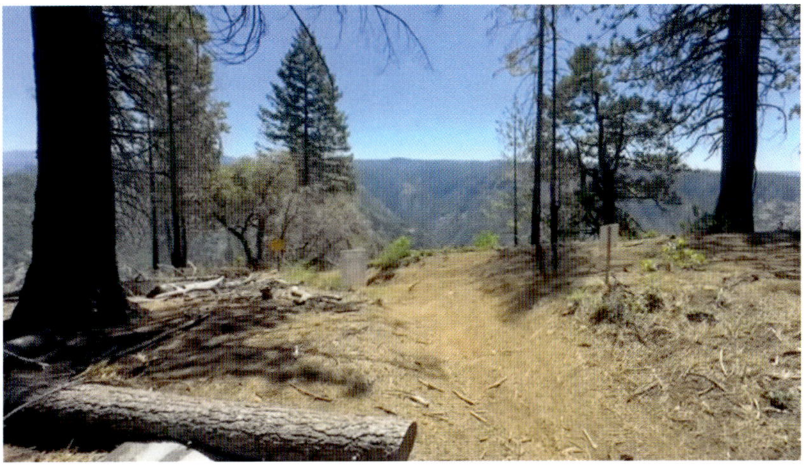

am letzten Campingtisch der Aid Station gab mir zum Abschied ein Waldmeistereis, und schon war ich raus aus Devil's Thumb, zurück auf dem Trail und abseits der ausgetretenen Pfade. Ich war am Boden zerstört.

Nach all den Monaten der Vorbereitung, einschließlich ausgiebiger Hitzetrainings, wurde ich doch noch Opfer der offensichtlichsten Herausforderung, die der *Western States* zu bieten haben. Was soll man machen?

Ein bestialischer Moskitoschwarm und eine ältere Frau, die mir eine vegane Brühe anbot, holten mich ins Hier und Jetzt von Devil's Thumb zurück. Ich lag schon einige Minuten auf dem Feldbett. Oder waren es viele Minuten? Offen gesagt, weiß ich es nicht mehr. Woran ich mich erinnere, sind ihre Worte: »Du musst diese Aid Station verlassen und weiterlaufen!«

Das war der physische Tiefpunkt meines Rennens. Der Tiefpunkt all meiner bisherigen Rennen. Ja, sogar der Tiefpunkt meines ganzen Lebens. Aber ich war im Begriff, einen noch dunkleren Ort zu betreten, einen Ort, der tief in meiner Seele verankert ist und der seinen Ursprung in den dunkelsten Tagen meiner Lebensgeschichte hat.

KAPITEL 30

DURCH DIE HÖLLE DES ELDORADO CANYONS

Nachdem ich Devil's Thumb unfreiwillig hinter mir gelassen hatte, befand ich mich immer noch in einem katastrophalen Zustand und war fest davon überzeugt, dass dieses Rennen für mich vorbei war. Gleichzeitig machte mir die Erkenntnis, dass ich weder zurücklaufen konnte noch ausreichend Energie zum Weiterlaufen hatte, große Angst. Doch es sollte noch schlimmer kommen. Viel schlimmer. Bis Michigan Bluff, dem nächstgelegenen Punkt, an dem mich meine Crew in ein Auto setzen und mein Elend beenden konnte, waren es noch 13 Kilometer. Die niemals endende Zeit bis dahin verbrachte ich damit, mich selbst auf grauenvollste Art und Weise runterzumachen. Meine Gedanken waren so selbstverachtend, selbsterniedrigend und entwürdi-

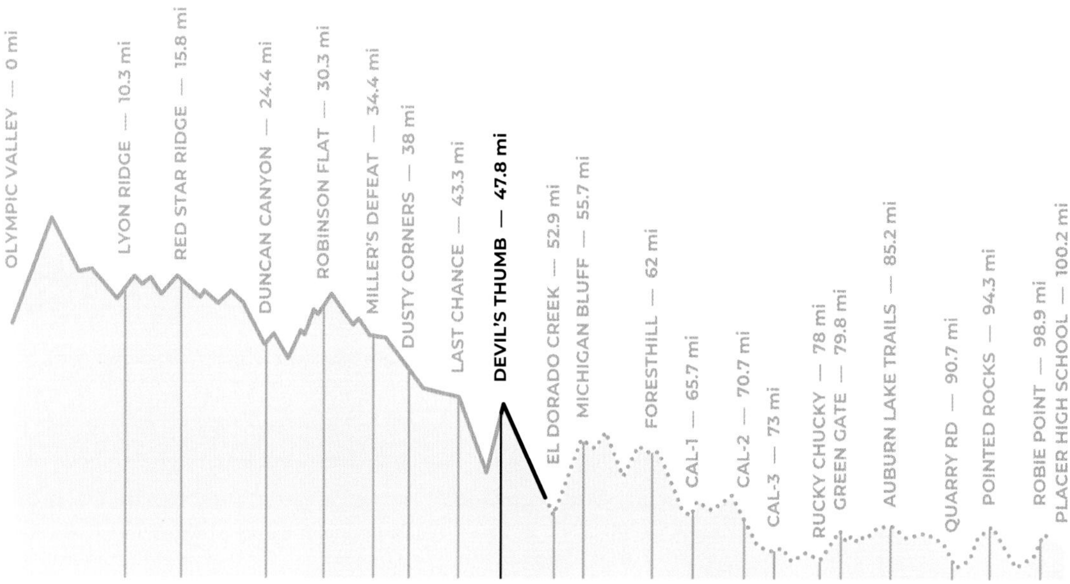

gend, wie sie mir nicht einmal in der schlimmsten Phase meines Lebens mit Mitte 20 in den Sinn gekommen wären. Ich überschritt alle Grenzen meiner seelischen Abgründe und betrat eine Hölle unkontrollierter negativer Gefühle.

Ich bin nicht sonderlich behütet aufgewachsen. Als ich mit 19 Jahren endlich ausbrach und mein eigenes Leben begann, trug ich bereits einen schweren Rucksack voller vergifteter zwischenmenschlicher Erfahrungen, hatte aber keine Werkzeuge, um damit umzugehen. Der ungesunde Lebensstil eines ständig tourenden Musikers tat sein Übriges. Ohne es zu merken, zerstörte ich mich selbst immer weiter. Es war eine Zeit quälender Selbstzweifel, in der ich nicht wusste, wohin ich gehörte oder wohin ich wollte, und oft in unkontrollierte Autoaggression abrutschte. Auch wenn ich diese schwierige Phase meines Lebens später mithilfe eines Therapeuten aufgearbeitet habe, dauerte es noch Jahre, bis ich das Selbstvertrauen aufgebaut hatte, das es mir auch erlaubt, heute diese Zeilen zu schreiben. Und verdammt noch mal, es ist immer noch nicht einfach.

In den vergangenen 20 Jahren habe ich einen weiten Weg zurückgelegt. Das gelegentliche Auftauchen solcher alten Gefühle betrachte ich normalerweise als staubige Überbleibsel aus der Vergangenheit. Ferne Erinnerungen tauchen auf, verschwinden aber ebenso schnell wieder. Glücklicherweise sind solche Rückblenden selten. Doch auf dem Weg nach Michigan Bluff explodierten sie förmlich in meinem Kopf. Negative Stimmen, die mir einredeten, dass ich nichts wert sei:

»Was für ein verdammter Idiot du bist, zu denken, du könntest den *Western States* laufen. Du gehörst nicht hierher – das ist ein Rennen für echte Ultraläufer, nicht für Möchtegerns wie dich.«

»Du bist eine totale Enttäuschung für alle, die an dich geglaubt haben.«

»Die ganze Arbeit und Unterstützung, die deine Freunde und deine Crew in dieses Projekt gesteckt haben, war komplett umsonst, und das ist deine Schuld.«

»Dafür bist du wirklich um den Globus geflogen? Echt jetzt? Erbärmlich.«

»Du kannst nichts wirklich gut. Du tust nur so.«

»Alle anderen wussten schon, dass du versagen würdest. Sie haben es dir nur nicht gesagt. Du warst der Einzige, der geglaubt hat, du könntest das hier schaffen. Wie naiv!«

»Du hast keinen Mumm. Wenn es hart auf hart kommt, machst du einen Rückzieher. So bist du nun mal.«

Über drei Stunden lang machte ich mich selbst nieder, bis nichts mehr von mir übrig war. Keine Liebe, kein Respekt, kein Selbstwertgefühl und keine Sorge um mich selbst. Es war völlig niederschmetternd.

Mit 16 Jahren entschied ich mich für ein drogen- und alkoholfreies Leben. Ich war es also gewohnt, mit dunklen Gedanken und beunruhigenden Gefühlen konfrontiert zu werden, einfach weil ich mich weigerte, Substanzen zu konsumieren, um sie zu verdrängen. Ich habe das immer als etwas Positives gesehen. Es hat mich gelehrt, regelmäßig darüber zu reflektieren, was in mir vorgeht, und Wege zu finden, damit umzugehen. Aber was ich zwischen Devil's Thumb und Michigan Bluff erlebte, war weder aufschlussreich noch eine Gelegenheit zum Wachsen. Es war die komplette emotionale Selbstzerstörung.

Ich vergiftete nicht nur mein Herz und meine Seele, sondern auch meine Gedanken. Es war zutiefst entwürdigend, mich dabei zu ertappen, wie ich im Geiste bereits einen *Instagram*-Post über mein DNF schrieb. Tatsächlich war es sogar eine Serie von drei Posts, und ich hatte jedes einzelne Wort in meinem Kopf ausformuliert. Es war eine schöne Mischung aus guten und billigen Ausreden, sauber strukturiert, in einem überzeugenden und glaubwürdigen Ton vorgetragen. Als mir klar wurde, was ich da tat, war ich zutiefst beschämt und hatte das Gefühl, nicht nur mich selbst zu betrügen, sondern auch alle, die mein *Western States*-Rennen verfolgten. Es fühlte sich entsetzlich an.

KAPITEL 31

NUR NOCH SCHRITTE ZÄHLEN

Ich hatte schon bei anderen Ultraläufen Tiefpunkte erlebt. Ich wusste, dass sie zu diesem Sport dazugehören. Aber ich wusste auch, dass sie irgendwann vorbeigehen und es meistens weitergeht, als wäre nichts passiert. Doch dieses Mal war es anders. Das Ausmaß meines Leidens und der Zerfall meines mentalen und emotionalen Zustands waren anders als alles, was ich je zuvor erlebt hatte. Nicht nur im Laufen, sondern auch im Leben. Ich weiß noch, wie ich zu mir selbst sagte: »So will ich nicht laufen.«

Diese Aussage würde ich jederzeit wieder unterschreiben. Aber solche Bekundungen helfen einem nicht viel, wenn man sich mitten in einem 100-Meilen-

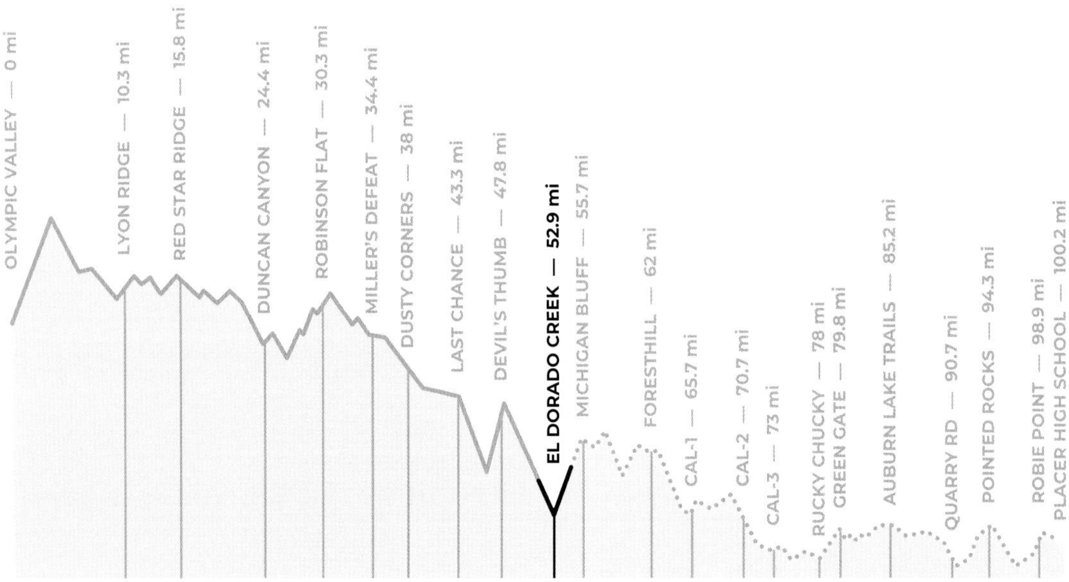

Lauf im abgelegensten Hinterland Kaliforniens befindet. Ganz im Gegenteil. Solche Gedanken machen alles nur noch schlimmer.

Apropos, schlimmer machen: Ich hatte gerade den nächsten Canyon erreicht: El Dorado. Auf diesem endlosen, etwa 800 Meter langen, Downhill, der noch dazu direkter Sonneneinstrahlung ausgesetzt war, stolperte ich mehr, als dass ich lief oder wanderte. Ich habe keine konkreten Erinnerungen an diesen Teil des Rennens. Nur an das, was in meinem Rennskript stand: »Dies ist der heißeste Punkt des Rennens. Mach dich so schnell wie möglich vom Acker!«

Ich hatte nun einen Abschnitt des *Western States*-Trail erreicht, der historisch eng mit der Goldrausch-Ära verbunden ist. In der weiten Landschaft tauchten immer wieder Überreste alter Minenbetriebe und vergangene Artefakte von Pionieren auf, die einst auf der Suche nach Reichtum und Wohlstand waren. Ich hingegen war nicht auf der Suche nach Gold oder Abenteuern. Ich wollte nur der schrecklichen Situation entkommen, in der ich gefangen war. Aber diese Erlösung schien für mich unerreichbar zu sein.

Bei El Dorado Creek (KM 85), nach etwas mehr als der Hälfte des Rennens, war ich so ausgebrannt, dass ich Schritte zählen musste, um von der Stelle zu kommen. Das ist ein mentaler Trick, den ich normalerweise auf den letzten 2 Kilometern eines schnellen Halbmarathons oder eines 10-Kilometer-Laufs anwende. Es ist genau die richtige Menge an Denkarbeit, um mich von Erschöpfung und Schmerzen abzulenken, ist aber gleichzeitig einfach genug für das Gehirn, um es auch unter großer Anstrengung noch ausführen zu können. Ich zählte jeden zweiten Schritt von 1 bis 100 auf Englisch, während ich mir die Zahlen als große dreidimensionale Ziffern in meinem Kopf visualisierte. Bei 100 angekommen, fing ich von vorn an. Ich weiß nicht, wie viele Runden ich gedreht habe, bis ich schließlich Michigan Bluff erreichte, aber es waren viele.

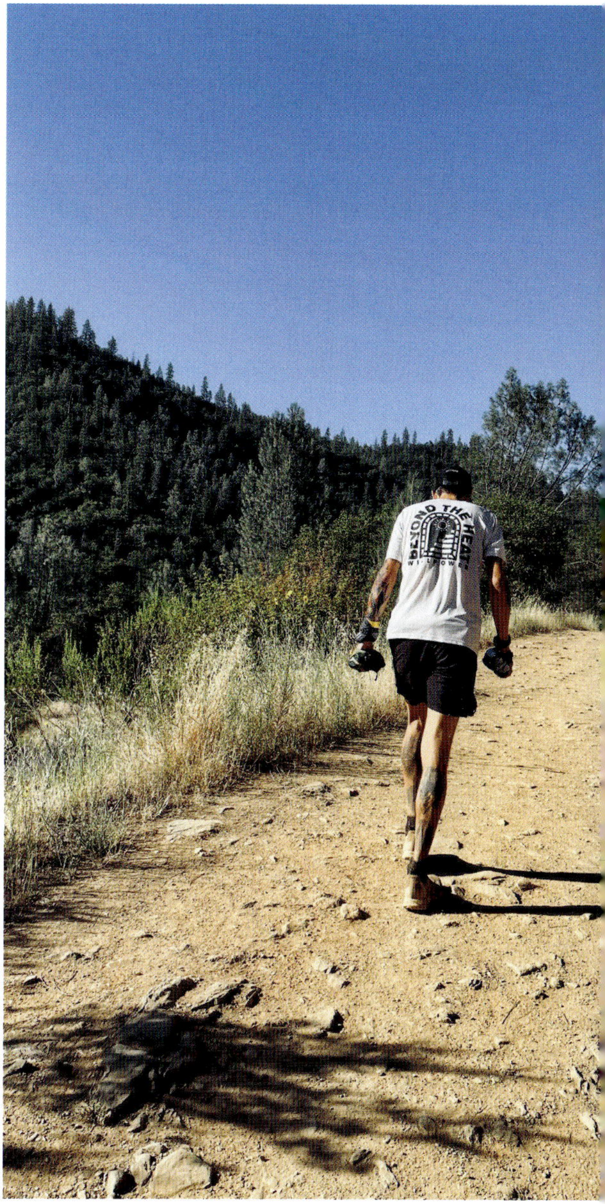

Eine Handvoll Kilometer kann sehr lang sein, wenn man körperlich und seelisch am Ende ist. Auf eine seltsame Weise ist es aber auch eine fast meditative Wahrnehmung des Hier und Jetzt.

Endlich in Michigan Bluff. Die Aid Station, an der ich auf meine Crew treffen würde und das Rennen, und somit mein Elend, endgültig beenden konnte.

KAPITEL 32

BEVORMUNDENDE FÜRSORGE BEI MICHIGAN BLUFF

Kurz nach 20 Uhr war einer der schlimmsten Tage meines Lebens fast vorbei. Nach einem letzten langen, kontinuierlichen Anstieg erreichte ich die alte Minenstadt Michigan Bluff (KM 89,6). Ein großes Gefühl der Erleichterung ergriff mich. Endlich hatte ich den Ort erreicht, an dem mein Leiden ein Ende finden würde. Sofort machte ich mich auf die Suche nach dem Captain der Aid Station, um mein Teilnehmerarmband loszuwerden – der symbolische Akt, der mein DNF Realität werden lassen würde. Leider – oder glücklicherweise – fand mich Lisa, bevor es dazu kommen konnte. Sie überredete mich, einen Moment

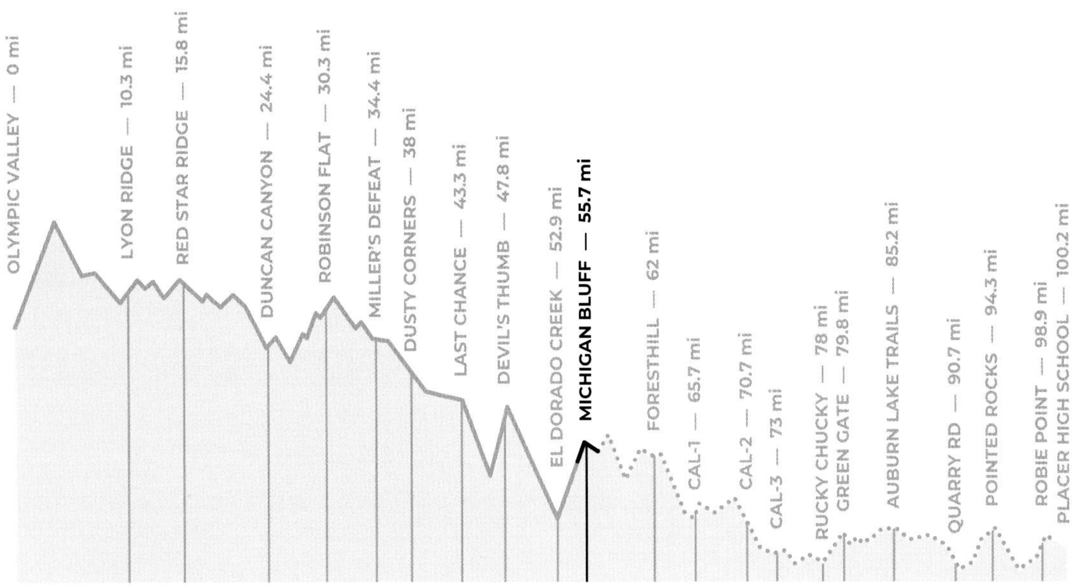

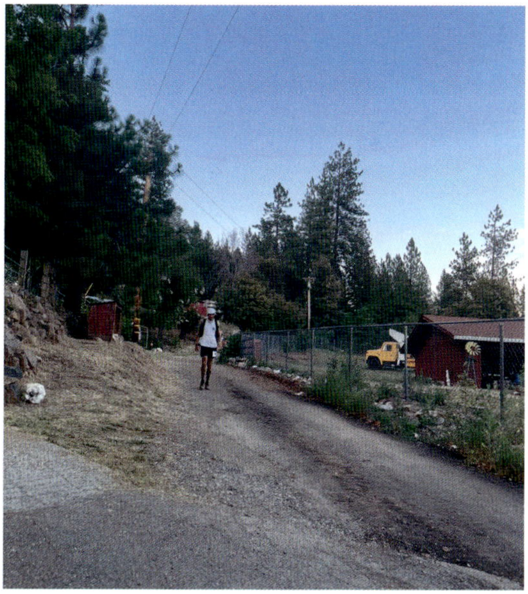

Lisa fängt mich direkt am Eingang der Michigan Bluff Aid Station ab. Ich bekomme keine Gelegenheit, mir das Teilnehmerband durchschneiden zu lassen und mein Rennen zu beenden.

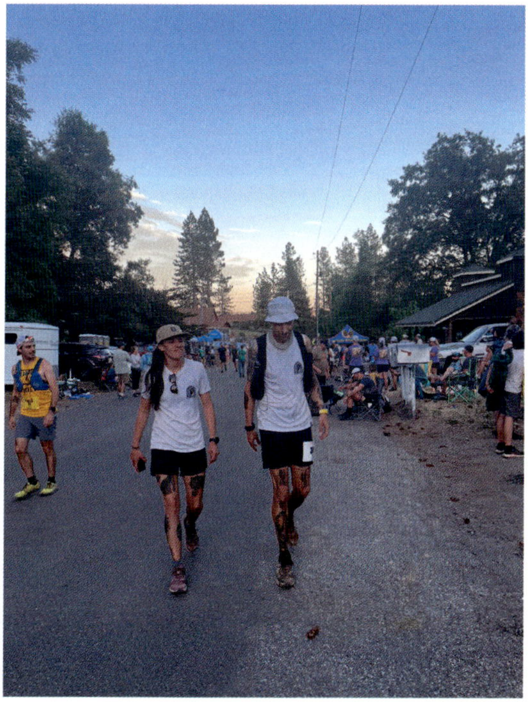

Lisa führt mich zum berühmt-berüchtigten »Chäir« an unserem Crew-Spot, wo Marie schon auf uns wartet.

mit meiner Crew zu verbringen und begleitete mich zu der kleinen Homebase, die sie und Marie vor Stunden im hinteren Teil der Aid Station eingerichtet hatten. Nachdem sie mich zunächst überredet hatten, nicht auf der Stelle aufzugeben, verschafften sie sich in aller Ruhe einen Überblick über meine Situation. Aufgrund der schlechten Netzverbindung in den Canyons hatten wir seit Robinson Flat, 40 Kilometer und acht Stunden zuvor, keinen Kontakt mehr. Sie hatten keine Ahnung, was ich seitdem durchgemacht hatte. Ich setzte mich auf einen Campingstuhl, das legendäre mobile Möbelstück, das unzählige DNFs auf dem Gewissen hat. Die Ultra-Community nennt es liebevoll »The Chäir«. Der Mythos um »The Chäir« ist schnell erklärt: »Wenn du es dir bequem machst, bist du dem Untergang geweiht.«

In meinem Fall gab es nicht mehr viel unterzugehen, also hatte ich keine Skrupel, mich hinzusetzen und zu erzählen, was passiert war. Währenddessen ermutigten mich Lisa und Marie, meine schmutzigen, abgetragenen Klamotten zu wechseln und einige der vorbereiteten Mahlzeiten zu essen. Sie waren sorgfältig um mich herum angeordnet, aber ich hasste sie alle. Die Mahlzeiten natürlich, nicht Marie und Lisa. Aber es gab eine Sache, die mich nicht sofort zum Würgen brachte. Es war die lächerliche Notverpflegung, eine verkochte Brühe mit matschigen Nudeln. Vollkommen absurd. Ich dachte an all das Essen, das ich am Vortag zubereitet hatte, nur um mich dabei zu ertappen, wie ich das Einfachste von allem aß. Aber es hat mir das Leben gerettet. Selbst die minimale Menge an Kohlenhydraten konnte meinen Körper wiederbeleben, und das Salz meine Krämpfe stoppen. Notiz an mich selbst: Nimm immer Suppe mit zu deinen Ultraläufen. Und mach dich nie wieder darüber lustig.

Nach der Suppe hatte ich eine offensichtliche Meinungsverschiedenheit mit Lisa und Marie über mein DNF. Ich dachte, sie würden meinen kritischen Zustand erkennen, meine Entscheidung, das Rennen sofort zu beenden, akzeptieren und mich in unserem

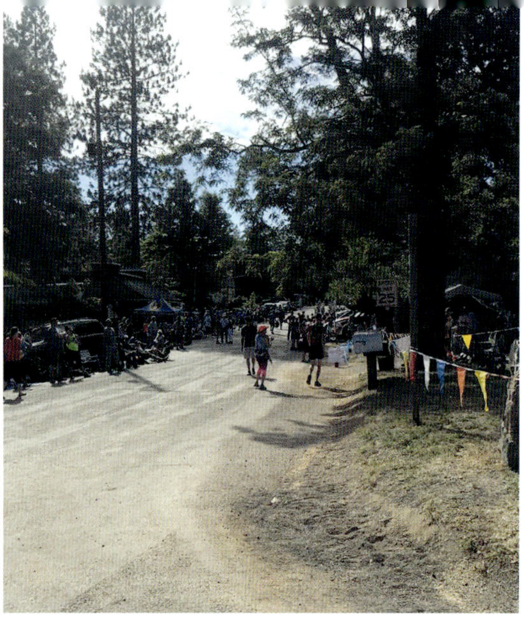

Michigan Bluff 2019: Tagsüber sehr belebt. Je später der Abend, desto weniger Teilnehmende und Crews.

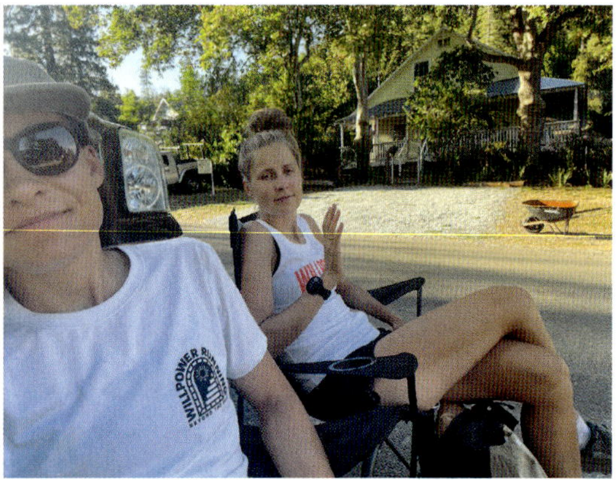

Lisa und Marie haben acht Stunden nichts mehr von mir gehört und mich deutlich früher in Michigan Bluff erwartet. Gut, dass »The Chäir« auch Crewmitgliedern gute Dienste leistet.

Crew-Fahrzeug zurück nach Truckee bringen. Damit lag ich völlig falsch. Sie hörten sich in aller Ruhe meine Klagen und Horrorgeschichten an, bereiteten mich aber gleichzeitig schleichend darauf vor, das Rennen fortzusetzen.

»Oh ja, ich sehe, du zitterst immer noch. Willst du nicht dein Shirt wechseln?«

»Ja, die Krämpfe sind schlimm. Ich wette, das tut weh. Probier doch mal einen Löffel Suppe.«

»Womit soll ich deine Flaschen füllen?«

»Hier ist deine Stirnlampe. Die Batterien sind voll. Ich habe sie überprüft.«

»Noch etwas Suppe?«

Ich fühlte mich bevormundet und manipuliert. Wie ein Kind, das man überredet, zum Zahnarzt zu gehen. Gegen seinen Willen, aber auch zu seinem Besten. Und es sollte noch hinterhältiger werden.

Lisa und Marie brachten mich auf Stand bezüglich des Rennens. Sie kannten natürlich mein ABC-Ziel. Vor dem Start hatten wir vereinbart, dass sie mir keine Informationen über die Zeitnahme geben würden, es sei denn, ich befände mich weniger als eine Stunde vor dem Cut-off, was bei meiner Ankunft in Michigan Bluff der Fall war. Um genau zu sein, war ich etwa 30 Minuten hinter der berechneten Durchschnitts-Pace für ein 30-Stunden-Finish und 1 Stunde vor dem lokalen Cut-off in Michigan Bluff. Das war der Zeitpunkt, an dem die Rennleitung die Aid Station schloss und alle, die sich noch in »The Chäir« befanden, aus dem Rennen nahm. Ich verstand nicht, warum Lisa und Marie mir vorschlugen, den nächsten Teil des Rennens in Angriff zu nehmen, eine eher einfache Strecke von 10 Kilometer bis zur Foresthill School. Für mich ergab das einfach keinen Sinn.

Nach einer vollkommen lächerlichen und sinnlosen 35-minütigen Diskussion über Cut-off-Zeiten, Durchschnittsgeschwindigkeiten, körperliche Schäden, Müdigkeit und Kohlenhydratdefizite verließ ich die Aid Station mit zwei Handflaschen und Lisa als Pacerin an meiner Seite. Ich hatte keine Ahnung, wie es dazu gekommen war, aber der Vorschlag, einfach nur zum Spaß nach Foresthill zu laufen und damit die längste Renndistanz meines Lebens zu toppen, schien mir nicht allzu entmutigend. Und Marie würde dort mit dem Crew-Auto warten.

Was konnte ich da noch sagen außer: »Wie auch immer, von mir aus.«

Und schon waren wir unterwegs.

KAPITEL 33

DER JOB EINES PACERS

Ein Pacer kann viel verändern, vor allem, wenn man 100 Meilen läuft. Es macht wirklich einen Unterschied, jemanden an seiner Seite zu haben, mit dem man kleinere und größere Probleme besprechen und lösen oder einfach nur quatschen kann. Eigentlich ist die nächste Aid Station, Foresthill, der früheste Punkt, an dem die Läuferinnen und Läufer beim *Western States* einen Pacer mitnehmen dürfen. Es gibt jedoch eine Ausnahme von dieser Regel. Wenn man erst nach 20 Uhr in Michigan Bluff ankommt, kann man sich ab da schon von seinem Pacer begleitet lassen. Ich vermute, das liegt an der anbrechenden Dunkelheit. Es ist viel einfacher, mit zwei Stirnlampen zu laufen, als mit nur einer.

Ich weiß nicht mehr genau, wann ich Michigan Bluff verlassen habe, aber Lisa und ich waren jetzt ein Zweierteam, wenn auch nur mit einer Stirnlampe. Marie und Lisa hatten nicht damit gerechnet, dass ich so spät in Michigan Bluff ankommen würde, und hatten ihre Stirnlampen im Auto gelassen, das 10 Minuten Busfahrt von der Aid Station entfernt geparkt war. Aber wir schafften es auch, mit nur einer Lampe voranzukommen.

Genau das Gleiche hatte ich im Jahr zuvor beim *CCC* stundenlang gemacht, als ich einer verzweifelten Läuferin mit einer kaputten Stirnlampe vom Gipfel des Tête Aux Vents bis hinunter nach Chamonix begleitete. Während ich an dieses Ereignis zurückdachte und mich langsam durch die Dunkelheit des historischen Bergbaureviers Michigan Bluff schleppte, empfand ich zum ersten Mal seit Stunden wieder ein positives Gefühl und erlaubte mir, in Erinnerungen zu schwelgen.

Als ich damals am Gipfel des letzten und außergewöhnlich steilen Anstiegs des *CCC*, dem Tête Aux Vents, ankam, war ich völlig von dichtem Nebel eingehüllt. Ich bahnte mir meinen Weg durch diesen eher technischen Abschnitt der Strecke, eine karge Landschaft mit riesigen Felsen und scheinbar keinem markierten Weg. Nach einer Weile hörte ich jemanden um Hilfe rufen. Ich entdeckte eine Läuferin, deren Stirnlampe entweder defekt war oder keine Batterieleistung mehr hatte. Sie konnte sich weder vor noch zurückbewegen, weil es rundherum stockdunkel und nebelig war. Ohne lange zu überlegen und mit wenigen Worten bot ich ihr meine Hilfe an.

Wir liefen sehr dicht beieinander, sodass sie meinen »Lkw-Scheinwerfer« mitbenutzen konnte. Der Trick ist, nicht auf den Rücken der Person vor einem zu starren, sondern immer über die Schulter oder auf den nächsten Wegabschnitt, wenn dieser eine Kurve macht. Der Wechsel auf die verpflichtende Reserve-

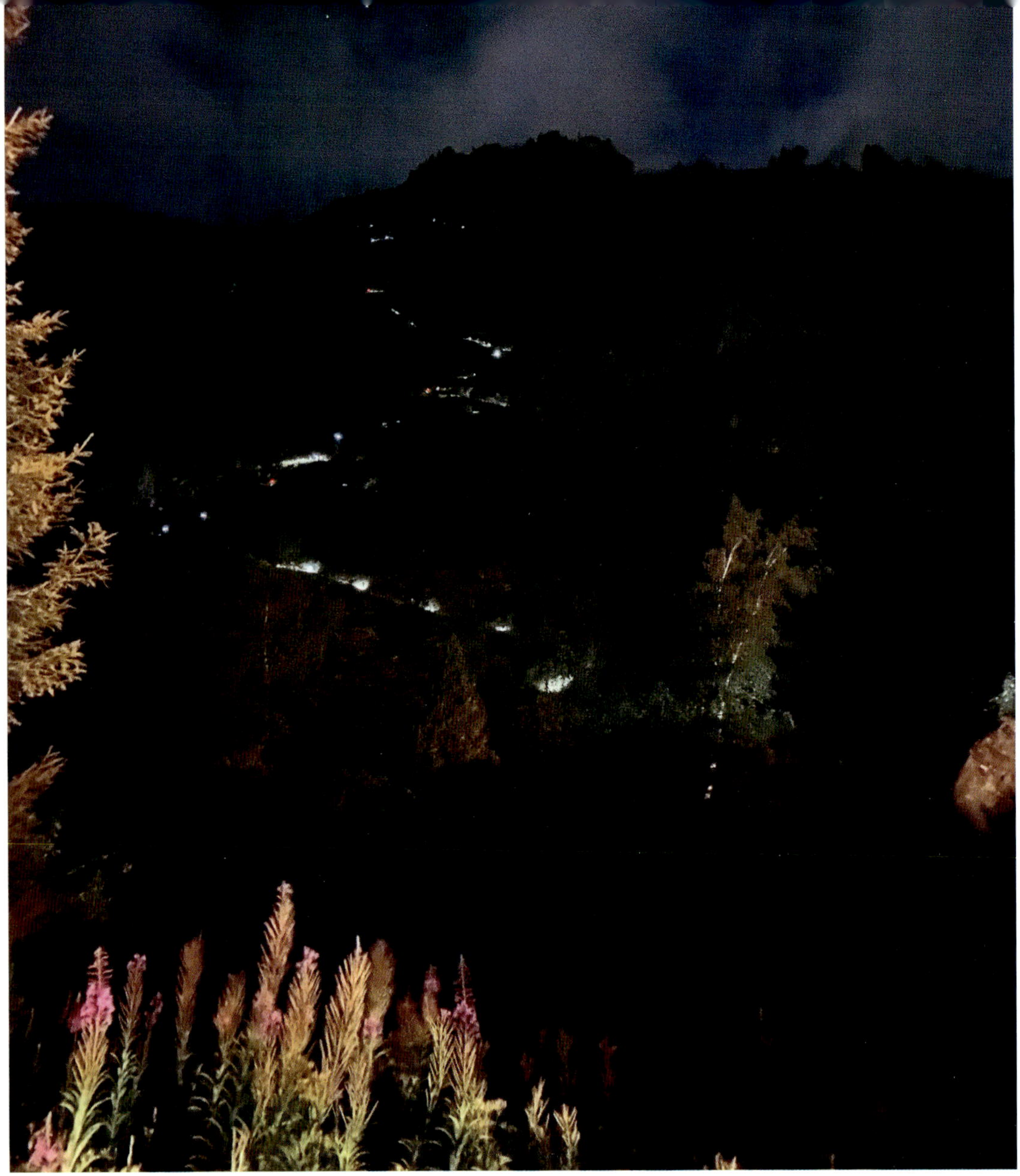

Der letzte Anstieg des *CCC*, hinauf zum Tête aux Vents bei Chamonix in Frankreich. In absoluter Dunkelheit.

lampe an der nächsten Aid Station von La Flégère verbesserte ihre Situation mitnichten. Die lächerliche Funzel, die sie aus ihrem vollgepackten Laufrucksack zauberte, war dem dunklen Wald, in den wir nun eintauchen würden, nicht gewachsen. So setzten wir unsere Tandemreise kommentarlos bis nach Chamonix fort, wo wir uns etwa zwei Kilometer vor dem Ziel trennten. Einvernehmlich und mit nur wenigen, aber herzlichen Worten.

Lisa und ich taten das Gleiche zwischen Michigan Bluff und Foresthill. Zwei laufen, einer leuchtet. Es war eine einfache und spielerische Aufgabe, die ich gut bewältigen konnte. Und die Zeit verging wie im Flug.

KAPITEL 34

VOLCANO CANYON ZOMBIE-WALK

Wir hatten den Volcano Canyon erreicht, den dritten und letzten Canyon des *Western States 100*. Er beginnt auf einer unbefestigten Straße, die aus Michigan Bluff herausführt, verläuft dann auf unbedrohlichen, gut zu laufenden Singletrails in den Canyon hinab und endet mit einem langen Anstieg auf Asphalt, der Bath Road. Am Ende der Bath Road sollte es eine zusätzliche Aid Station geben, die von der Auburn Running Company, einem lokalen Laufladen, betrieben wurde. Entweder haben wir sie übersehen, oder wir sind einfach zu spät dort angekommen. Es war fast 22 Uhr, und ich gehörte zu den letzten Teilnehmenden auf diesem Teil der Strecke. Eine Zombie-Armee von angezählten

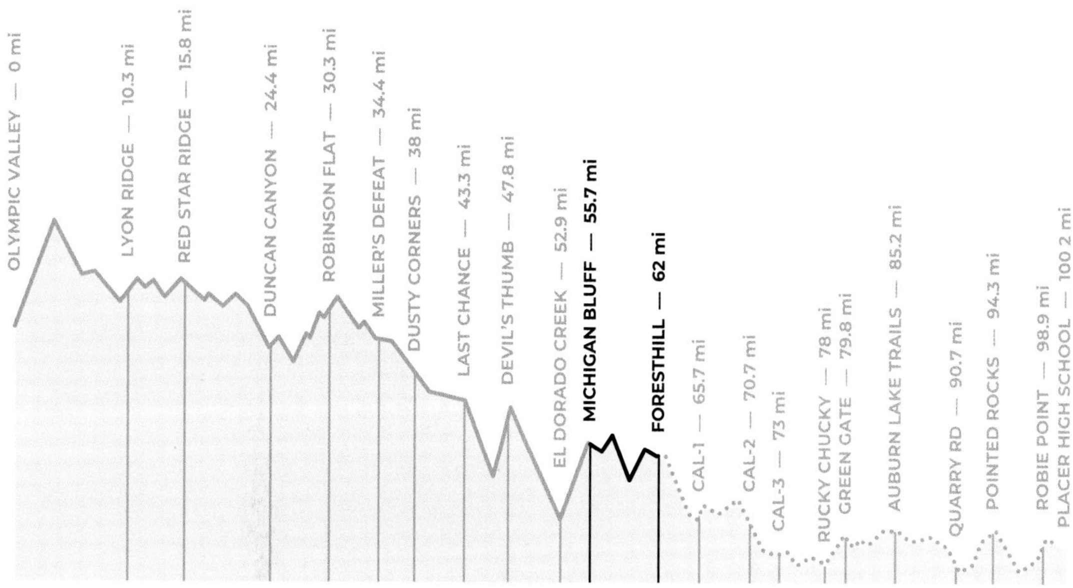

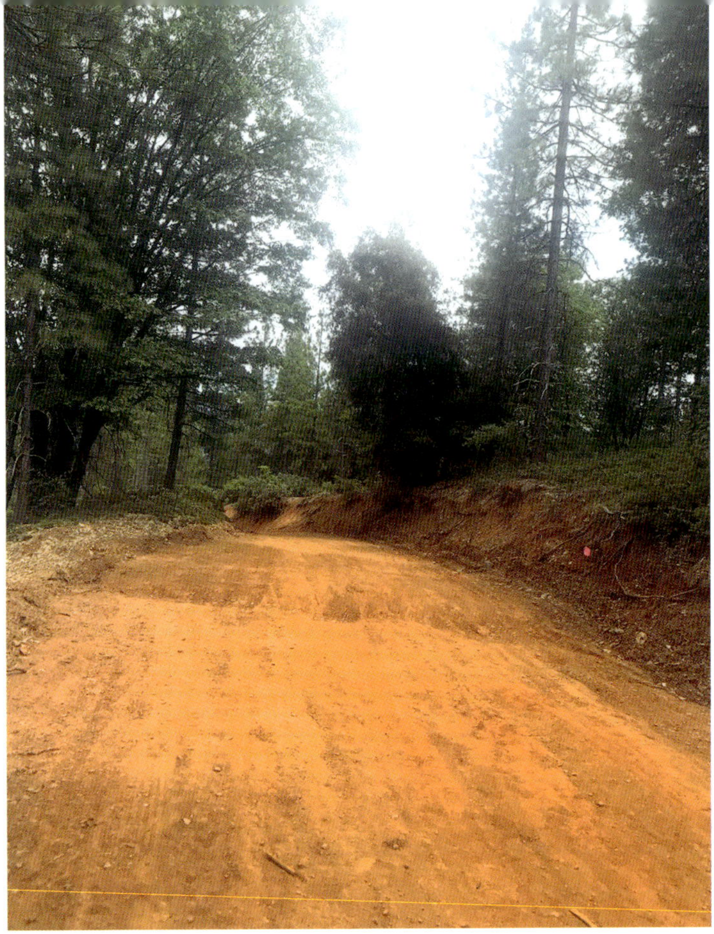

Streckenabschnitt von Michigan Bluff nach Foresthill am Tag. Große Teile des *Western States*-Trails sind sehr gut zu laufen, wenn man nach 100 Kilometern noch die Kraft und den Willen dazu hat.

Läuferinnen und Läufern und ihren Pacern, auf die niemand gewettet hätte, dass sie jemals ins Ziel kommen. Zumindest fühlte es sich in diesem Moment so an.

Auf dem Weg nach Foresthill war ich immer noch davon überzeugt, dass meine Crew mich dort endlich aus dem Rennen aussteigen lassen würde. Also genoss ich einfach den entspannten Wandertag, wenn auch ein wenig melancholisch, und unterhielt mich in aller Ruhe mit Lisa über das Laufen und das Leben. Es gab mir ein wohliges Gefühl des Trostes, sie an meiner Seite zu haben. Lisa ist absolut bemerkenswert darin, mich ich selbst sein zu lassen, unabhängig davon, in welchem mentalen oder emotionalen Zustand ich mich befinde. Auf unserer zweistündigen Wanderung gelang es ihr, eine wirklich fürsorgliche und liebevolle Atmosphäre zu schaffen und meine gebeutelte Seele mehr und mehr zur Ruhe zu bringen. Vereinzelt überholte uns ein anderes Läufer-Pacer-Duo. Ich habe aber nicht wirklich darauf geachtet. Die waren in ihrer Welt, und ich in meiner. In deren Welt gab es Hoffnung, Ehrgeiz und Mut. Meine war durchdrungen von Selbstaufgabe, Enttäuschung und, ja, Erleichterung.

Was ich jedoch nicht bewusst wahrnahm, als ich die Bath Road hinauflief, war, dass ich mich mit jedem Schritt besser fühlte. Hier und da bin ich sogar ein paar Meter gejoggt. Einfach, weil ich es – wieder – konnte. Mit dem Untergang der Sonne war es auch deutlich kühler geworden. Was auch immer in Michigan Bluff passiert war, es ermöglichte mir, das Rennen fortzusetzen. Aber das war mir zu diesem Zeitpunkt noch überhaupt nicht bewusst. Und das sollte sich so schnell auch nicht ändern.

KAPITEL 35

LASST MICH ZURÜCK IN FORESTHILL

Foresthill (KM 100) ist eine der lebhaftesten Aid Stationen des *Western States Endurance Run*. Das liegt in erster Linie daran, dass sie mit dem Auto leicht zu erreichen ist und im späteren Teil des Rennens durchlaufen wird, wenn die meisten Teilnehmenden auch dringend Unterstützung von ihren Crews benötigen. Anders als beispielsweise bei Robinson Flat, Michigan Bluff oder Rucky Chucky müssen die Crews nicht den Bus nehmen oder lange Fußwege zurücklegen, um ihr Ziel zu erreichen. Daher ist Foresthill quasi rund um die Uhr die reinste Partymeile, an der sich ein Wohnmobil an das nächste reiht. Die meisten Crews nutzen die Gelegenheit, um ihren Läuferinnen und Läufern einen umfassen-

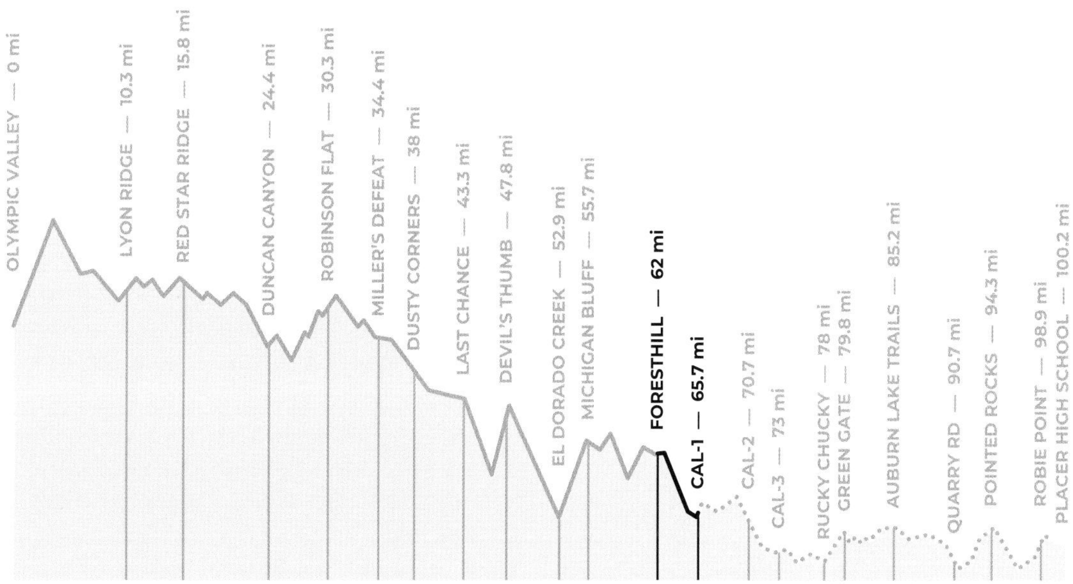

den Rundum-Service zu bieten, einschließlich aller Arten von medizinischer, kulinarischer und psychologischer Versorgung.

Ich kannte Foresthill von den *Western States*-Videoclips, die ich auf *YouTube* gesehen hatte. Das Elite-Feld brannte förmlich, als es den kleinen Feldweg am Rande der langen geraden Straße, die in das Dorf führte, entlang bretterte. Meine Zeit, in der ich während des *Western States* im wahrsten Sinne des Wortes »brannte«, war zum Glück vorbei. Die Temperatur war gnädigerweise auf milde 25° Celsius gesunken, und die unbarmherzige Sonne, die mich den ganzen Tag über gegrillt hatte, war endgültig verschwunden.

Und doch saß ich in Foresthill wieder einmal auf einer Kühlbox, meinem Ersatz für »The Chäir«, und argumentierte wie ein Besessener, dass es endlich an der Zeit sei, der Realität ins Auge zu sehen und meinem *Western States* den DNF-Stempel aufzudrücken. Der Spießer kam von den Toten zurück und brachte zwei brandneue und, zumindest meiner Meinung nach, sehr schlüssige Argumente vor. Erstens waren wir noch weiter hinter das 30-Stunden-Tempo zurückgefallen, das ich benötigen würde, um das Rennen in der vorgegebenen Zeit zu beenden. Und zweitens bestand die ernstzunehmende Gefahr, dass ich irgendwo zwischen Foresthill und Rucky Chucky kollabieren würde. Ein besonders abgelegener Abschnitt des Rennens, zu dem es weder einen Crew- noch einen Rettungszugang gibt. Nicht überzeugend genug? Nein? Lisa und Marie hat es auch nicht überzeugt.

Meine Obsession, aus dem *Western States* auszusteigen, war inzwischen zu einer bizarren Kunstform avanciert, irgendwo zwischen gezielter Selbstsabotage und feigem Drückebergertum. Gleichzeitig kann ich ehrlich sagen, dass ich mir zu diesem Zeitpunkt 100 Prozent sicher war, dass es mir mein allgemeiner Zustand und die mir verbliebene Lebensenergie nicht erlauben würden, weitere 61 Kilometer zurückzulegen. Dass ich zwischen den nächsten beiden Aid Stations, Cal-1 und Cal-2, auf der Strecke zusammenbrechen würde, war für mich vorprogrammiert. Und auch wenn ich es geschafft hätte, weiter nach Auburn zu wandern, würde ich es sicher nicht vor den jeweiligen Cut-off-Zeiten an den einzelnen Aid Stations schaffen, geschweige denn das Ziel innerhalb der 30-Stunden-Grenze erreichen. Ich war fest davon überzeugt, dass dies meine *Western States*-Realität war.

Lisa und Marie nahmen meine wiederbelebte DNF-Kampagne zur Kenntnis, wiederholten aber stoisch ihr hinterlistiges Protokoll der letzten Aid Station und bereiteten mich ohne meine ausdrückliche Zustimmung auf einen weiteren Abschnitt des Rennens vor. Ihre bevorzugte Waffe war erneut die verkochte Nudelsuppe, die meinen zerstörten Organismus bei Michigan Bluff wieder zum Leben erweckt hatte. Dazu eine vitalisierende Tasse Kaffee. Oder zwei.
Der nächste Abschnitt des Rennens war ein steiler Abstieg nach Cal-1 (KM 106). Bevor ich überhaupt realisieren konnte, was vor sich ging, war ich schon wieder auf der Strecke, Lisa war als Pacerin an meiner Seite. Inzwischen hatten wir sogar schon zwei Stirnlampen statt nur einer. Die Dinge wurden immer besser und besser. Dennoch war ich nach wie vor in meiner negativen Gedankenspirale gefangen. Für mich drehte sich einfach alles um ein vorzeitiges Ende meines *Western States*.

Der sicherheitsfanatische Spießer traf eine Abmachung mit Lisa und Marie. Ich würde zu Cal-1 hinunterlaufen, »nur so zum Spaß«, und dann den ganzen Weg wieder hinauf wandern, um, ihr ahnt es schon, endgültig aus dem Rennen auszusteigen, sobald ich wieder in Foresthill war. Ich wies Marie sogar an, dort auf mich zu warten, anstatt zu Rucky Chucky zu fahren, der nächsten Aid Station mit Zugang für die Crew. Ich sollte schon zeitnah erfahren, dass dies eine wirklich dumme Anweisung mit weitreichenden Folgen war. Glücklicherweise kamen uns, kurz nachdem wir Foresthill verlassen hatten, ein Läufer und sein Pacer entgegen, die offensichtlich eine ähnliche Strategie verfolgten.

Das gab mir die Gewissheit, dass mein Plan, den Canyon hinunter und hinaufzulaufen und dann für heute Schluss zu machen, vollkommen plausibel war.

Cal-1 war nur 5,6 Kilometer entfernt, auf einem verspielten Singletrail hinunter in den American River Canyon. Die Hitze des Tages war nun der völligen Dunkelheit gewichen, sodass meine größte Bedrohung verschwunden war. Ein entfernter Erinnerungsfetzen an meine Soll- und Haben-Liste kam mir in den Sinn. Sie besagte, dass ich mit dem Laufen in der Nacht hervorragend zurechtkam. Tatsächlich mochte ich es sogar. Ohne es Lisa oder mir selbst gegenüber zuzugeben, genoss ich den Lauf zum Fuße des Canyons fast. Nur fast.

Wir haben etwa eine Stunde gebraucht, um zu Cal-1 zu gelangen. Die Aid Station war winzig. Es gab dort nicht viel zu sehen oder zu tun, aber ratet mal, was es dort gab? Ich fand einen schönen »Chäir«, nahm erneut darauf Platz und begann für mein unvermeidliches DNF zu werben. Es sollte das letzte Mal sein. Nur wenige Minuten später wurde mein *Western States*-Rennen von einer älteren Dame komplett auf den Kopf gestellt.

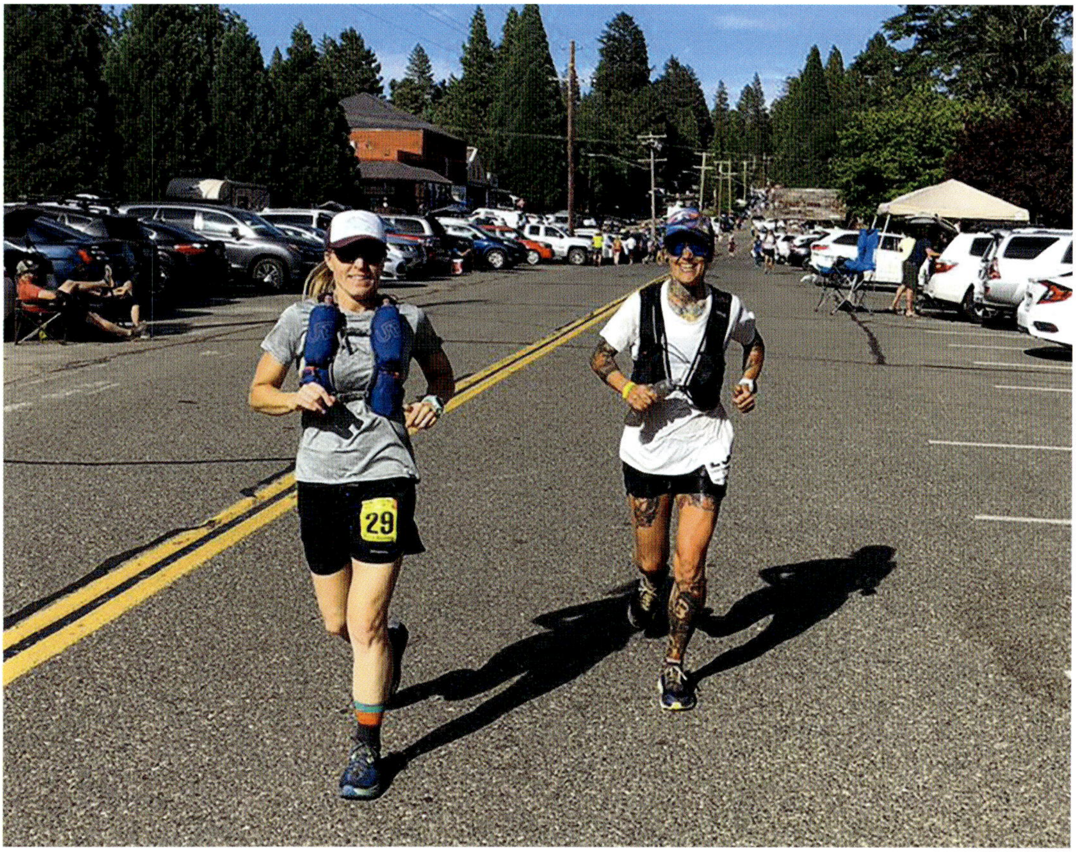

Luzia Buehler und ihre Pacerin Merissa Davis rennen 2019 durch die Foresthill Aid Station. Ich dagegen mache eine ganz andere Figur, als ich drei Jahre später mitten in der Nacht hier ankomme.

KAPITEL 36

DIE ERLÖSENDE BEGEGNUNG

Ich wurde langsam wütend. Ich hatte es satt, immer wieder meine prekäre Situation erklären zu müssen. Außerdem hasste ich es, nicht ernst genommen zu werden, was im wirklichen Leben selten vorkommt. Meine Argumente bezüglich des Cut-offs und meiner Reisegeschwindigkeit waren stichhaltig, und mein Zustand war immer noch kritisch, zumindest glaubte ich das. Was genau verstand Lisa nicht? Warum wollte sie mich mein Rennen nicht beenden lassen?

Weil ich falsch lag. So verdammt falsch, und Lisa wusste das. Ich war längst wieder fit genug, um das Rennen fortzusetzen. Alles, was ich in Michigan Bluff,

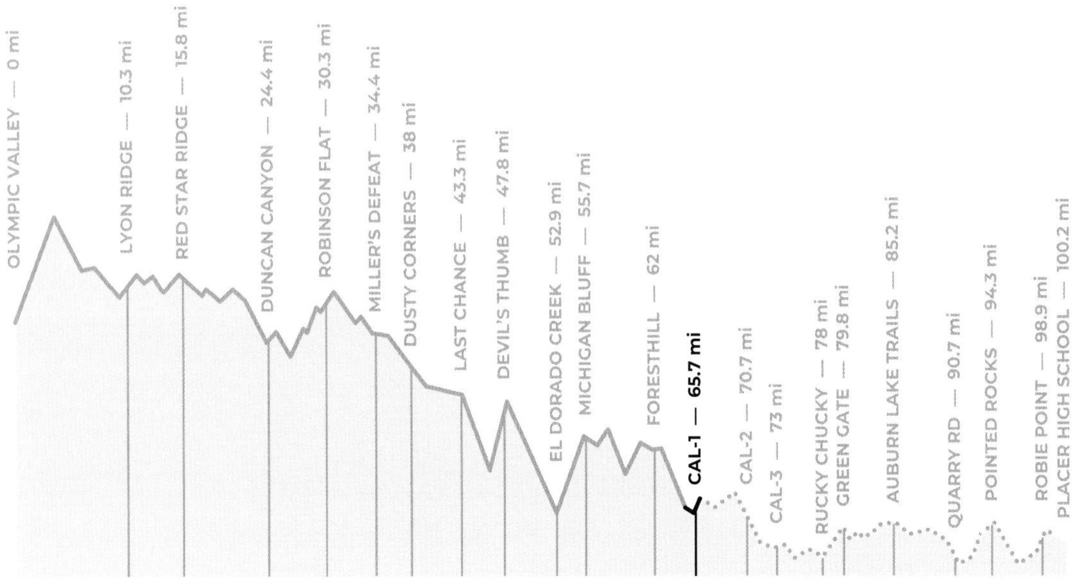

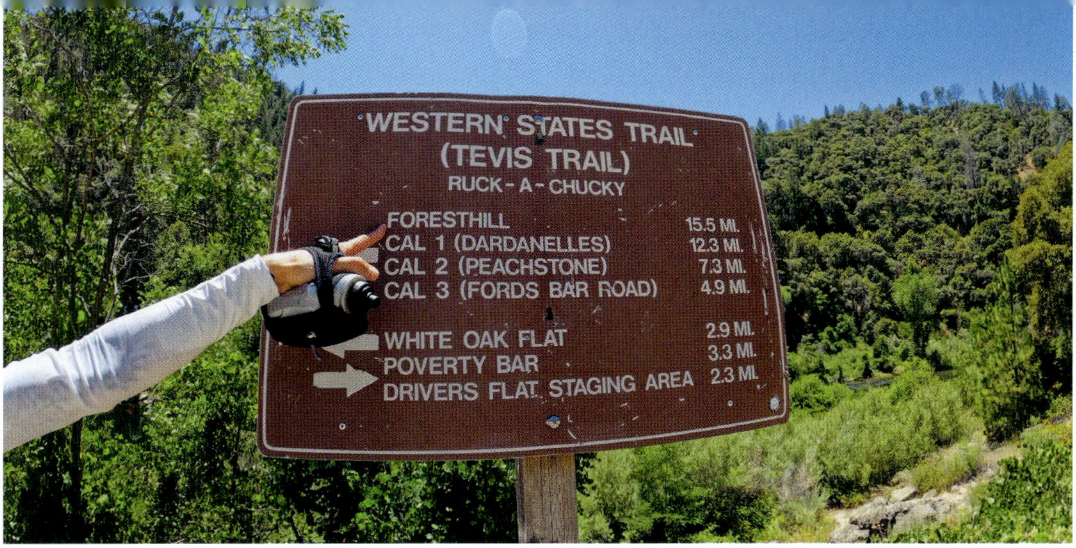

Die drei Aid Stations der Cal-Street, Cal-1, Cal-2 und Cal-3, hießen ursprünglich Dardanelles, Peachstone und Fords Bar. An Cal-1 wird mein vermeintlich gescheitertes Rennen auf den Kopf gestellt.

Foresthill und jetzt in Cal-1 getan hatte, war wertvolle Zeit mit sinnlosen Diskussionen zu verschwenden. Dennoch bestand ich auf schlagkräftigen Gegenargumenten, um mich von meinen Überzeugungen abbringen zu lassen. Der Spießer in mir hatte die volle Kontrolle über mein Denken und Handeln übernommen. Der Punk lag gefesselt und geknebelt in einer dunklen Ecke meiner Psyche. Eine völlig verfahrene Situation.

Eine Handvoll erschöpfter, aber dennoch entschlossener Läuferinnen und Läufer, erfrischten sich an Cal-1 und sammelten ihre Kräfte. Vereinzelt kamen weitere hinzu, andere verließen die Aid Station. Ich beobachtete dieses Kommen und Gehen und hörte mich zu mir selbst sagen: »Keiner von denen wird es rechtzeitig ins Ziel schaffen. Ich frage mich, warum sie es überhaupt versuchen.«

Ich weiß nicht mehr, ob ich diese Worte laut ausgesprochen, in meinen Bart gemurmelt oder sie nur in meinem Kopf gehört habe. Jedenfalls waren sie eine erbärmliche Projektion meiner selbst auf die Welt um mich herum. Wenn ich alle Hoffnung aufgegeben hatte, durfte es auch für niemand anderen mehr Hoffnung geben. Ich war gefangen in meiner selbstgeschaffenen Gefängniszelle.

In der Zwischenzeit versuchte Lisa verzweifelt, Marie anzurufen oder ihr eine SMS zu schreiben, um die Möglichkeiten einer Abholung an einer der beiden kommenden Aid Stations auszuloten. Ihr gingen eindeutig die Ideen aus, wie sie mich erneut dazu überreden könnte, »nur noch ein Stück« zu laufen. Es schien ihr nur noch eine Option zu bleiben: Mir eine Abholung an der nächsten Aid Station, Cal-2, in Aussicht zu stellen. Aber ohne eine Bestätigung von Marie, dass dies wirklich möglich ist, konnte sie mir dieses verlockende Angebot nicht unterbreiten. Auf der Cal Street gibt es jedoch absolut kein Mobilfunknetz. Lisa versuchte es immer und immer wieder, nicht nur mit ihrem Handy, sondern auch mit meinem. Zwei Netze, kein Signal. Ich beobachtete das Spektakel von meinem »Chäir« aus und gab mich weiter meiner Selbstaufgabe hin.

Bis mich eine ältere Dame, die als freiwillige Helferin bei Cal-1 tätig war, endlich erlöste. Sie war gerade damit beschäftigt, Cola-Dosen und aufmunternde Worte zu verteilen. Dann entdeckte sie mich. Sie ging zu meinem Thron des Selbstmitleids, beugte sich hinunter, um mir tief in die Augen zu sehen, und sprach die folgenden Worte:

»Du stehst jetzt von diesem Stuhl auf. Und zwar sofort. Das ist der *Western States*!«

TEIL 3

Auferstehung

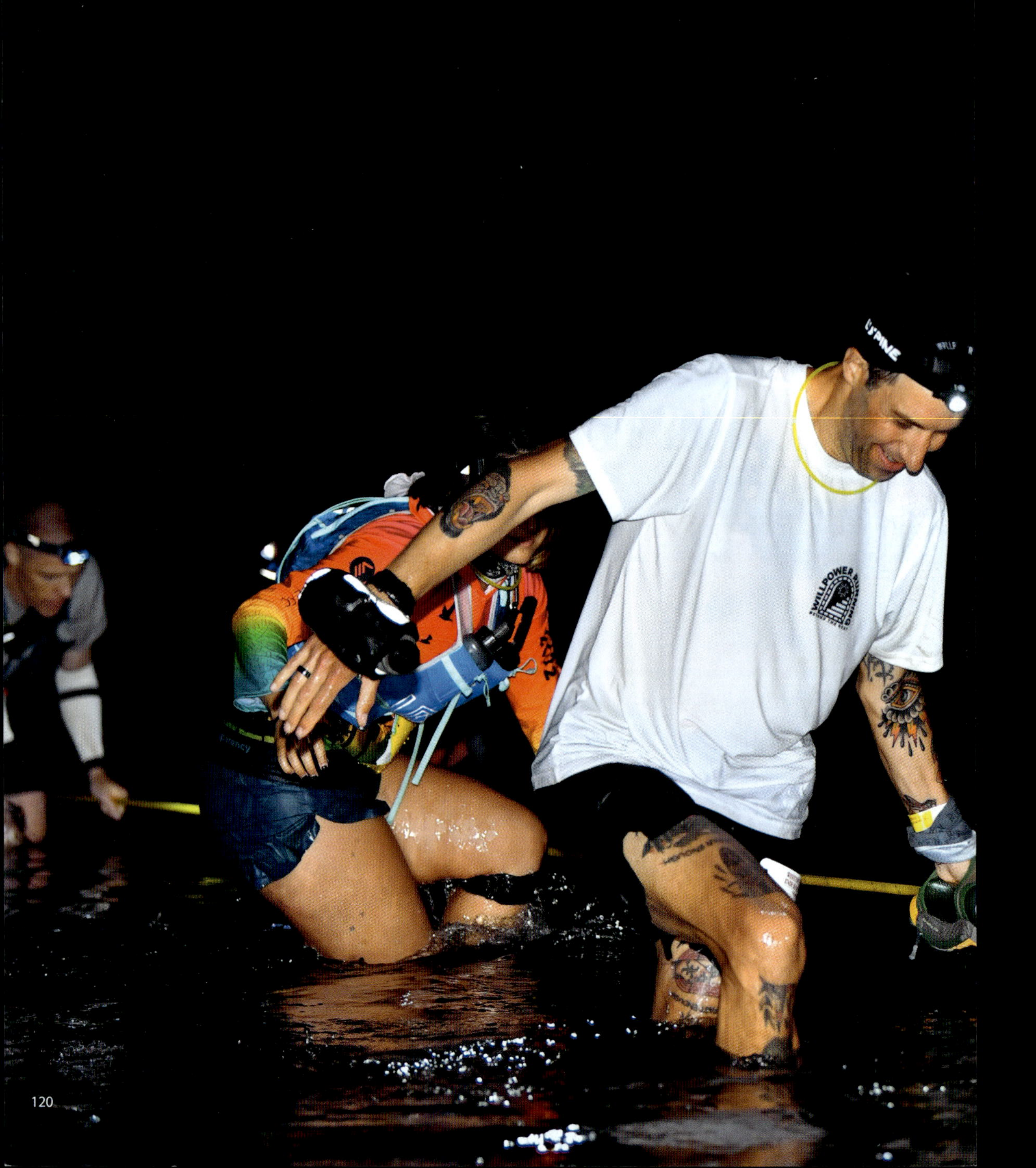

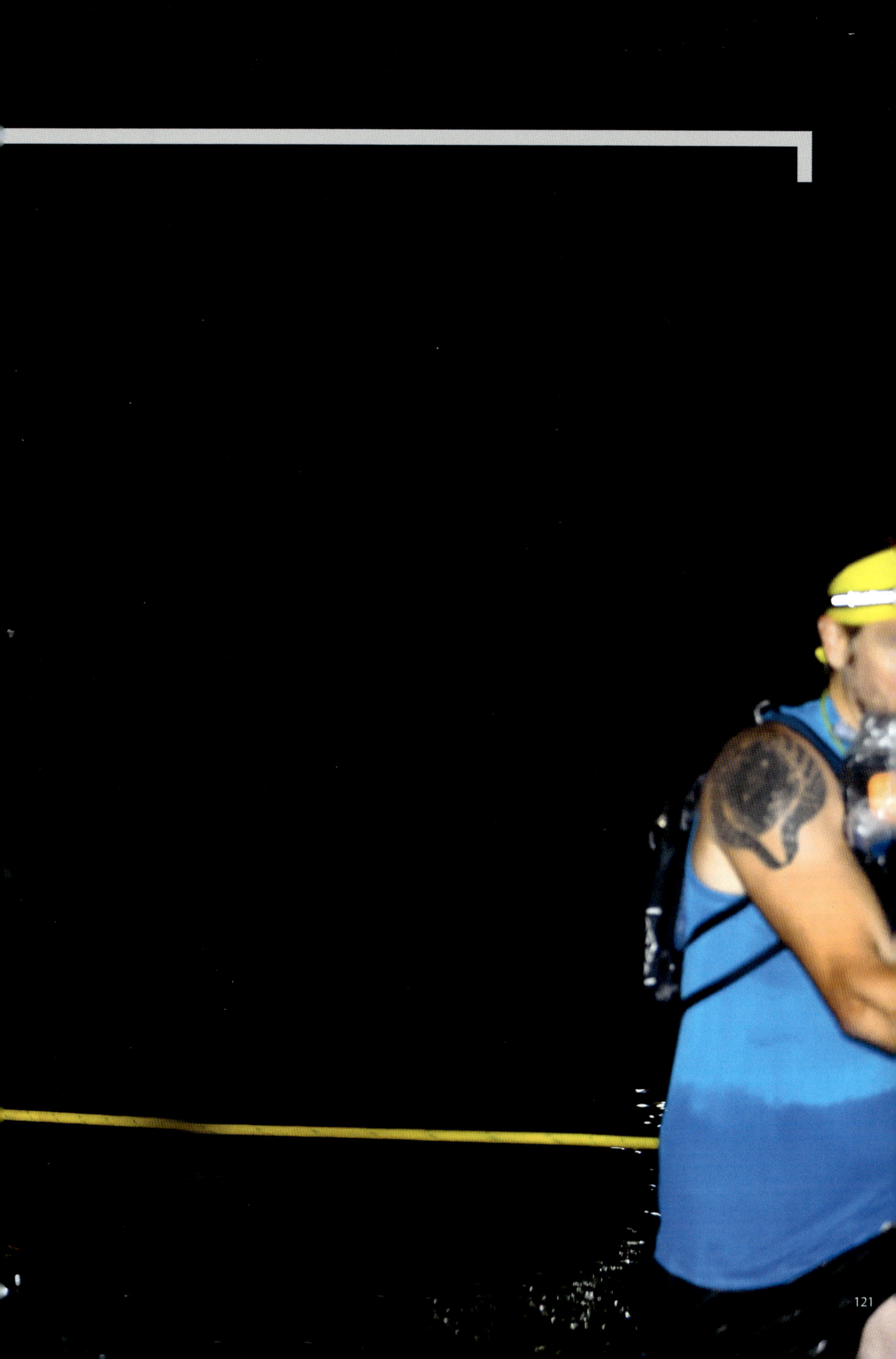

KAPITEL 37

DAS WUNDER VON CAL STREET

»You get out of this chair. Now. This is Western States !«

– Elderly Lady at Cal-1

»Du stehst jetzt von diesem Stuhl auf. Und zwar sofort. Das ist der Western States !«

– Ältere Dame bei Cal-1

Ihre Worte trafen mich wie eine Atombombe. Es war ein Moment gnadenloser Erleuchtung. Meine *Western States*-Epiphanie. Wut und Scham durchströmten jede Zelle meines Körpers. Ich fühlte mich bloßgestellt. Meine Tarnung war aufgeflogen. Die ältere Dame, eine wildfremde Frau, hatte recht. So verdammt recht. Ich hätte es nicht gewagt, ihr zu widersprechen. Aber mehr noch, ich erinnerte mich endlich daran, warum ich hier war. Wegen des *Western States*. Ich gehörte nicht hierher, es sei denn, ich würde alles geben, was ich habe. Entweder ging ich dabei unter, oder ich schaffte es auf diesen Sportplatz der Placer High School in Auburn. Es gab keine andere Option. Mir wurde klar, dass der *Western States* mich nicht loslassen würde, bis ich mich entweder nicht mehr bewegen konnte oder die Ziellinie überquert hatte.

Das war der allerletzte Anstoß, den ich brauchte. Beflügelt von dieser überwältigenden Emotionsexplosion ließ ich alles hinter mir, sogar meine Pacerin und mein Telefon, und brach zu einem 55-Kilometer-Sprint bis zur Ziellinie auf. Ja, ein buchstäblicher Sprint. Das war der ultimative Moment der Erlösung. Alles, was so kompliziert und trostlos schien, war plötzlich wie weggeblasen, und nur noch eine Sache zählte: Laufen wie der Teufel.

Was folgte, war die intensivste Lauferfahrung meines Lebens. Es fühlte sich an, als wäre das der Grund, warum ich auf dieser Welt wandere. Eine kurze Hose, ein T-Shirt, Laufschuhe, eine Stirnlampe und zwei Handflaschen mit Wasser waren alles, was ich hatte und brauchte. Die Schmerzen, die Benommenheit und die Erschöpfung waren völlig verschwun-

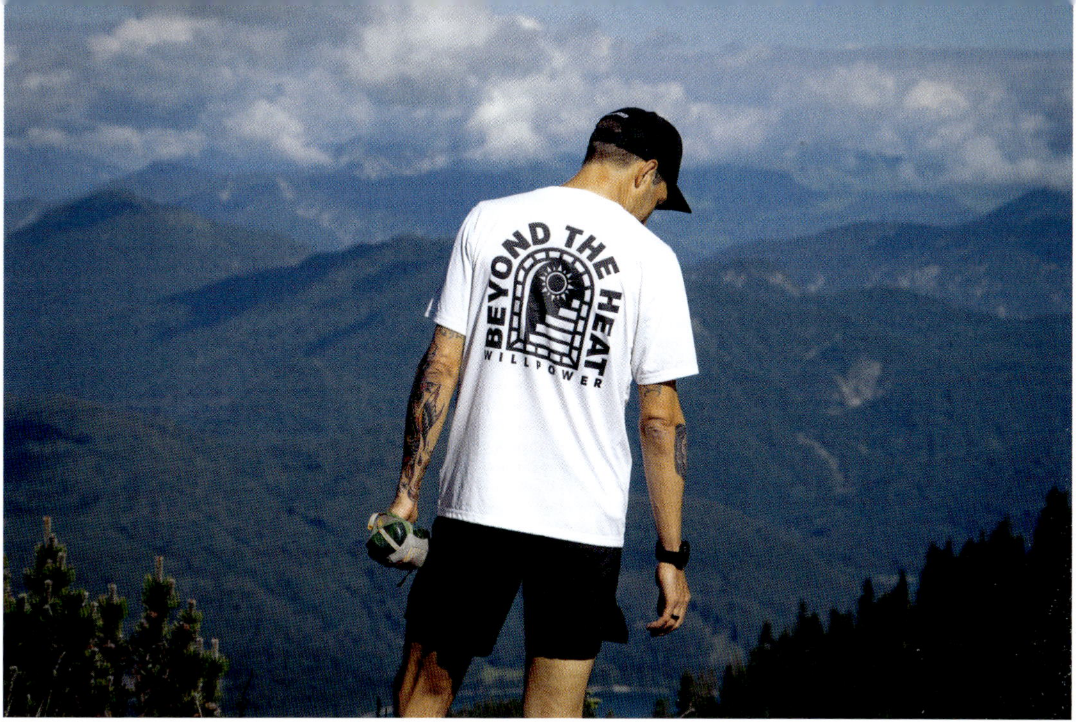

Ich habe nicht viele so einschneidende Momente erlebt wie die Begegnung mit der älteren Dame an der Cal-1 Aid Station. Die Gefühle, die diese Situation in mir auslöste, haben sich für immer eingebrannt.

den, und ich begann, über die Trails zu fliegen, mit nur einem einzigen Wunsch in mir: zu laufen.

Nach meinem körperlichen und dann auch seelischen Zusammenbruch bei Devil's Thumb hatten das Ich und der Spießer die totale Kontrolle übernommen:

Mein Körper lag in Trümmern.

Mein Wille war gebrochen.

Mein Rennen war vorbei.

Endgültige und unumstößliche Wahrheiten, so glaubte ich zumindest. Doch als ich von meinem Stuhl aufsprang und meine Füße die Trails berührten, betrat ich heiligen Boden. Ich war vom Ich zum Selbst übergegangen. Die ältere Dame hatte mir die Türen zu meinem Selbst geöffnet, indem sie meinem Ich einen gigantischen Tritt in den Hintern verpasst hatte.
Ich bin mir zu 78 Prozent sicher, dass die ältere Dame echt war, aber ein Teil von mir bleibt skeptisch und glaubt, dass sie meiner Fantasie entsprungen sein könnte. Auf jeden Fall war sie die Überbringerin von etwas, das ich bereits in mir trug. Etwas, das wir alle von Geburt an in uns tragen, und sogar davor und über den Tod hinaus. Das Selbst. Aber ich habe es noch nie so klar und transformierend erlebt wie in diesem Moment bei Cal-1.

Der Punk in mir war entfesselt worden. Hals über Kopf, tollkühn und voller Leben. Mein mentales Gefängnis war aufgebrochen, und ich rannte nur noch mit meinem Herzen. Rationale Gedanken wichen rohen Emotionen und entfesselter Lebenskraft.
Nie zuvor habe ich eine so radikale Veränderung so schnell und so tiefgreifend erfahren. Es war, als wäre ein Schalter umgelegt worden, der mich von Selbstaufgabe und Hoffnungslosigkeit zu totaler Befreiung und grenzenloser Erleichterung führte. Ich fühlte pure Freiheit, einen ganzheitlichen Zustand des Flows. Es war nichts weniger als lebensverändernd. Ein magischer Moment.

KAPITEL 38

FÜNFZEHN WALZEN, EIN AUFZUGSSCHACHT UND EIN SECHS-MINUTEN-HÜGEL

»Seht mal, wer zurück ist und den Western States läuft!«

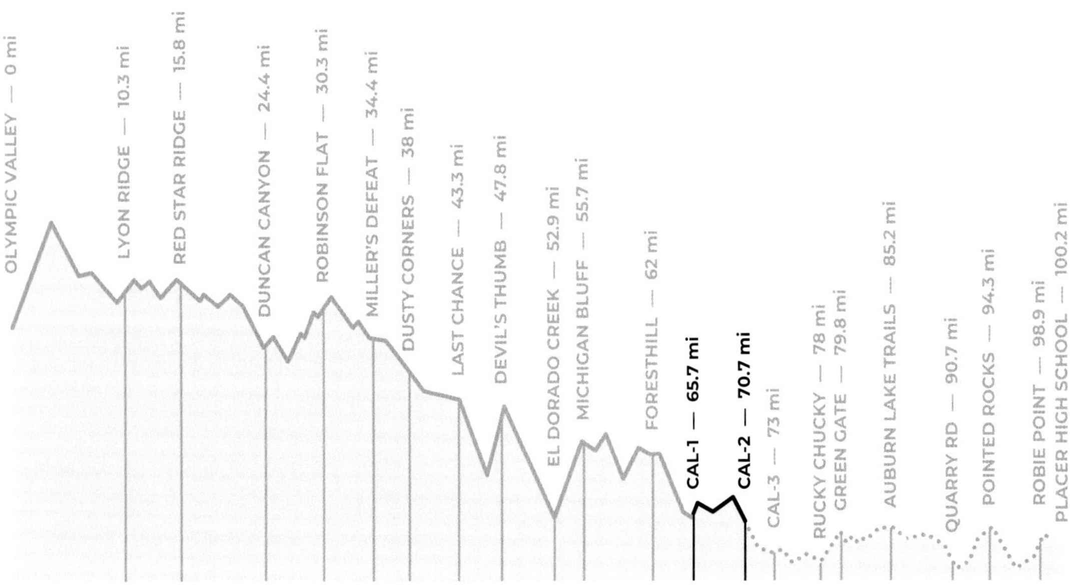

Später erfuhr ich, dass Cal-1, der Ort meiner *Western States*-Wiedererweckung, genau der Punkt auf der Strecke ist, an dem auch die Profis normalerweise ernsthaft mit dem Laufen beginnen. Wahrscheinlich überspringen sie den Teil, an dem sie stundenlang über ihr bevorstehendes DNF philosophieren. Die Cal Street, auch bekannt als Cal Loop, ist jedoch ein entscheidender Abschnitt, was es umso aufregender macht, dass auch ich genau an dieser Stelle wieder ins Rennen katapultiert wurde.

Auf halbem Weg zur nächsten Aid Station Cal-2 (KM 113,8) schaltete ich die Anzeige meiner Laufuhr auf »Durchschnittstempo« um. Ein Notfallmodus, den ich für den Fall vorbereitet hatte, dass ich mich dem Cut-off näherte. Ich war noch weit von der Pace entfernt, die ich für ein 30-Stunden-Finish brauchte, aber ich begann, Sekunde um Sekunde aufzuholen. Da ich auf den folgenden 21 Kilometern Splitzeiten von 5 bis 7 Minuten pro Kilometer lief, dauerte es nicht lange, bis ich mich der magischen Durchschnittsgeschwindigkeit näherte. Ich überholte Dutzende verwirrt dreinschauender Läuferinnen und Läufer, die offensichtlich eine konsequentere Renn- und Pacingstrategie verfolgten als ich.

Auf dem Weg nach Cal-2 passierte ich die Rollers, eine längere Passage mit 15 kurzen Anstiegen, und den Elevator Shaft, ein steiler Downhill in zerklüftetem Gelände – so wurde es jedenfalls in verschiedenen Rennberichten beschrieben. Ich fand alles einwandfrei laufbar und machte schnell Boden gut. Dabei profitierte ich offensichtlich von Karims unzähligen Rolling-Hills-Trainingseinheiten. Eigentlich merkte ich gar nicht, ob es bergauf oder bergab ging. Ich hielt ein erstaunlich gleichmäßiges Tempo und rollte einfach vor mich hin. Bei Cal-2 angekommen kippte ich eine halbe Dose Cola hinunter und ließ meine Trinkflaschen mit Eiswasser füllen. Das Ganze dauerte keine Minute und ich war wieder in meinem Element, pflügte durch die nächtlichen Kilometer, nichts konnte mich aufhalten. Auch nicht der Six Minute Hill, ein überraschend steiler Anstieg auf einer Forststraße. Ja, die *Western States*-

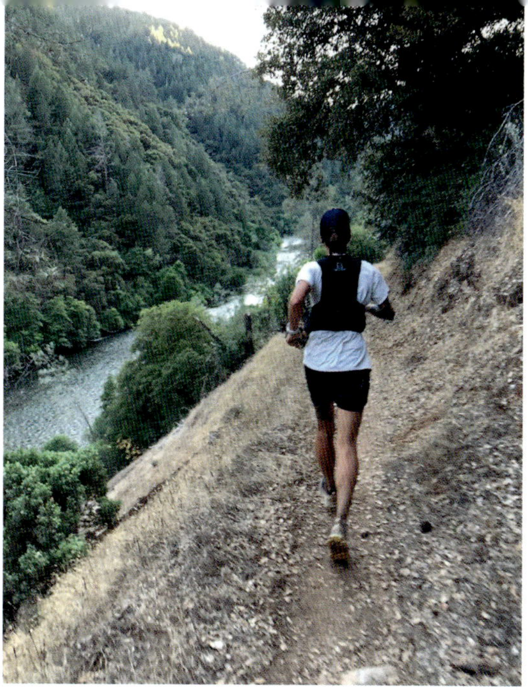

Luzia Buehler 2019 auf der Cal-Street. Man bekommt einen guten Eindruck davon, wie abgelegen dieser Teil des Rennens ist.

Route wird zum Ende hin flacher. Aber mit insgesamt 5500 Höhenmetern hatte sie noch einige Überraschungen zu bieten, auch nachdem ich die großen Anstiege der ersten Hälfte bereits bewältigt hatte.

Der Trail folgte sanft dem kurvenreichen Verlauf des American River. Obwohl ich den Fluss nicht sehen konnte, spürte ich deutlich, dass ich mich in der Nähe des Wassers befand. Vereinzelt erkannte ich die Silhouette von Felsen, riesigen verwitterten Steinen, die diesen wunderschön schroffen Teil des *Western States*-Trail zu bewachen schienen. Ich genoss die Einsamkeit und kam mühelos voran.

Für einen kurzen Moment fragte ich mich, was Lisa wohl gemacht hatte, nachdem ich Cal-1 so überstürzt verlassen hatte. Aber ich machte mir keine Sorgen. Mein Herz schlug nur für die Aufgabe, die vor mir lag: Laufen, als gäbe es kein Morgen. Und ich wusste, dass ich mich auf sie verlassen konnte. Sie würde klarkommen und die Dinge regeln. Koste es, was es wolle. Und wie ich später erfahren sollte, war der Preis für sie hoch.

KAPITEL 39

DOPPELTE PORTION COLA

Als ich an der vollkommen abgelegenen Aid Station Cal-3 (KM 117,5) ankam, wurde mir klar, dass ich ohne Kohlenhydrate mein glorreiches Renn-Comeback definitiv nicht durchhalten würde. Alle 1,5 Stunden eine halbe Dose Cola zu trinken, reichte einfach nicht aus, um den hungrigen Motor, der mich wieder ins Rennen trieb, mit Energie zu versorgen. Da mir beim Gedanken an richtiges Essen immer noch übel wurde, bat ich die Helfer, eine meiner Trinkflaschen statt mit Wasser mit Cola zu füllen. Mein ursprünglicher Plan, meinen Kalorienbedarf genau zu berechnen, wich einem pragmatischen Besser-als-nichts-Ansatz. Und es funktionierte: Mein Körper behielt die Cola bei sich. Im Gegensatz zu meinen

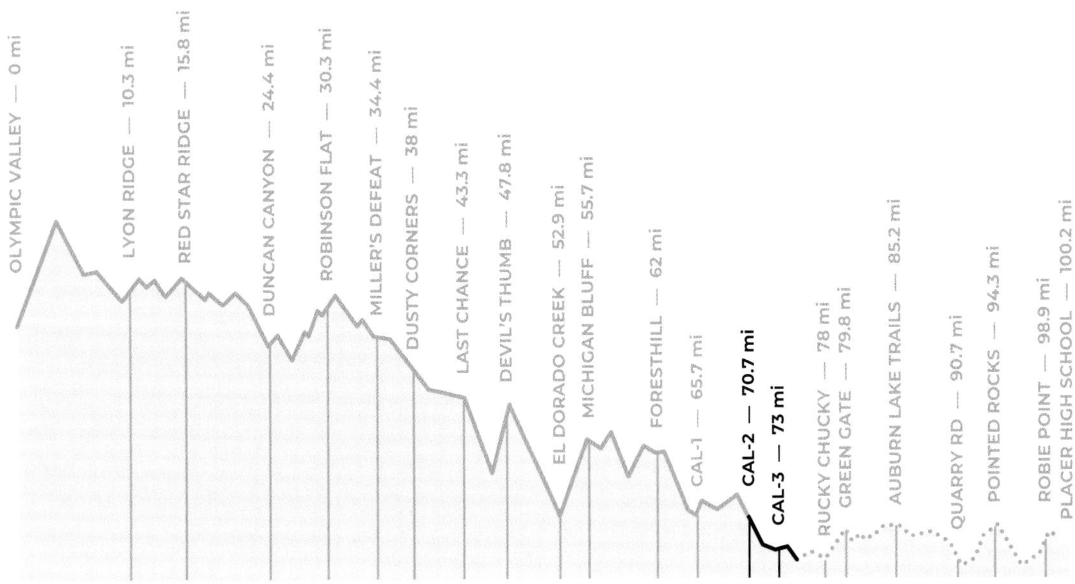

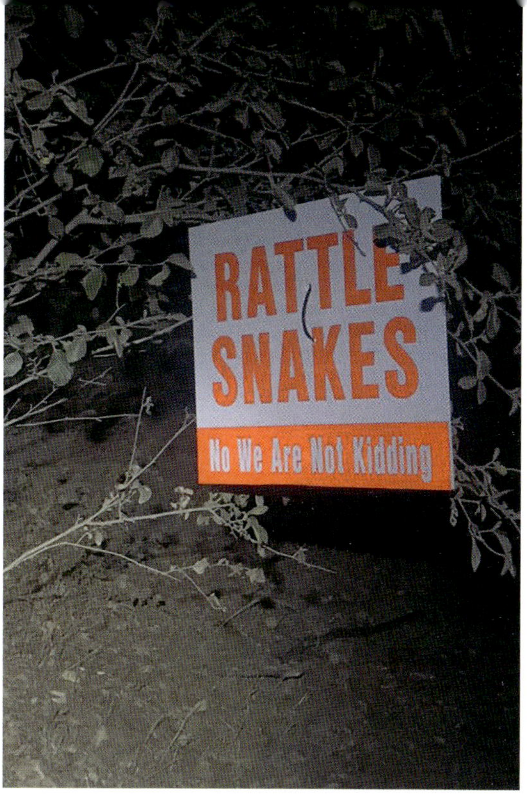

Der *Western States* hält viele Überraschungen bereit.

Handflaschen. Alle 15 Minuten musste ich den Druck, den die Kohlensäure in meinen Flaschen aufgebaut hatte, mit einer kleinen Colafontäne ablassen. Viel wichtiger war aber, dass ich vor Energie nur so strotzte und schnell vorankam. Es war jedoch nicht nur der Zucker, der mich am Laufen hielt.

Ich weiß, es klingt wie aus einem Film, aber selbst Stunden nach meiner *Western States*-Erlösung fühlte ich mich immer noch völlig befreit von all den Ängsten und Sorgen, die sich im Laufe des Tages angesammelt hatten. Wie ein komplett anderer Mensch. Mein einziges Ziel war es, dieses Rennen zu laufen. Mit ganzem Herzen und allem, was ich noch in mir hatte. Und das war sehr viel mehr, als ich mir an der Aid Station Cal-1 vorstellen konnte.

Diese neue Kraft war eher emotionaler als körperlicher Natur. Sicher, die Krämpfe, das Zittern und die starke Erschöpfung waren verschwunden. Aber das eigentliche Wunder war, dass sich meine Einstellung von völliger Hoffnungslosigkeit in grenzenlose Begeisterung und ungebrochenen Tatendrang verwandelt hatte. Ich erinnerte mich an die ältere Dame bei Cal-1 und lächelte.

Ich war jetzt auf dem Weg zur legendären Rucky Chucky Aid Station, wo ich den American River in brusttiefem Wasser an einem Seil überqueren würde. Ich hatte unzählige Bilder von dieser kleinen *Indiana-Jones*-Expedition gesehen und schon lange davon geträumt, es selbst einmal zu machen. Jetzt war es so weit, aber zuerst musste ich noch ein langes, fast ebenes Stück durch die stockfinstere Nacht laufen. Die Strecke führte über breite Feuerschneisen, verengte sich zu Singletrails durch hüfthohe Gräserwiesen und ging dann wieder über felsige Pfade am Fluss entlang, der in der Dunkelheit immer zu hören war.

Schließlich kam ich an dem Abschnitt vorbei, den ich vor dem Rennen beim Tapering erkundet hatte. Vieles erkannte ich allerdings nicht wieder. Das letzte Mal, als ich hier war, hatten mich die brütende Hitze und das gleißende Sonnenlicht erdrückt. Jetzt rannte ich unbekümmert durch die schwüle Dunkelheit der Nacht. Die einschüchternde Ehrfurcht war einer gelassenen Vorfreude gewichen.

Die Strecke des *Western States* wird in der zweiten Hälfte viel einfacher zu laufen, und im letzten Drittel sogar noch einfacher. Was auch immer man im High Country, in den Canyons oder beim Sitzen in »The Chäir« an Zeit verloren hat, dort besteht die Gelegenheit, alles wieder aufzuholen. Sofern man noch laufen kann, natürlich. Wenn nicht, wird diese Etappe zu einem nervenaufreibenden, endlosen Fußmarsch, der einen an oder über die 30-Stunden-Grenze bringt. Mich hat das alles nicht gekümmert. Ich war zu sehr damit beschäftigt, das zu tun, wofür ich an diesen wundervollen Ort gekommen war.

KAPITEL 40

DIE CREW IM PARALLELUNIVERSUM

In der Zwischenzeit hatten Lisa und Marie ihr eigenes *Western States*-Rennen. Nachdem ich Lisa bei Cal-1 stehengelassen hatte, wusste ich nicht, was die beiden taten. Insgeheim hoffte ich, dass Lisa mir gefolgt war, und bat einige der Mitlaufenden und das Hilfspersonal an den Aid Stations, meiner zurückgelassenen Pacerin eine Nachricht zu übermitteln. Ich wollte Lisa wissen lassen, dass es mir gut geht und ich mich gern mit meiner Crew bei Rucky Chucky (KM 125,5) treffen würde. Aber dieser Plan ging nur teilweise auf.

Die Flüsterpost funktionierte erstaunlich gut. Lisa erzählte mir später, dass sie alle meine Nachrichten erhalten hatte. Leider gab es auf der Cal Street kei-

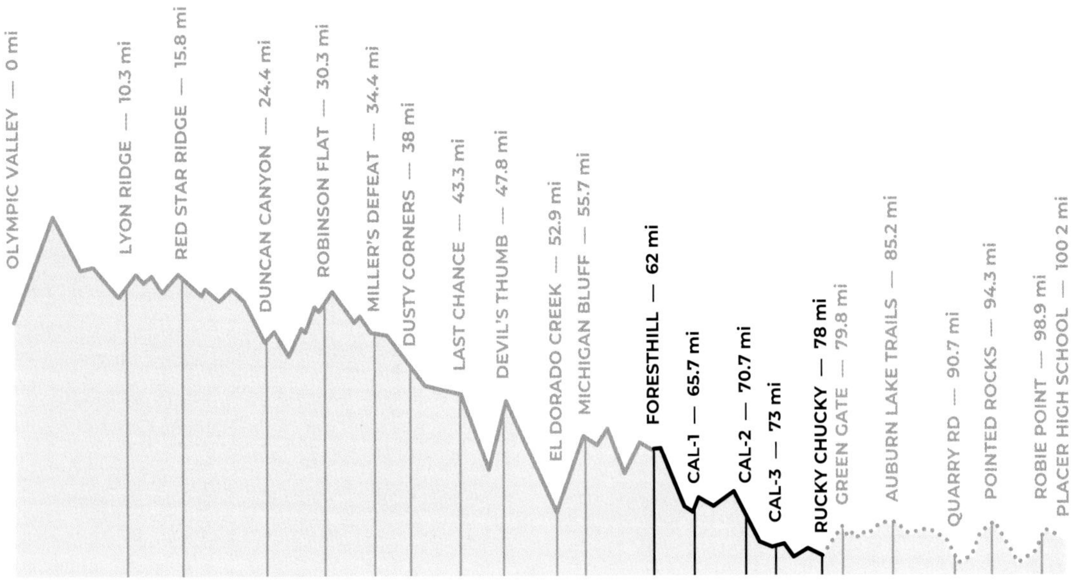

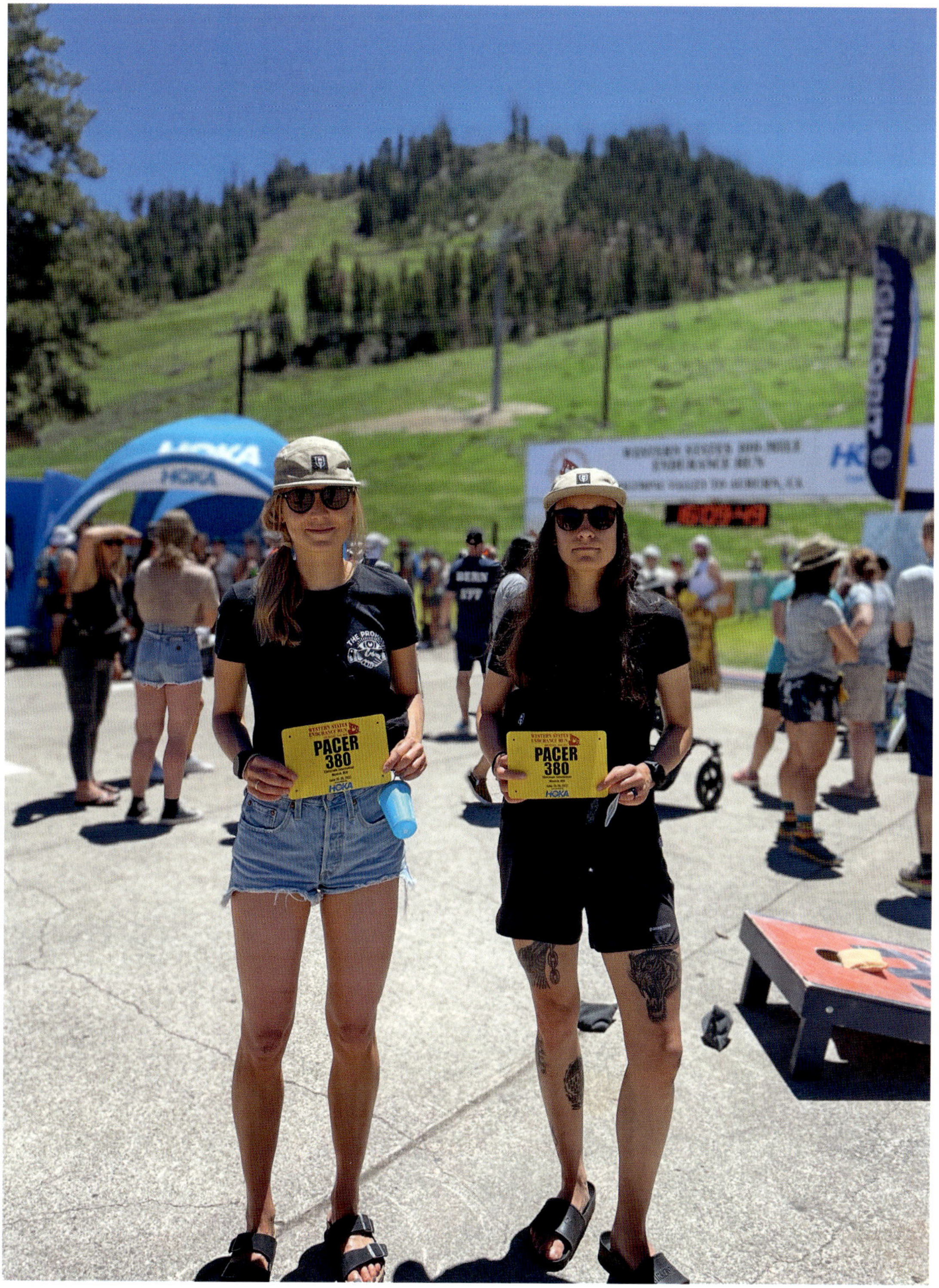

Marie und Lisa sind beide bereit, mich zu pacen. Beim *Western States* dürfen insgesamt drei gelbe Startnummern an Pacer vergeben werden.

nerlei Handyempfang und keine Internetverbindung, sodass sie Marie nicht erreichen konnte, um ihr zu sagen, was vorgefallen war, seit wir Foresthill verlassen hatten. Während ich versuchte, den negativsten Split zu laufen, den der *Western States* je gesehen hatte, wartete Marie immer noch in Foresthill (KM 99,8) auf uns. Später erzählte sie mir, dass sie die allerletzte Person in der mittlerweile zur Geisterstadt gewordenen Aid Station gewesen sei, nachdem die letzten Läuferinnen und Läufer diese passiert hatten. Marie erhielt irgendwann veraltete Textnachrichten von Lisa, in denen sie aufgefordert wurde, zu Cal-1 zu kommen. Oder Cal-2 oder Cal-3. Obwohl das Personal der Foresthill Aid Station ihr versicherte, dass es keine Möglichkeit gäbe, einen dieser Checkpoints mit dem Auto zu erreichen, beschloss sie, es trotzdem zu versuchen. Mit der Streckenführung des Rennens auf ihrer GPS-Uhr fuhr Marie parallel zur Cal Street entlang, konnte aber keine Zufahrtsstraße finden, um Lisa oder mich oder beide abzuholen. Sie wusste auch nicht, wo wir waren. Die Leute in Foresthill hatten recht: Cal-1, Cal-2 und Cal-3 waren für sie unerreichbar. Also tuckerte Marie ahnungslos weiter zur nächsten Aid Station mit offiziellem Crew-Zugang, Rucky Chucky, in der Hoffnung, dort jemanden von uns zu treffen. Was sollte sie sonst tun?

Zur gleichen Zeit blieb Lisa, die immer noch keinen Empfang hatte, nichts anderes übrig, als mir zu Fuß nach Rucky Chucky zu folgen. Ihr Pacer-Job, der als leichte Wanderung nach ihrer COVID-Infektion geplant war, wurde zu einem nervenaufreibenden 35 km langen Laufabenteuer durch die Nacht. Mit zwei Smartphones in der Hand, von denen eines wegen des gesperrten Bildschirms nutzlos war, versuchte Lisa während des Laufens verzweifelt, Marie zu erreichen. Die Bitte, sie bei Cal-1, Cal-2 oder Cal-3 abzuholen, erwies sich bekanntlich als sinnlos. Das sah auch Lisa ein. Der neue Plan war, sich bei Rucky Chucky zu treffen. Am besten zu dritt. Aber auch daraus wurde nichts.

Später fragte ich Lisa, was ihr durch den Kopf ging, als sie die Cal Street entlanglief. Sie erzählte mir, dass sie drei Sorgen hatte. Erstens, dass sie mich zusammengebrochen irgendwo auf oder neben der Strecke finden würde. Zweitens, dass die Rennleitung mich disqualifizieren würde, weil ich meine Pacerin zurückgelassen hatte (eine offensichtlich ungerechtfertigte Annahme, die auf etwas beruhte, das sie vor einiger Zeit in den *Western States*-Rennregeln gelesen hatte). Und drittens, dass ich so gut und schnell rennen würde, dass ich Rucky Chucky erreiche, bevor Marie oder sie da sind, um mich zu versorgen. Und genau das passierte.

Lisa und Marie schafften es beide zu Rucky Chucky und waren dort glücklich wieder vereint. Leider hatte ich die Aid Station und den Fluss schon hinter mir, also packten sie ihre Crewausrüstung wieder ein, putzten sich die Zähne und machten sich auf den Weg nach Pointed Rocks, der nächsten Möglichkeit mich zu treffen.

Im Nachhinein habe ich das Gefühl, den Staffelstab der mentalen Belastung an Lisa und Marie weitergegeben zu haben. Während sie verzweifelt versuchten, Lösungen für unlösbare Probleme zu finden, lief ich völlig befreit durch die Gegend, mit leerem Kopf und brennendem Herzen. Alles, was für mich zählte, war zu laufen. Und das tat ich mit größter Inbrunst.

KAPITEL 41

RUCKY CHUCKY GEISTERSTUNDE

Die Überquerung des American River beim Rucky Chucky Campingplatz ist einer der wichtigsten Abschnitte des *Western States*. Ein echtes Highlight für jeden Teilnehmenden des Rennens, egal, ob er oder sie dort am Nachmittag oder mitten in der Nacht durchkommt. Ich kam gegen 2 Uhr morgens an dieser besonderen Aid Station an und wurde dort von mehreren applaudierenden Freiwilligen begrüßt, die mir zuriefen, dass ich die einzige Person sei, die noch im Laufschritt anrollte. Ich fühlte mich geschmeichelt, und tatsächlich ging es mir immer noch großartig – als wäre Devil's Thumb nie passiert. Ich wechselte ein paar Worte mit Jose Rodarte, dem Captain der Rucky Chucky-Aid Station. Ich erzählte, dass ich meine Pacerin verloren hatte, und bat ihn, ihr zu sagen, dass es mir gut gehe und ich glücklich sei. Als Lisa ihn

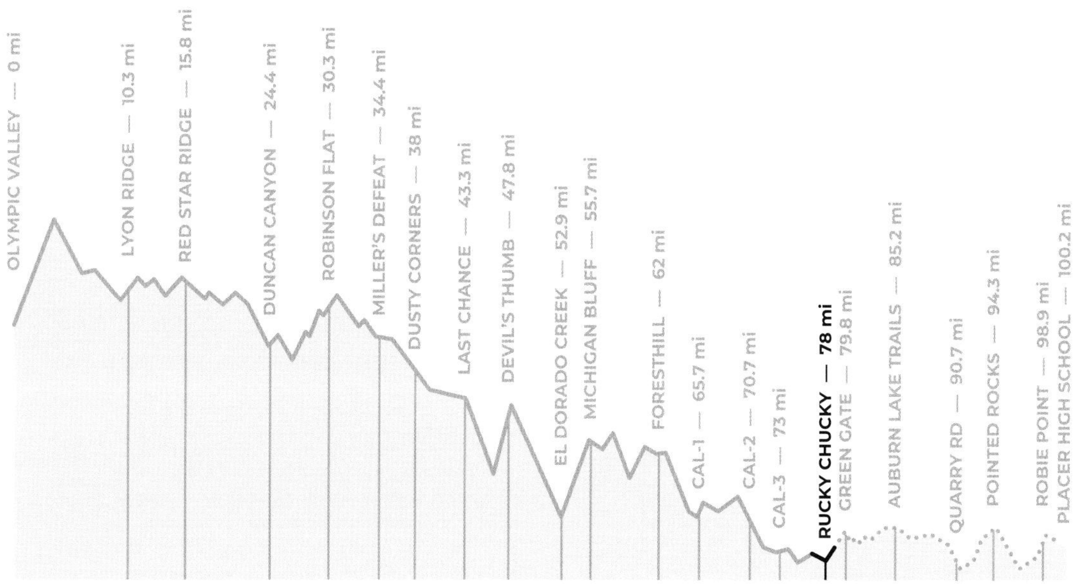

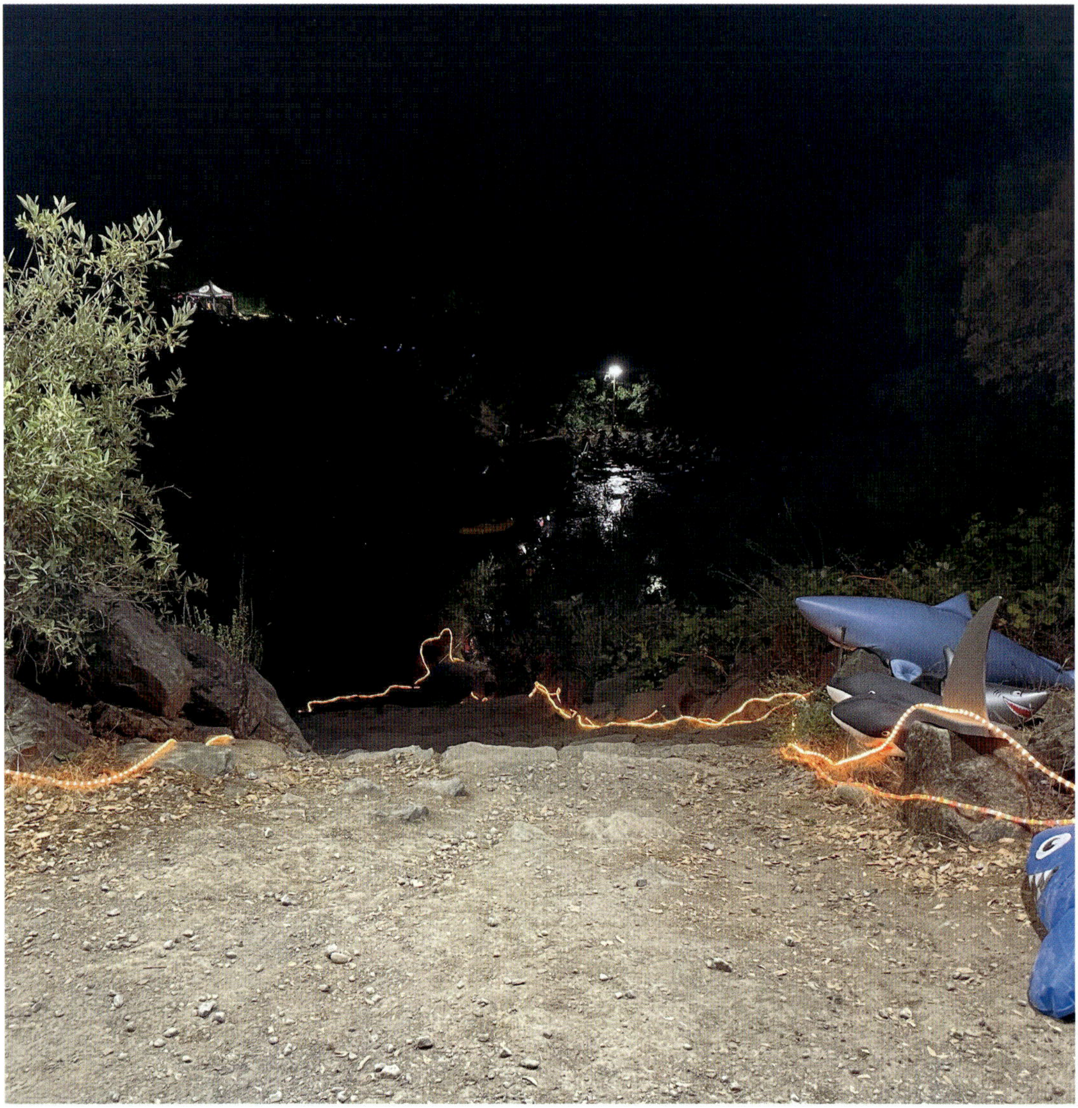

Die Flussüberquerung bei Rucky Chucky. Der Wasserstand entscheidet, ob man den mittleren Arm des American River mit dem Schlauchboot oder zu Fuß an einem Seil überquert.

später traf, ergänzte er meine Nachricht mit den Worten: »Der Läufer, der hier vorbeigekommen ist, war ein anderer als der, den du bei Cal-1 erlebt hast.«

Das zu hören, war die größte Erleichterung für Lisa. Später erzählte sie mir, dass dies ihr magischer Moment beim *Western States* war. Genauso wie die ältere Dame, die mich aus meinem DNF-Stuhl gerissen hat, meiner war. Es sind diese Sätze, die man nie vergisst und die einem noch Jahre später eine Gänsehaut bescheren. Unbezahlbare Erinnerungen für ein ganzes Leben.

Ich fragte Jose Rodarte nach dem Bereich für die Läufercrews und sah mich dort um. Ich hatte immer noch die schwache Hoffnung, dass Marie es rechtzeitig zu Rucky Chucky geschafft hatte und ich noch etwas von der lebensrettenden Nudelsuppe, einen Schluck Kaffee und ein Paar frische Socken für nach der Flussüberquerung bekommen könnte. Aber es wartete keine Crew auf mich. Das schien mich aber nicht weiter zu stören, denn mein erster Impuls war: »Was soll's!« Ich erinnerte mich an eine besonders kluge Weisheit aus meinem Rennskript für genau diesen Fall: »Keine Crew, kein Problem. Du schaffst es auch allein.«

Ein wunderbares Beispiel für die manchmal hervorragende Zusammenarbeit zwischen Spießer und Punk. Geplante Gelassenheit. Ich steckte diesen Rückschlag ohne lange nachzudenken weg, füllte meine Handflasche mit Cola und machte voller Zuversicht da weiter, wo ich aufgehört hatte.

Die eigentliche Flussüberquerung ist ein fantastisches Mikro-Abenteuer innerhalb des großen *Western States*-Abenteuers. Wie die Teilnehmenden auf die andere Seite gelangen, hängt vom Wasserstand des American River ab: Entweder werden sie in ein Schlauchboot gesetzt oder sie waten, an einem Seil hängend, hinüber. In diesem Jahr wurde der American River zu Fuß durchquert. Lichterketten führten zum Fluss hinunter, wo ein ganzes Heer engagierter Freiwilliger jedem Läufer half, im hüfttiefen Wasser auf die richtigen Steine zu treten. Die Helferinnen und Helfer standen den ganzen Tag im kalten Fluss und kannten buchstäblich jede potenzielle Stolperfalle im reißenden Strom. Ich nannte sie später »Steinagenten«, weil sie die Läufer so professionell durch den Fluss lotsten, dass es fast wie eine militärische Operation wirkte. Aus gutem Grund: Mit 125 Kilometern auf dem Tacho kann es eine ziemliche Herausforderung sein, an einem wackeligen Seil, Stromschnellen, glitschige Felsen und zittrige Beine zu koordinieren.

Auf der anderen Seite des Flusses kletterten wir Läuferinnen und Läufer als letzte Herausforderung wie auf einem Abenteuerspielplatz an einem dicken Tau einen Sandhügel hinauf, bevor wir den nächsten Checkpoint erreichten: Green Gate (KM 128).

Obwohl ich bei der Flussüberquerung einige hart erarbeitete Minuten verlor, empfand ich diese Episode des Rennens als besonders freudvoll und erfrischend. Zum ersten Mal seit Cal-1 wurde ich etwas langsamer und nutzte den graduellen 3-Kilometer-Anstieg, um meine Situation zu bewerten. Ich wusste, dass ich immer noch deutlich schneller unterwegs war als das Durchschnittstempo, das mir ein Finish unter 30 Stunden ermöglichen würde. Und ich fühlte mich gut. Das Wort gut hat bei Kilometer 126 eines Ultramarathons natürlich eine andere Bedeutung als im normalen Leben. Mein ganzer Körper tat höllisch weh. Aber keiner der Schmerzen war schlimm genug, um mich vom Weiterlaufen abzuhalten. Ich wusste, dass es noch ein langer Weg bis zum Ziel war, aber ich hatte keine Angst und keine Sorgen. Nicht einmal ein winziges bisschen.

Es war 3 Uhr morgens. Ultraläuferinnen und Ultraläufer berichten immer wieder von Halluzinationen und außerkörperlichen Erfahrungen, wenn sie nachts laufen, insbesondere in den sogenannten Geisterstunden zwischen 2 und 4 Uhr morgens. Glücklicherweise blieb ich von solchen Erlebnissen beim *Western States* verschont. Am nächsten an Wahnvorstellungen kam ich bei Cal-1, als ich fest glaubte, von Tausenden Ameisen angegriffen zu werden. Meine Mikro-Panikattacke wurde jedoch schnell von Lisa unterdrückt, die mich davon überzeugen konnte, dass ich nicht in unmittelbarer Gefahr war. Sie bestätigte mir aber, dass tatsächlich eine winzige Ameise in meinem Nacken krabbelte. Ich war froh, dass sie das sagte. Es bewies, dass ich nicht verrückt geworden war – noch nicht.

Der kurze Aufstieg zu Green Gate war sehr ruhig und friedlich. Es war niemand sonst in der Nähe, und so konnte ich das meditative Quietschen und Platschen meiner klatschnassen Socken und Schuhe wahrnehmen und genießen. Ein intensiver Moment des Hier und Jetzt.

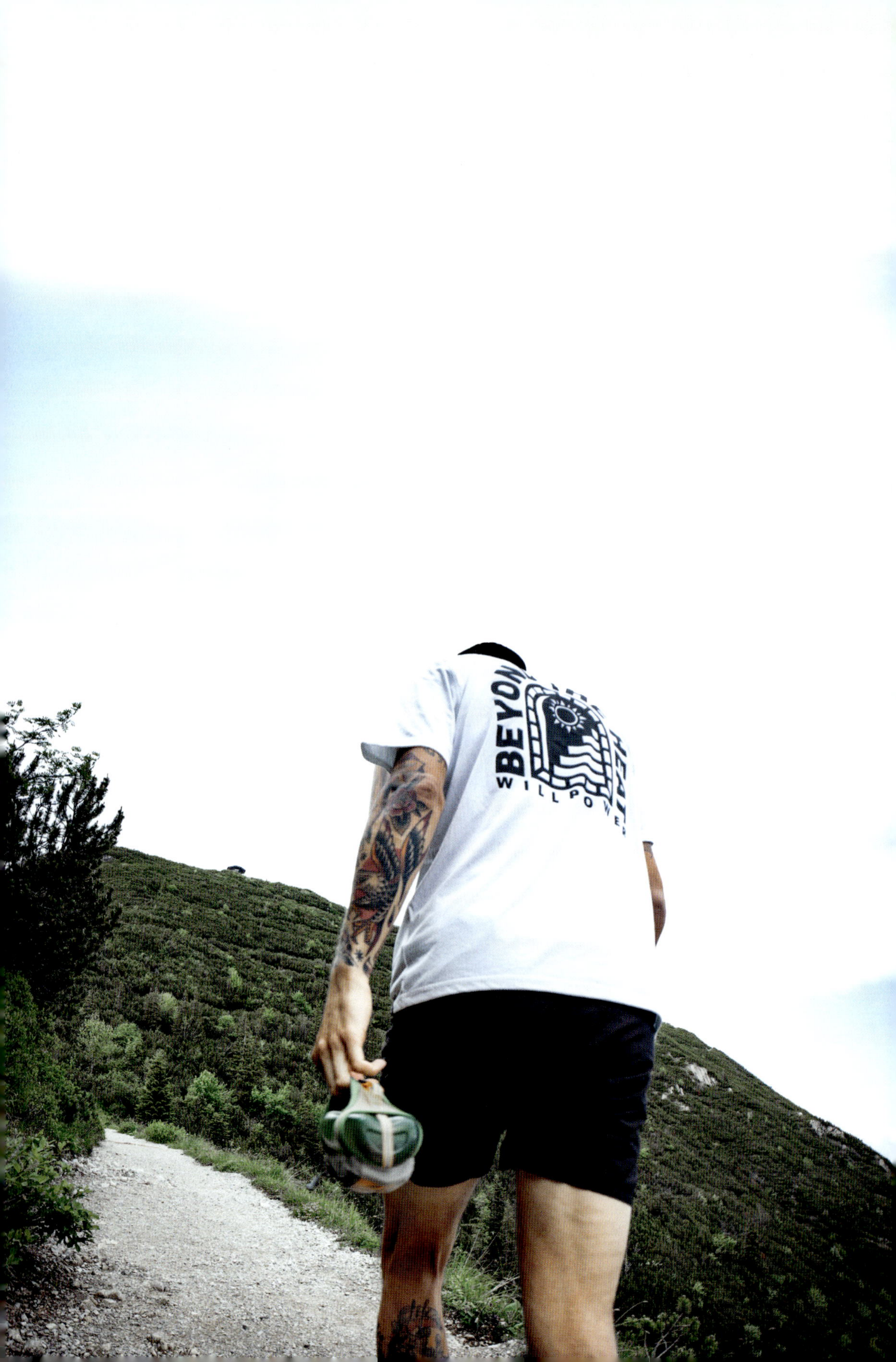

KAPITEL 42

MIR SELBST UND ANDEREN VERGEBEN

Come Healing

Wie aus dem Nichts tauchte ein Lied in meinem Kopf auf. Es war *Come Healing* von Leonard Cohen. Ich hatte es zuvor bereits im High Country gehört, aber seit ich mein Handy bei Lisa an Cal-1 zurückgelassen hatte, waren viele Stunden ohne Musik vergangen. Das imaginäre Lied klang jedoch unglaublich real. Als würde Leonard Cohen neben mir wandeln und mir den Song direkt ins Ohr flüstern. Mir wurde bewusst, dass ich dem Text von *Come Healing* nie wirklich Aufmerksamkeit geschenkt hatte, obwohl das Lied eine so zauberhafte Schönheit in sich trägt. Die Textfetzen, die ich in diesem Moment klar hören und auch verstehen konnte, brachten mich zum Weinen.

Ich bin kein religiöser Mensch, aber ich fühle das Thema dieses Liedes, das von Barmherzigkeit und Vergebung handelt. Es geht darum, anderen zu verzeihen – aber auch darum, sich selbst zu verzeihen. Leonard Cohens Worte haben mich in diesem Moment tief berührt. *Come Healing* ließ mich erkennen, dass ich der erbarmungslosen Hitze des *Western States* vergeben hatte. Genauso hatte ich mir selbst verziehen, dass ich das Rennen und mich aufgeben wollte. Ein Gefühl der Ruhe und des Friedens durchströmte mich.

Come Healing erinnerte mich auch an meinen Vater und meinen Bruder. Aus irgendeinem Grund verbinde ich beide stark mit Leonard Cohen. Ich glaube, sie hatten beide eine Phase in ihrem Leben, in der sie seine Musik intensiv hörten, vielleicht tun sie das heute noch. Als Familie hatten wir immer mit Problemen zu kämpfen, auch noch viele Jahre nach der Scheidung meiner Eltern. Ich sinnierte darüber, welche Auswirkungen das Konzept der Vergebung aus *Come Healing* auf meinen Bruder, meinen Vater, meine Mutter und letztlich auch auf mich hätte haben können. Das machte mich schwermütig, aber auch dankbar. Während ich diese Worte schreibe, frage ich mich, wie sie sich fühlen würden, sollten sie eines Tages über diese Zeilen stolpern.

Vergebung löst den Druck in der Brust. Druck, der von Wut, Enttäuschung und Bitterkeit herrührt. Sie schafft Raum für neue, weichere Gefühle. Es braucht Mut und Kraft zu vergeben, aber wenn wir diesen Schritt wagen, ist es wie ein Neuanfang.

KAPITEL 43

EIN GRÜNES TOR UND EIN KATZENSPRUNG INS ZIEL

An der winzigen Aid Station Green Gate (KM 128) informierte mich ihr Captain, Grant Carboni, unaufgefordert über meinen aktuellen Stand im Rennen. Obwohl ich wusste, dass ich mich auf der Sonnenseite der 30-Stunden-Marke befand, klangen seine Worte wie ein Evangelium in meinen Ohren: »Du hast noch 7 Stunden, um 32 Kilometer zu laufen. Du könntest das sogar wandern.«

Dieser zusätzliche Motivationsschub verursachte bei mir sofort eine Gänsehaut. Das Ziel in weniger als 30 Stunden zu erreichen, war zu diesem Zeit-

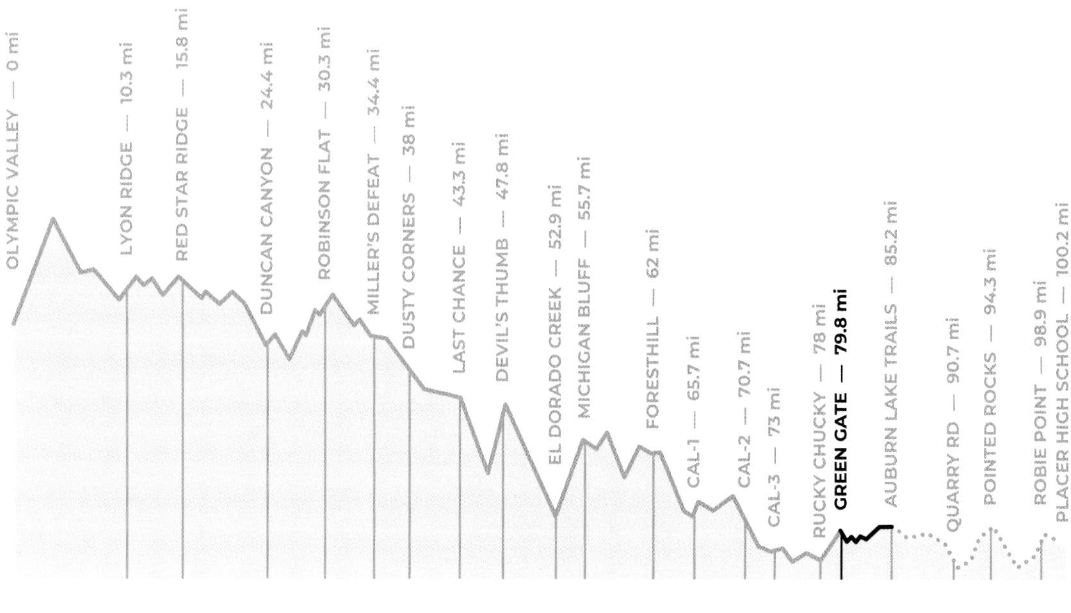

punkt nicht nur wahrscheinlich, sondern fast schon garantiert. Zumindest fühlte es sich so an. Ich setzte meine Reise mit noch mehr Selbstvertrauen und Gelassenheit fort. Doch bevor ich aufbrach, fragte ich Herrn Carboni, wie weit es noch bis zum nächsten Checkpoint sei. Die Antwort kam prompt: »Nur noch 8 Kilometer.«

Das war die gleiche Antwort, die ich von nun an an fast jeder Aid Station erhalten sollte.

Ich ließ Green Gate hinter mir und fand mich bald auf wunderschönen, hügeligen Trails wieder, zumindest so weit meine Stirnlampe sie mir zeigte. Alles darüber hinaus lag in einer alles verschlingenden Dunkelheit. Aber ich konnte sowohl mit der Dunkelheit als auch mit der späten Uhrzeit gut umgehen. Mein Blick war klar, und ich war hellwach. Im Gegensatz zur antagonistischen Hitze war die Dunkelheit wie eine Freundin, die mir wohlgesonnen war. In ihr fühlte ich mich geborgen. Die Nacht versetzte mich in einen fast meditativen Zustand, und ich stolperte oder strauchelte kein einziges Mal. Es war, als wäre ich auf Autopilot. Wie Luke Skywalker mit verbundenen Augen, der mit der Macht und seinem Lichtschwert gegen einen Trainingsdroiden kämpft, nachdem Obi-Wan Kenobi ihm gesagt hat, er solle seinen Gefühlen und nicht seinen Augen vertrauen.

Okay, okay. Das Laufen in der Nacht war auch dank der tollen Stirnlampe, die ich mitgebracht hatte, so einfach. Sie war ungefähr so hell wie ein Lkw-Scheinwerfer. Die Lampe hielt die meiste Zeit der Nacht auf voller Leistung, und ich musste nur einmal die Batterie wechseln. Zum Glück fand ich einen Ersatzakku in der Gesäßtasche meiner Shorts. Marie hatte ihn in Michigan Bluff dort hineingesteckt.
Eine kluge Entscheidung. In der völligen Dunkelheit der abgelegenen Wildnis war es nicht einfach, die Batterien zu wechseln, und ohne die Taschenlampe meines Handys, das ich zusammen mit Lisa bei Cal-1 zurückgelassen hatte, verfügte ich über keine zweite Lichtquelle, die mir hätte helfen können. Es war eine einzigartige Situation. Ich legte die Stirnlampe auf den Boden, hielt die beiden Verbindungskabel fest und zog den Stecker der alten Batterie heraus. Sofort war es stockdunkel. Blind fummelte ich am Kabel des neuen Akkus herum und sagte zu mir: »Es werde Licht!« Und es wurde Licht. Es sind solche Nebenaufgaben innerhalb der großen Challenge, die Trailrunning zu einem so spannenden Sport machen.

Auburn Lake Trails (A.L.T.) war die nächste Station auf meiner Reise durch die Nacht. Es war eine größere Aid Station mit umfangreicher medizinischer Unterstützung. Ganz anders als bei Devil's Thumb, wo ich trotz meines kritischen Zustandes einfach weitergeschickt wurde. So kritisch wie ich damals dachte, war meine Verfassung jedoch gar nicht. Ich erinnerte mich, dass ich mir nach Devil's Thumb immer wieder gesagt habe: »So will ich nicht laufen.«

Im Nachhinein war es die richtige Entscheidung, weiterzulaufen, auch wenn ich sie nicht selbst getroffen habe. Als Marie und Lisa über meinen Kopf hinweg für mich entschieden haben, fand ich das übergriffig, ja sogar rücksichtslos. Aber die Freiwilligen, nicht nur bei Devil's Thumb, wussten genau, was sie taten. Sie konnten aufgrund ihrer langjährigen Erfahrung unterscheiden zwischen jemandem, der das Rennen nach seiner Selbstmitleidsepisode fortsetzen kann, und jemandem, für den das Rennen definitiv vorbei ist. Ich bin froh, dass ich zur ersten Gruppe gehörte, auch wenn ich das erst bei der Cal-1 begriffen habe. Von da an war ich nicht nur in der Lage zu laufen, sondern ich sehnte mich geradezu danach. Und das hat sich bis Auburn nicht geändert.

Das Einzige, was mir langsam Probleme bereitete, waren meine Füße. Durch die Flussüberquerung hatten sich meine Socken und Schuhe mit Wasser vollgesogen und mit Sand und kleinen Steinen gefüllt. Bei jedem Schritt scheuerten meine Fußsohlen an den Schuhen, und allmählich bildeten sich an beiden Füßen große Blasen. Laut Plan sollte ich bei Rucky Chucky ein Paar frische, trockene Socken bekommen, die ich auf der anderen Seite des Flusses anziehen konnte. Aber wie wir alle wissen, habe ich meine Crew verpasst. Ironischerweise hatte ich sogar ein Paar Ersatzsocken dabei. Marie hatte sie in Michigan Bluff in die Vordertasche meiner Trinkflasche gesteckt und ich trug sie die ganze Zeit bei mir. Im Laufe des Rennens waren sie jedoch von Wasser, Cola und Schweiß durchtränkt und zu diesem Zeitpunkt völlig nutzlos. Ich beschloss, dass meine Füße bis zur Ziellinie durchhalten würden und alles, was danach kam, war für mich in diesem Moment vollkommen unwichtig. Wie ein echter Ultraläufer sagte ich mir: »Schweigt, ihr Füße!«

Ich hatte recht mit meinen Füßen. Auch mit dem Rest meines Körpers hatte ich recht. Er würde mich ohne bleibende Schäden bis nach Auburn tragen. Die Schmerzen während eines Ultramarathons können einen leicht in die Irre führen. Was im normalen Leben als ernsthafte Krankheit oder Verletzung angesehen wird, kann bei einem Ultramarathon oft als nur kleines Wehwehchen empfunden werden. Auf der anderen Seite kann das ständige Gefühl extremen Unwohlseins deinem Geist einen Streich spielen. Du läufst Gefahr, den Kontakt zu deinem Körper zu verlieren und den Punkt zu verpassen, an dem es dir schon längst wieder besser geht, oder dich selbst nachhaltig zerstörst. In meinem Fall führte Ersteres zu der Entscheidung, das Rennen vorzeitig zu beenden. Zum Glück hat mich damit niemand ernst genommen.

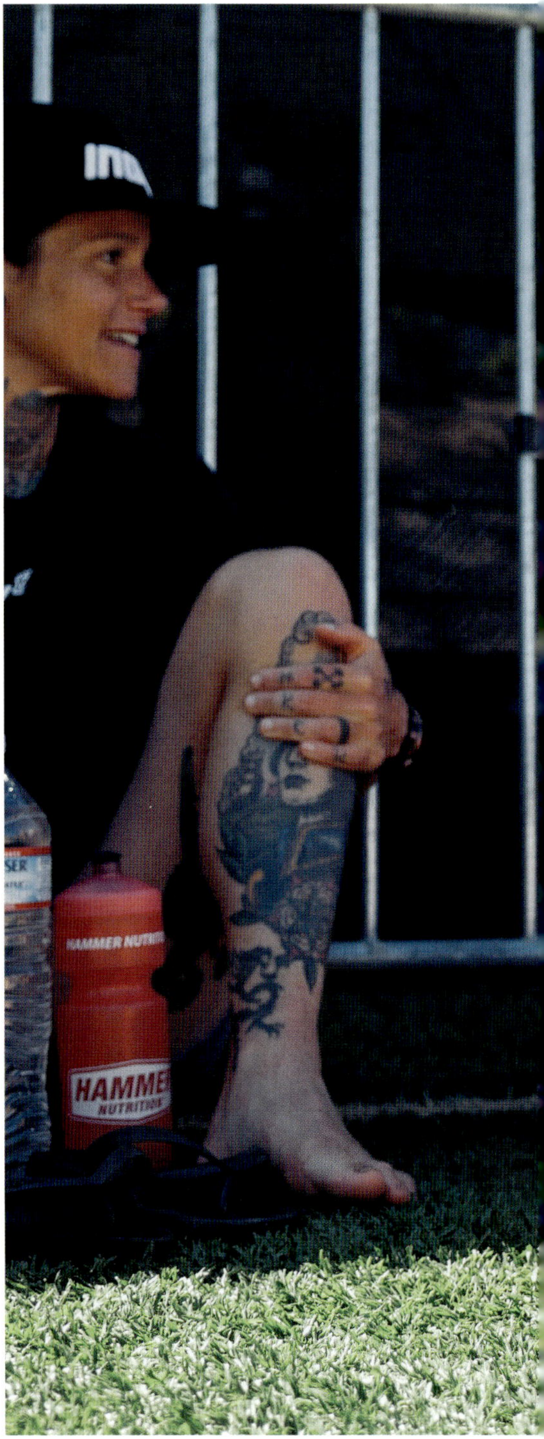

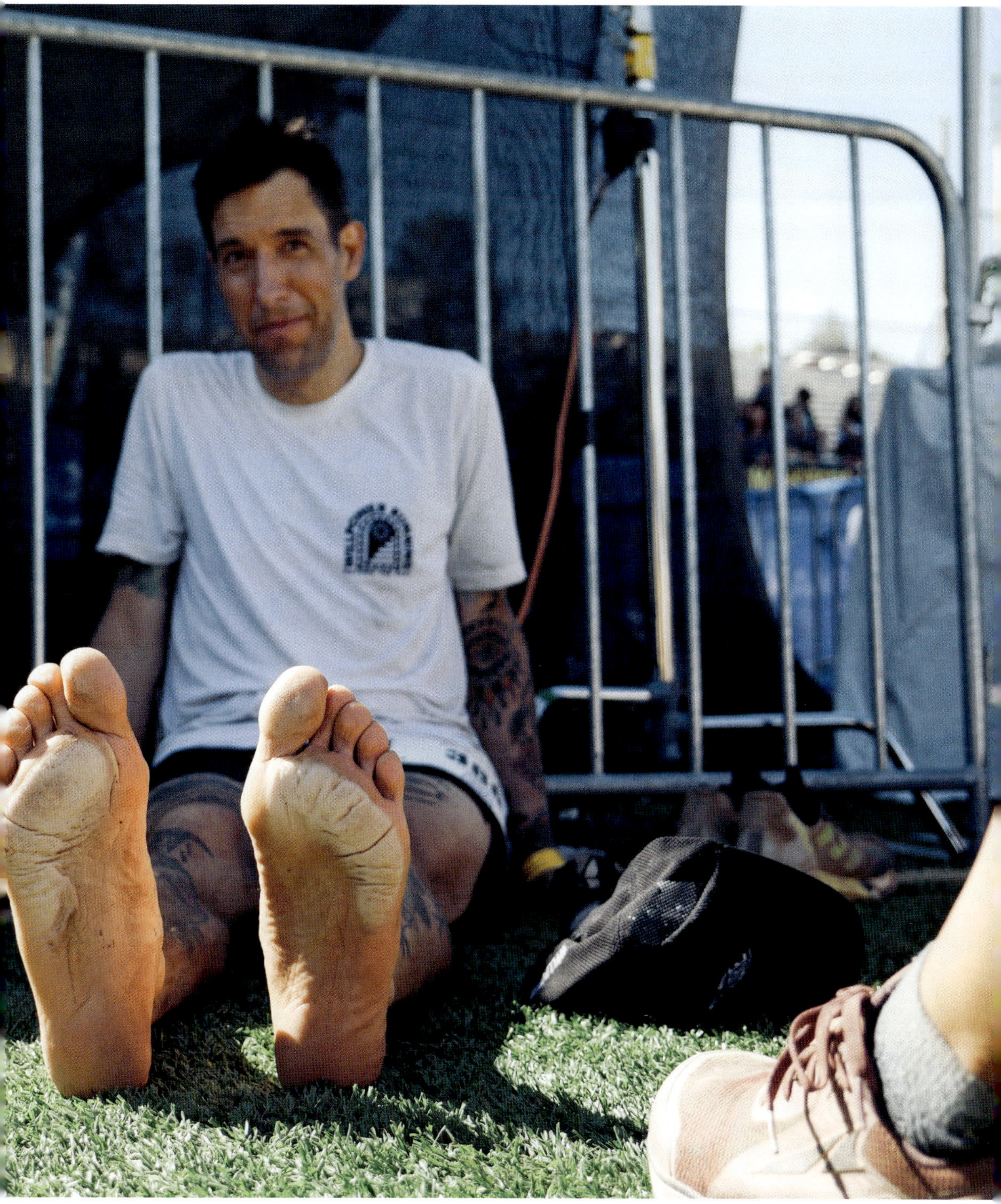

Die Steinchen, der Sand und der Schlamm, die ich bei der Rucky Chucky Flussdurchquerung aufgesammelt habe, scheuerten meine Fußsohlen in einen erbärmlichen Zustand. Aber meine Füße haben mich trotzdem bis ins Ziel gebracht.

KAPITEL 44

MORGENDÄMMERUNG AUF DEN AUBURN LAKE TRAILS

Als ich die Aid Station Auburn Lake Trails (KM 137,1) erreichte, war ich fast genau 24 Stunden im Rennen. Meine Gedanken schweiften zu den Läuferinnen und Läufern, die sich für den *Western States* eine bestimmte Zeit oder Platzierung vorgenommen hatten. Auch jenseits des Siegertreppchens gibt es erstrebenswerte Ziele. Wer die Strecke unter 24 Stunden zurücklegt, erhält eine Silbermedaille, wer unter 30 Stunden bleibt, eine Bronzemedaille. Bei allem Respekt für diejenigen, die mit diesem zusätzlichen Druck umgehen können, war ich der Meinung, dass meine ABC-Ziel-Entscheidung für

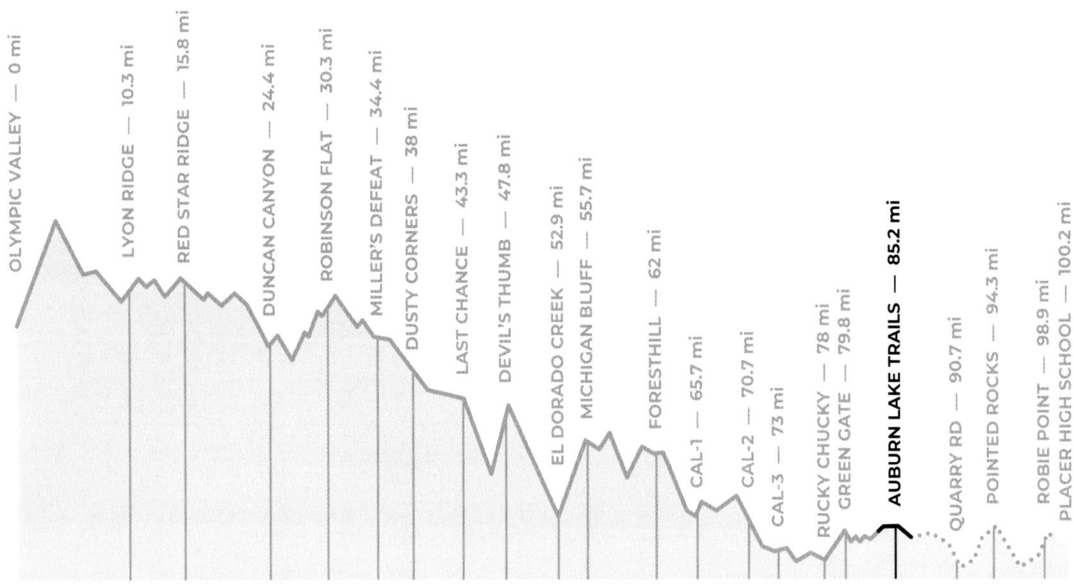

dieses Rennen die richtige war. Schließlich war es mein erster 100-Meilen-Lauf, und ich hatte buchstäblich keine Ahnung, was ich da tat. Aber meine Lernkurve war extrem steil. Ich gehe davon aus, dass mein nächstes Rennen über diese Distanz etwas weniger dramatisch verlaufen wird. Andererseits kann bei einem Ultramarathon unendlich viel schiefgehen, und man ist nie sicher, egal wie erfahren man ist.

Ein kurzes Gespräch mit der mir zugeteilten Helferin endete mit meiner obligatorischen Frage, wie weit es noch bis zur nächsten Aid Station sei: »Nur noch 8 Kilometer.« Was für eine Überraschung!

Kurz nachdem ich die Aid Station verlassen hatte, konnte ich im ersten Tageslicht meine Stirnlampe ausschalten und den Sonnenaufgang irgendwo inmitten der wunderschönen Auburn Lake Trails genießen. Die Temperatur stieg sofort an, aber da nur noch 24 Kilometer zu laufen waren, wusste ich, dass die Hitze nicht wieder zu einem übermächtigen Gegner werden würde.

Ich hatte eine ganze Nacht mit sehr wenig visuellem Input und ebenso wenig sozialer Interaktion hinter mir. Ich war emotional und buchstäblich auf mich allein gestellt, und das war ein tolles Gefühl. Es gab jedoch einige Momente in der Nacht, in denen ich ein wenig neidisch auf all diejenigen war, die von ihren Pacern begleitet wurden. Sie unterhielten sich, lachten, weinten und tauschten mitfühlende Worte aus, während sie sich unterwegs übergaben.

Auf der Website des *Western States* gibt es ein eigenes Pacer-Portal, auf dem mehr oder weniger erfahrene Läuferinnen und Läufer ihre Dienste jenen anbieten können, die keinen Pacer mitgebracht haben. Wäre meine ursprünglich fünfköpfige Crew nicht so kurzfristig ausgefallen, wäre das vielleicht eine Option für mich gewesen. Andererseits kann das Laufen neben jemandem, den man kaum kennt, in den härtesten Momenten eines Rennens, wenn die Nerven oft blank liegen, auch schnell ins Negative kippen. Man stelle sich vor, ein Pacer redet einem pausenlos ins Ohr. Oder wenn er oder sie nicht im gleichen Tempo läuft wie man selbst, sondern etwas schneller. Oder wegen mangelnder Fitness hinterherhinkt. Oder ständig von seinen eigenen glorreichen Tagen schwärmt, wie dem Altersklassensieg beim legendären Halbmarathon 1996 in Wilsonville, Oregon. Nein, da laufe ich lieber allein. Denn dann kann ich oft ganz in den Moment eintauchen. Da gibt es eine Menge zu entdecken. Es geht nicht nur darum, die Vergangenheit oder die Zukunft auszublenden. Es geht darum, sich mit jedem Schritt und jedem Atemzug behutsam bewusst zu machen, was gerade in einem vorgeht, sei es gut oder schlecht oder dazwischen, und es dann loszulassen. In manchen stillen Momenten auf den Auburn Lake Trails spielte die Zeit keine Rolle. Ebenso wenig wie Entfernung oder Bewegung. Alles geschah einfach. Aus einem bestimmten Grund.

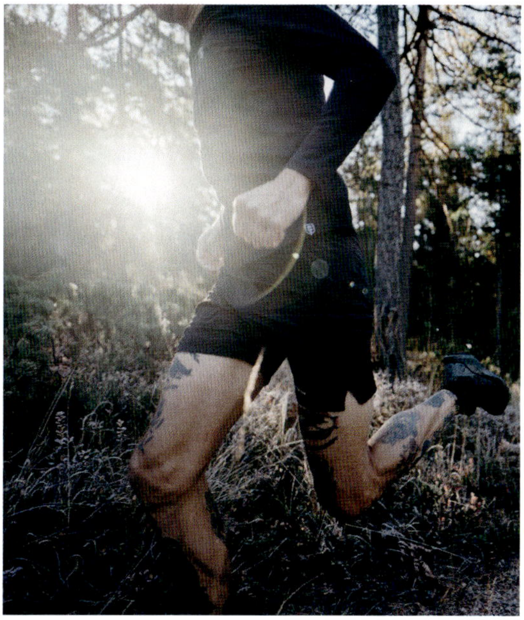

Der zweite Sonnenaufgang macht mir bewusst, dass ich schon 24 Stunden auf den Beinen bin. Eine unvorstellbar lange Zeit, in der ich gefühlt unendlich viel erlebt habe.

KAPITEL 45

BESTEN DANK AUCH, SCOTT

Nach einem fantastisch laufbaren Abschnitt der Strecke mit einigen kleineren Flussüberquerungen war der nächste Checkpoint Quarry Road (KM 146). Ich konnte diese Aid Station schon aus fast 3 Kilometern Entfernung durch die friedliche Morgenstimmung der Trails schallen hören. Als ich dort einrollte, fand ich heraus, warum. Die freiwilligen Helfer hatten die Lautsprecher ihrer äußerst potenten Beschallungsanlage direkt in den Wald gerichtet. Ich weiß nicht mehr, welches Lied daraus dröhnte, aber es war mit Sicherheit ein Rock-Klassiker aus den 80ern oder 90ern, und der Lautstärkeregler stand auf 11, von 10. Ich folgte erneut meinem ausgeklügelten Ernährungsplan und füllte eine Handflasche mit Eiswasser und eine mit Cola. Als ich eine Handvoll Chips zu meinem Gourmet-Menü hinzufügte, weil ich immer noch etwas be-

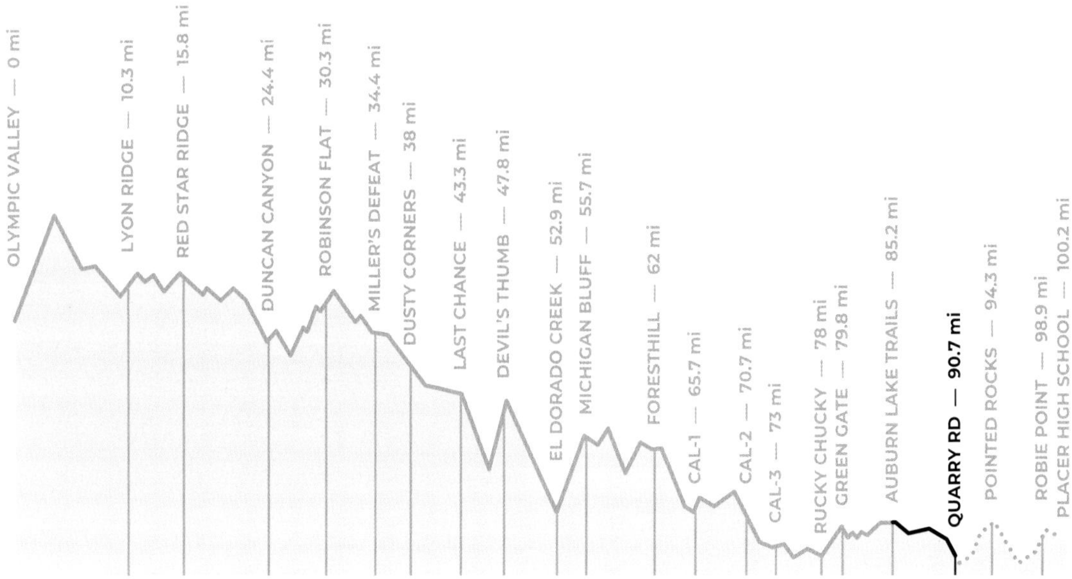

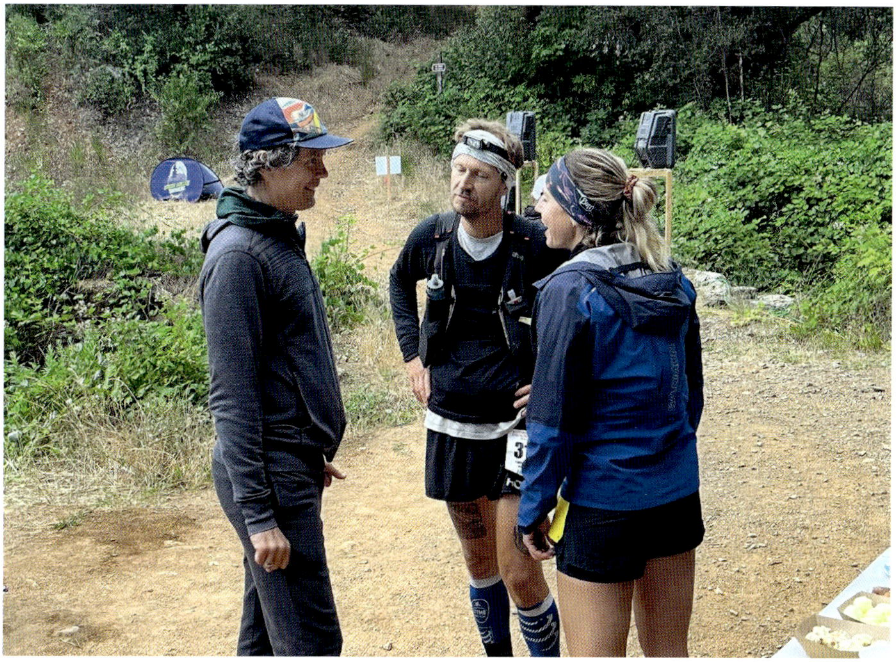

Scott Jurek *(links)* verteilt an der Quarry Road Aid Station aufmunternde Worte und wichtige Tipps an einen Läufer mit Pacerin.

sorgt über meinen Salzhaushalt war, sah ich einen großen Mann direkt neben mir stehen, der den Läufern Tipps für den nächsten Abschnitt gab. Mir fiel ein Chip aus dem Mund, als ich erkannte, dass es sich bei diesem Typen um meinen einzigen, wirklichen Laufheld handelte, Scott Jurek. Ich nuschelte etwas vermeintlich Tiefsinniges wie »Oh, hey, schön, dich kennenzulernen«.

Zumindest hoffe ich, dass irgendetwas Verständliches aus meinem Mund kam. Scott fragte mich, ob ich meinen Pacer verloren hätte. Ich bestätigte seine Vermutung und er erwiderte, dass ihm das auch schon passiert sei. Aufmerksam lauschte ich dann seinem hilfreichen Hinweis, ein paar Kilometer weiter auf eine plötzliche Linksabzweigung zu achten, die oft übersehen wird. Außerdem gab er mir noch Folgendes mit auf den Weg: »Nur noch 8 Kilometer bis zur nächsten Aid Station.«

Na super, besten Dank auch, Scott.

Ich bin kein Fanboy von irgendjemandem, aber ich kann hier offen sagen, dass kein anderer Läufer oder Laufbuchautor einen größeren Einfluss auf mich hatte als Scott Jurek. Sein Buch *Eat & Run* hat mich überhaupt erst mit dem Ultralaufen und dem *Western States Endurance Run* in Verbindung gebracht. Ich wünschte, ich hätte ihm das an der Quarry Road gesagt. Trotzdem war dieser zusätzliche Motivationsschub deutlich zu spüren, und ich setzte meinen Lauf mit noch mehr Freude fort. Immer noch mit vibrierenden Herzen und schweigendem Kopf.

Nach einem Stück auf einer breiten Forststraße entlang des American River und einem kurzen, aber steilen Singletrail-Anstieg war der nächste Stopp Pointed Rocks (KM 152). Es war die vorletzte Aid Station, aber eine ganz besondere. Nach meinem Raketenstart aus Cal-1 und meinem 40 Kilometer langen Punk-Sprint, angetrieben nur durch mein Herz und Cola, würde ich endlich wieder auf meine Crew treffen. Und darauf freute ich mich wirklich.

KAPITEL 46

POINTED ROCKS-FAMILIENTREFFEN

Meine obligatorischen »8 Kilometer bis zur nächsten Aid Station« führten mich einen kurzen Anstieg hinauf und dann über die legendäre Highway-49-Kreuzung. Dies war eine ehemalige Aid Station und der Ort, an dem der Weltklasse-Ultraläufer Jim Walmsley 2016 falsch abgebogen war. Er landete auf dem 20. Platz, obwohl er bis dahin ein sensationelles Rennen gelaufen war. Wenn man diesen Highway erreicht, hat man seit Stunden keine richtige Straße oder andere Anzeichen von Zivilisation mehr gesehen. Es kam mir unwirklich vor, als mir ein Polizist vorschlug, etwas schneller zu laufen, um die Straße zwischen zwei Autos zu überqueren, die er für mich angehalten hatte. Polizisten, Autos, Straßen, Verkehrsschilder … Mir wurde klar, dass ich kurz davor war, das Rennen zu beenden und mein lang ersehntes ABC-Ziel zu erreichen.

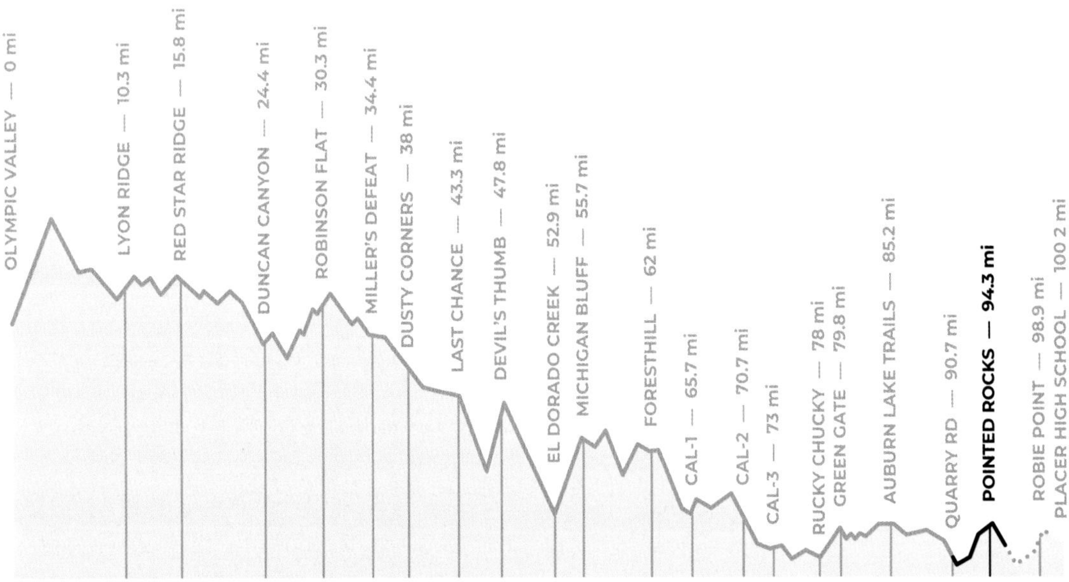

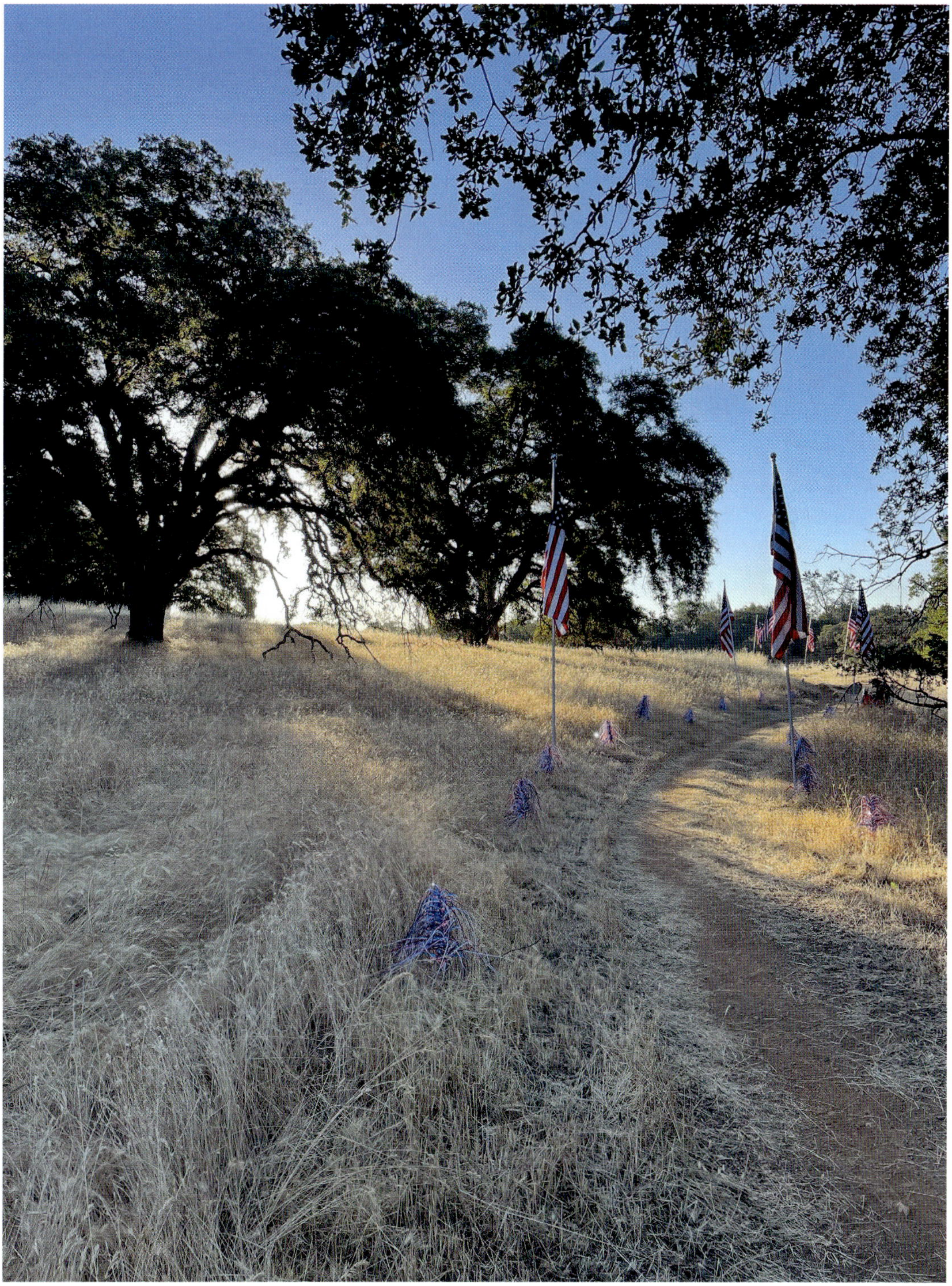

Die Ankunft in der Pointed Rocks Aid Station ist besonders bewegend. Nach vielen Stunden, fast allein auf einsamen Pfaden, werde ich hier meine Crew wieder treffen.

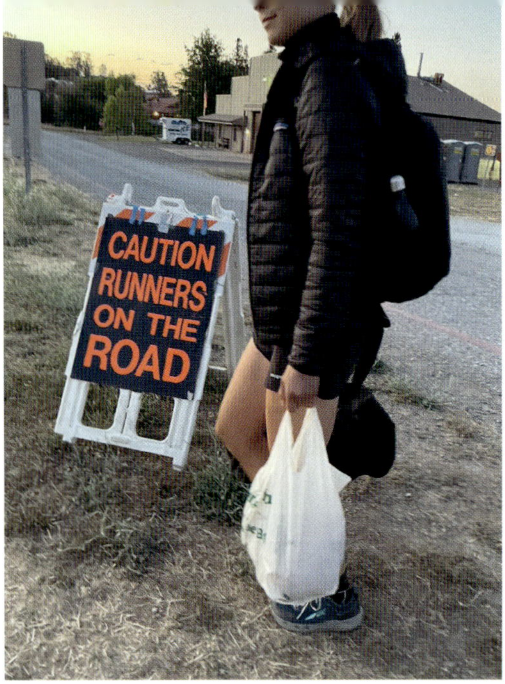

Marie und Lisa schleppen jedes Mal mehrere Kilo Gepäck zu den Aid Stations, um mich optimal versorgen zu können.

Die letzten Meter nach Pointed Rocks auf einem staubigen Singletrail über eine riesige Wiese zu laufen, war wie im Film. Die trockenen Grashalme bogen sich sanft im warmen Sommerwind. Ein paar hundert Meter entfernt wehte das Star-Sprangled Banner. Vereinzelte knorrige Bäume blickten unbeeindruckt und stumm auf das Treiben herab. Als die Aid Station hinter einem kleinen Hügel auftauchte, herrschte überall Zielstimmung. Meine Crew war da, und ich lächelte ihnen zu, um zu signalisieren, dass es mir gut ging. Tatsächlich fühlte ich mich nicht nur gut, ich war geradezu beschwingt. Keine extrovertierte Freude oder strahlendes Glück, sondern ein friedliches, stilles Gefühl tiefer Zufriedenheit. Lisa und Marie waren gut vorbereitet und boten mir alles an, von Kopfhörern über Essen hin zu Abkühlmaßnahmen. Ich hatte mich schon so daran gewöhnt, nur mit meinem Herzen zu laufen, dass ich lediglich nach dem Üblichen fragte: Wasser und Cola. Und einen Pacer. Endlich einen Pacer.

Entgegen dem ursprünglichen Plan bin ich den *Western States* bis zu diesem Punkt praktisch allein gelaufen. Technisch gesehen lief Lisa ein paar Kilometer hinter mir, von Cal-1 bis Rucky Chucky, aber das war nicht die Art und Weise, wie ein Pacer normalerweise seinen Job macht. Natürlich war es nicht Lisas Schuld, dass ich wie ein 100-Meter-Sprinter losrannte, nachdem die ältere Dame mir die Leviten gelesen hatte. Und es war auch nicht meine Schuld, dass Lisa, die sich gerade von ihrer COVID-19-Infektion erholt hatte, den ganzen Weg zu Rucky Chucky laufen musste. Was bei Cal-1 geschah, war befreiend und hat zweifellos den Verlauf meines Rennens bestimmt. Sicher, es hatte seinen Preis. Aber es war auch der magische Wendepunkt, an dem ich aufhörte, nach einem DNF zu streben, und anfing, auf das zu hören, was mein Herz wirklich wollte: ein *Western States*-Finisher zu werden.

Marie brauchte nur 30 Sekunden, um ihre gelbe Pacer-Startnummer anzupinnen, und schon verließen wir Pointed Rocks und begaben uns auf die letzten 9 Kilometer des *Western States Endurance Run.*
»Nur noch 8 Kilometer«, sagte ich mir.

Es war eine schöne Abwechslung, endlich jemanden hinter mir zu haben, mit dem ich mich unterhalten konnte. Die erste Frage, die ich Marie stellte, war, wer das Frauenrennen gewonnen hatte. Ich war begeistert, dass Ruth Croft den ersten Platz belegt hatte, aber noch mehr freute ich mich, dass Luzia Buehler aus der Schweiz als Vierte ins Ziel kam, was einfach fantastisch war. Sie ist eine großartige Sportlerin und ein wunderbarer Mensch, und wenn ich nicht selbst gelaufen wäre, hätte ich ihr Rennen zu Hause am Bildschirm verfolgt.

Marie und ich liefen und unterhielten uns, als würden wir einen entspannten Sonntags-Jog durch den Münchner Olympiapark machen. Ich sage das nicht, um damit zu prahlen, wie widerstandsfähig mein Körper und wie unzerbrechlich mein Wille ist. Tatsächlich war mein Körper ramponiert und mein Geist eher vernebelt als konzentriert. Aber ich lief mit dem Herzen, ein Zustand, den man nur erreicht, wenn man loslässt. Und genau das tat ich, als ich bei Cal-1 aus dem Stuhl sprang und endlich wieder das tat, wofür ich gekommen war.

Doch vor dem ersehnten Ziel in Auburn gab es noch einen letzten, denkwürdigen Zwischenstopp.

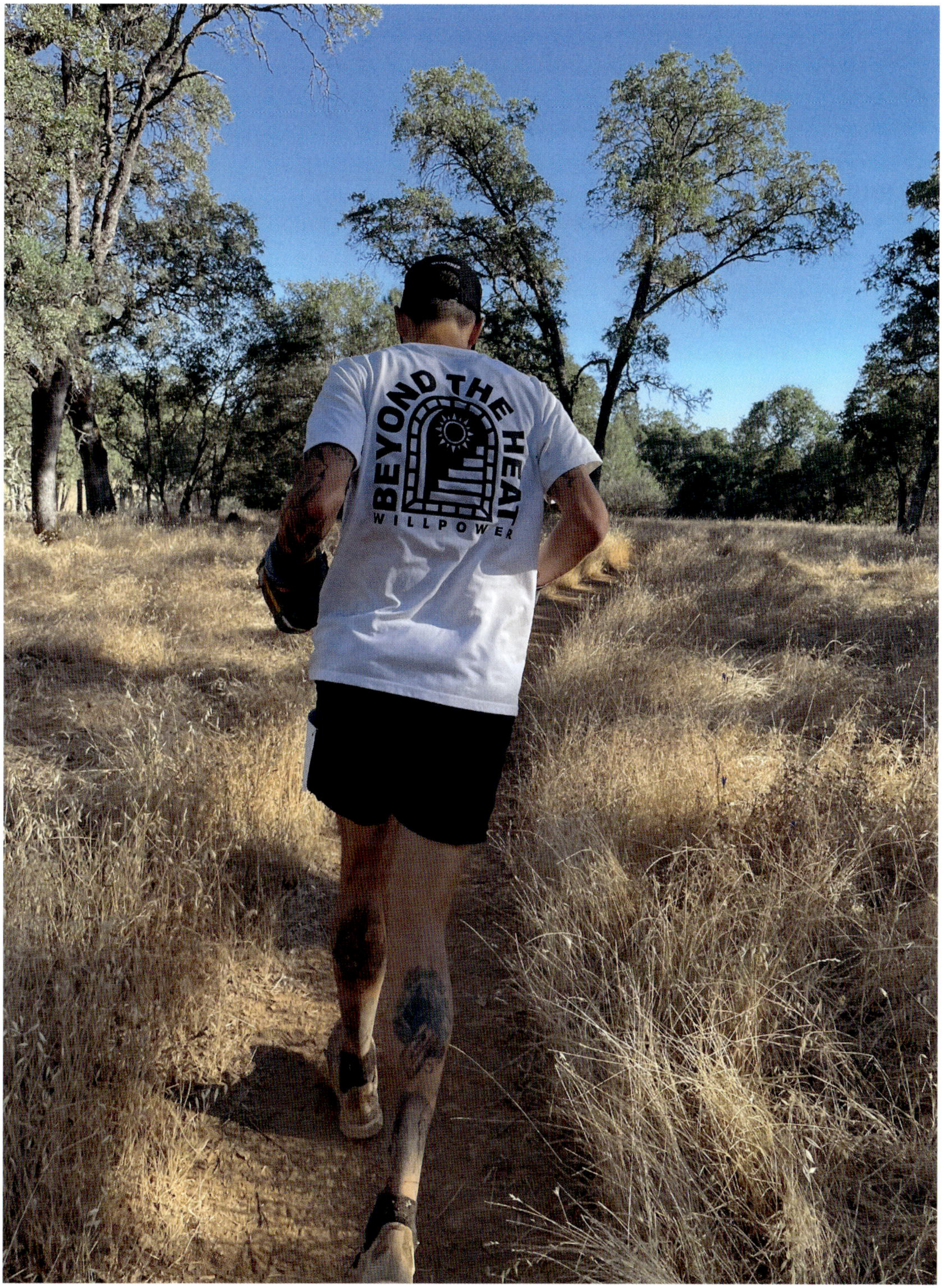

»Travel light«, also mit leichtem Gepäck reisen, ist ein Ansatz, der mir schon immer sehr gut gefällt. Das passt besonders gut zu Rennen wie dem *Western States*.

KAPITEL 47

EINE BRÜCKE OHNE HÄNDE

Marie und ich liefen eine Passage mit sanft abfallenden Singletrails hinunter, die eine scharfe Rechtskurve machten, wo sich uns wie aus dem Nichts etwas wirklich Großartiges offenbarte: die No Hands Bridge. Sieben Monate lang hatte ich dieses ikonische Bauwerk angestarrt. Ich hatte ein Foto der Brücke direkt, nachdem ich die *Western States*-Lotterie gewonnen hatte als Hintergrundbild meines Computers eingerichtet. Die No Hands Bridge verleitete mich oft zu Tagträumen und wurde immer mehr zu einem wahren Sehnsuchtsort, den ich unbedingt besuchen wollte. Und nun war ich tatsächlich hier und im Begriff, sie zu überqueren. Die Mountain Quarries Railroad Bridge, wie sie offiziell heißt,

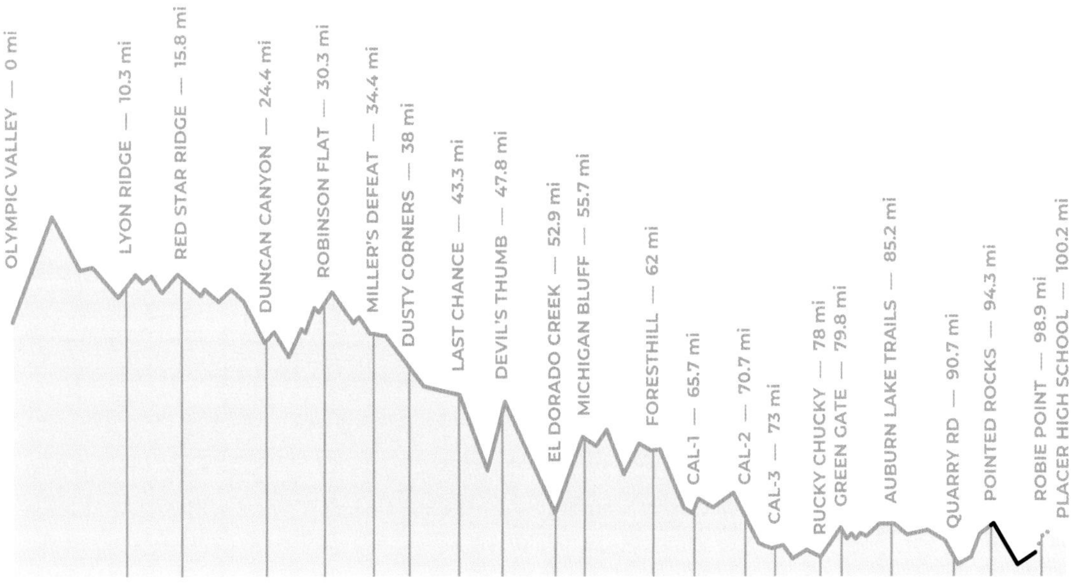

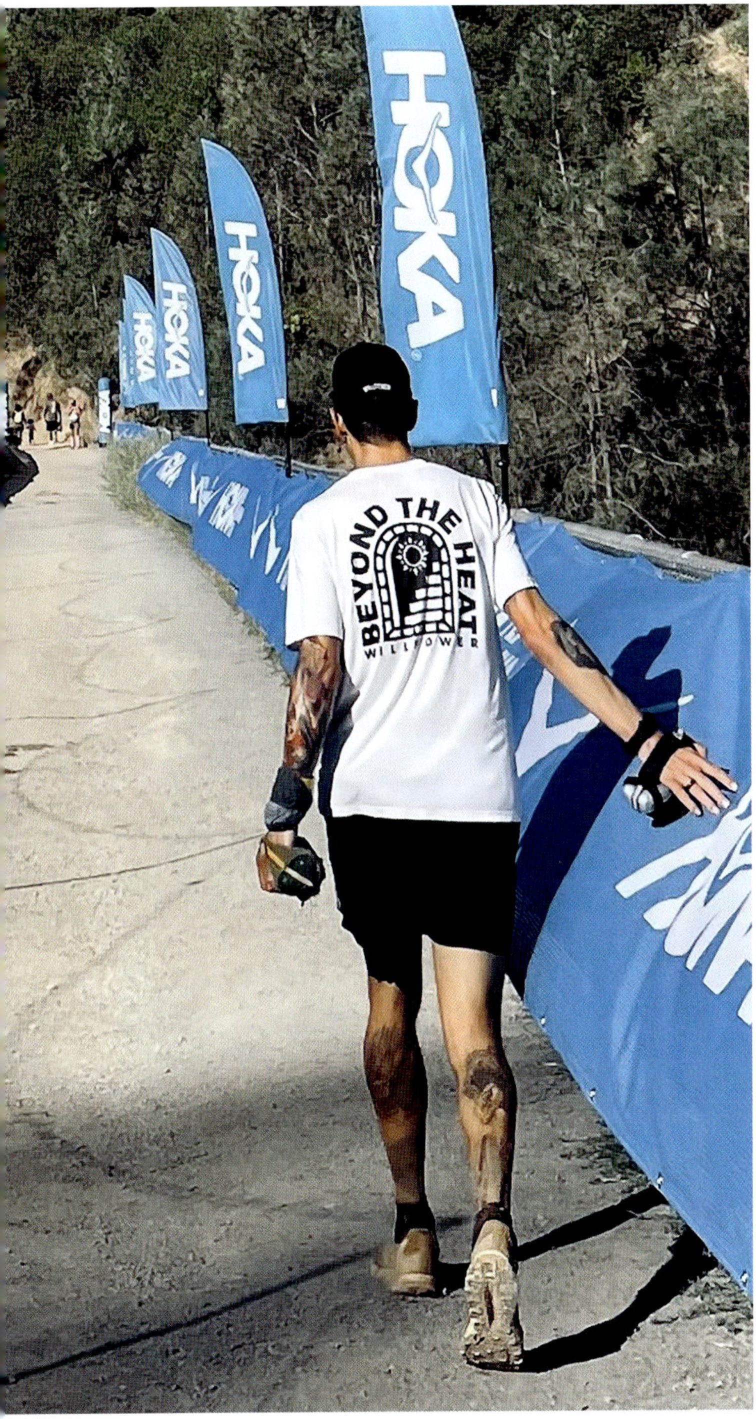

Für mich einer der bedeutendsten Momente meines *Western States*: Die Überquerung der No Hands Bridge.

überspannt die Nordgabel des American River und wurde 1912 erbaut. Ihren eigenwilligen Namen erhielt sie von der tollkühnen Tevis-Cup-Reiterin Ina Robinson, die die Brücke – damals noch ohne Geländer – überquerte, nachdem sie die Zügel fallen ließ und sagte: »Schaut her! Ohne Hände.«

Für die meisten Läuferinnen und Läufer des *Western States* ist die No Hands Bridge der Punkt, an dem sie erkennen, dass sie zweifellos das Ziel in Auburn erreichen werden. Mit nur noch fünf verbleibenden Kilometern und 156 bereits in der Tasche fühlt es sich an wie ein Endspurt. Wenn man den ganzen Tag, und im Falle der meisten Teilnehmenden auch die ganze Nacht, gelaufen ist, verschafft dieser Meilenstein eine unglaubliche Erleichterung.

Als ich die Brücke betrat, hörte ich auf zu laufen und begann über sie zu schlendern. Meine rechte Hand streifte sanft das Geländer und mein Atem verlangsamte sich. Es fällt mir schwer, die Vielfalt der Emotionen, die mich in diesem Augenblick durchströmten, in Worte zu fassen. Der treffendste Ausdruck, um diese Erfahrung zu beschreiben, ist wohl »ankommen«. Nicht an einem bestimmten Ort, sondern in meinem Inneren. Trotz all der Erleichterung und Unbekümmertheit, die ich spürte, nachdem ich aus Cal-1 explodiert war, erlebte ich beim Überschreiten der

No Hands Bridge eine zusätzliche Ebene der Befreiung. Es war ein unglaublich intensiver Moment, der mir jedes Mal eine Gänsehaut beschert, wenn ich daran zurückdenke. So auch genau jetzt, während ich dies hier schreibe.

Ankommen ist etwas, wonach ich mich als Läufer ständig sehne. Im wörtlichen Sinne, wenn ich die Ziellinie überquere, aber noch mehr im übertragenen Sinne. Ich habe bis heute nicht ganz verstanden, warum das Laufen nach der Musik meine zweite große Leidenschaft geworden ist. Vielleicht, weil es mir das Gefühl gibt, etwas zu schaffen, allein und aus eigener Kraft. Das Laufen gibt mir ein klares Ziel, auf das ich hinarbeiten kann, und lockt mit guten Chancen, es zu erreichen. Oder zu scheitern und es anschließend erneut zu versuchen. Aber letztlich weiß ich, dass ich immer dort ankommen werde, wo ich sein möchte.

Für mich war es ein kleines Wunder, dass ich so weit gekommen war. Auch wenn ich gerade nicht damit beschäftigt war, alle von meinem geplanten DNF zu überzeugen, zweifelte ich insgeheim daran, dass ich es überhaupt bis zur No Hands Bridge schaffen würde. Aber ich war angekommen. Und nun lagen nur noch ein Anstieg und eine Handvoll Kilometer zwischen mir und meinem *Western States*-Finish.

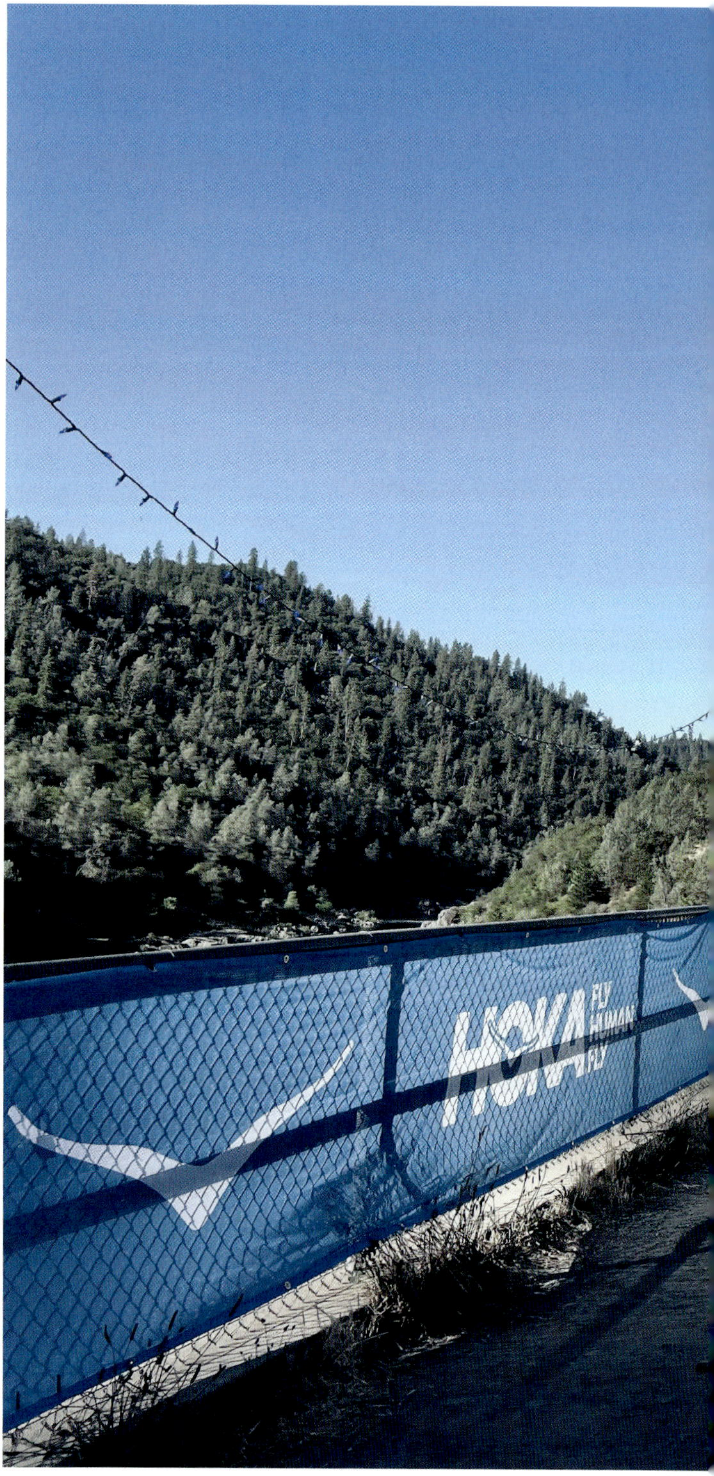

Das Gefühl des Angekommenseins in einem Bild.

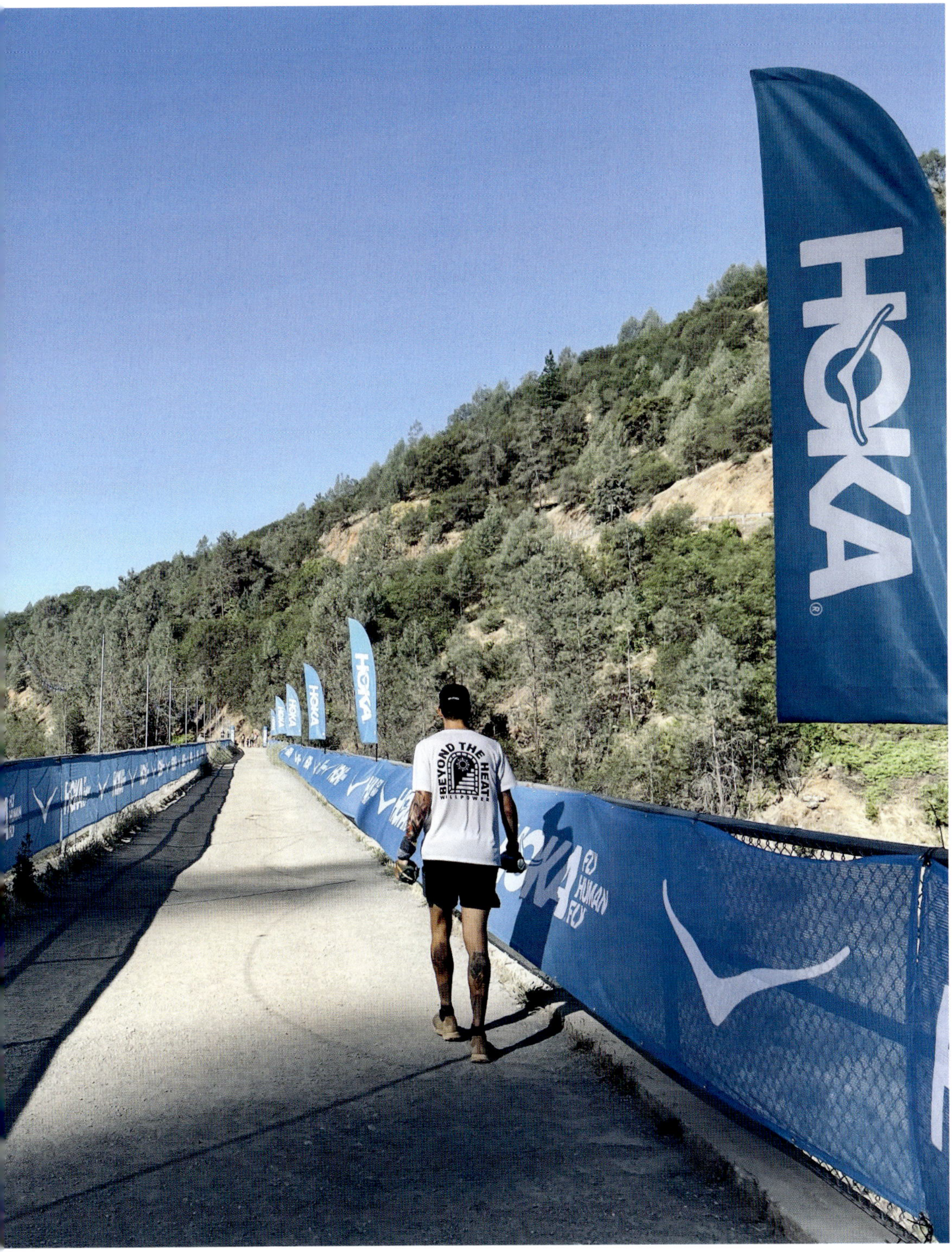
HOKA
BEYOND THE HEAT
FLY HUMAN FLY

KAPITEL 48

DER KREIS SCHLIESST SICH

Auf breiten Forststraßen entlang der nördlichen Gabelung des American River kämpften Marie und ich uns einen letzten mühsamen Anstieg hinauf, der es noch einmal in sich hatte. Wir überholten eine Handvoll Läufer und ihre Pacer, die diese Passage nur noch mit der Technik »10 Schritte gehen, 1 Minute ausruhen« bewältigen konnten. Unser Ziel war die letzte offizielle Aid Station des Rennens, Robie Point (KM 159,2). Dort wartete Lisa schon auf uns. Von Robie Point aus durften alle Crewmitglieder und Freunde gemeinsam mit ihren Läuferinnen und Läufern die letzte Meile zum Ziel an der Placer High School laufen. So auch unser *Western States*-Trio Lisa, Marie und ich. Auf dem Weg dorthin kamen wir

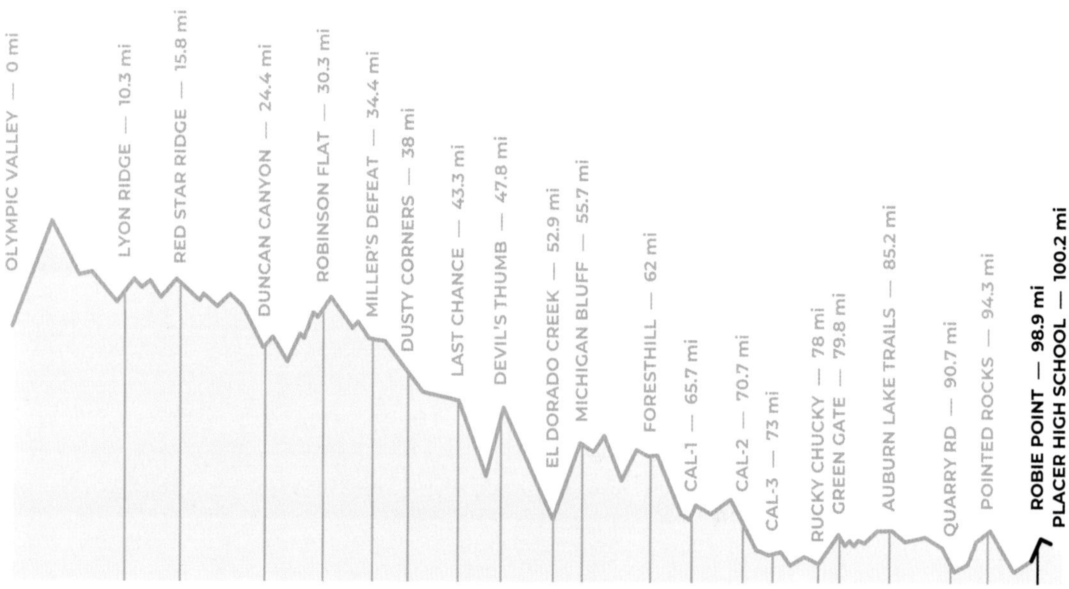

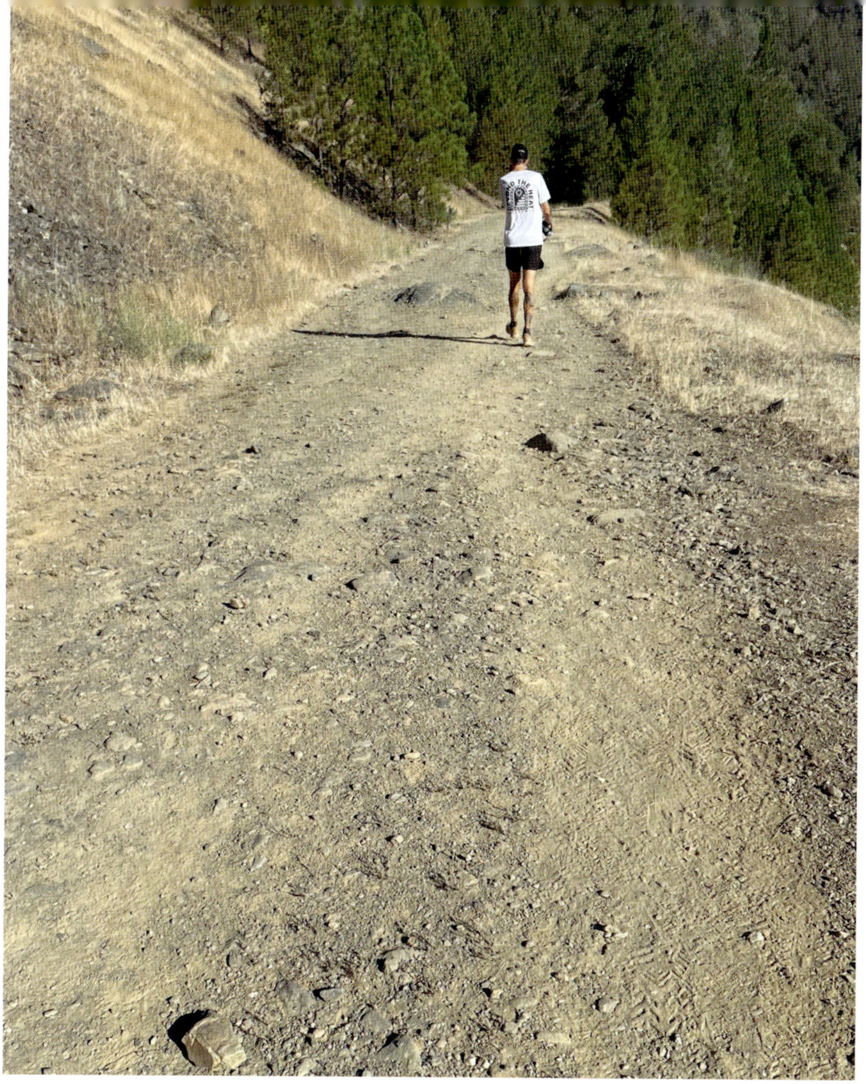

Auch am zweiten Tag meines *Western States*-Rennens ist die Hitze schnell wieder präsent. Aber mit dem Wissen, dass es nur noch wenige Kilometer bis zur Ziellinie sind, kann ich sie deutlich besser ertragen als am Vortag.

an der legendären Mile 99-Party vorbei, bei der jeder Teilnehmende, der es so weit geschafft hatte, mit tosendem Applaus und Jubel gefeiert wurde. Nach einem kurzen Downhill in die Stadt überquerten wir schließlich die White Bridge im Herzen von Auburn.

Nur wenige Meter vor dem kleinen Tor der Placer High School sah ich den Rest meiner Crew, die eigentlich das Krankenbett hüten musste. Aber sie waren gekommen, um sich diesen glorreichen Moment nicht entgehen zu lassen. Sie standen in Reih und Glied auf dem Bürgersteig, in virensicherem Abstand zu den anderen Zuschauern und sahen aus, als hätten auch sie eine ziemlich harte Nacht hinter sich. Als ich an Michi, Christiane und Henning vorbeitrabte,

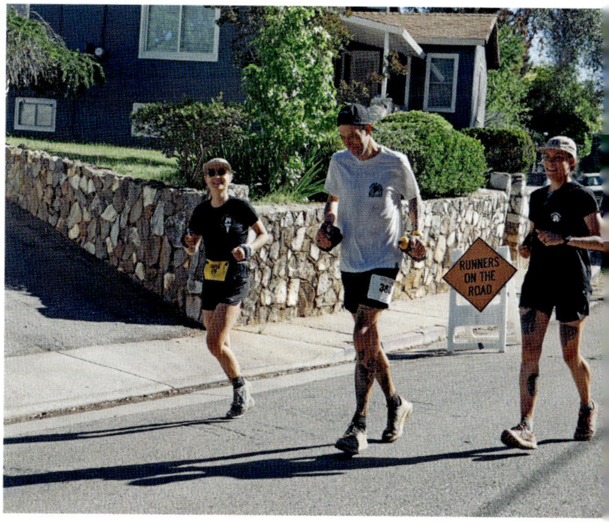

Die letzten eineinhalb Kilometer durch Auburn laufe ich Seite an Seite mit Marie und Lisa. Vorbei am zweiten Teil meiner Crew, Henning, Christiane und Michi, die schon am Ziel auf mich warten.

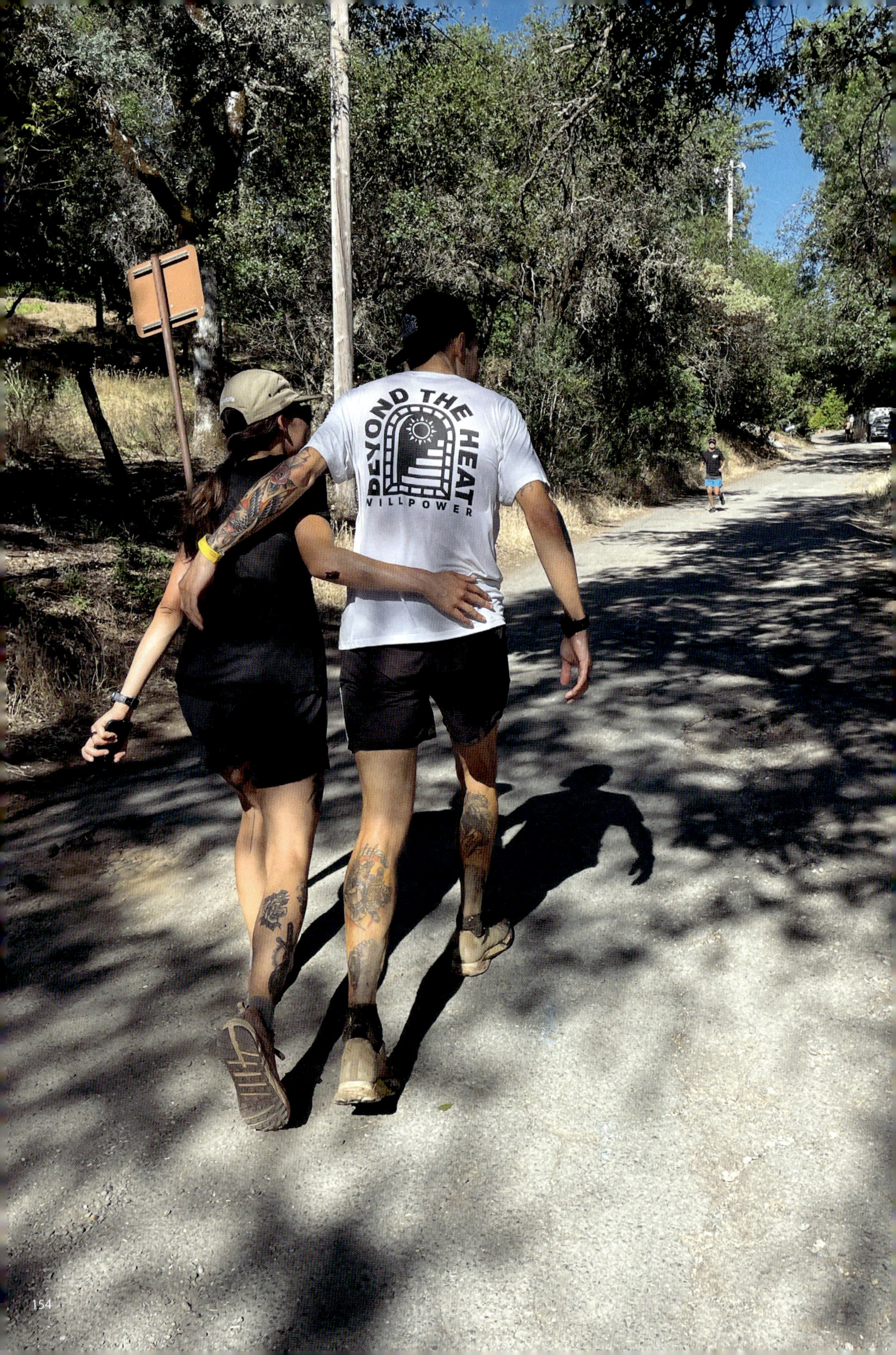
BEYOND THE HEAT
WILLPOWER

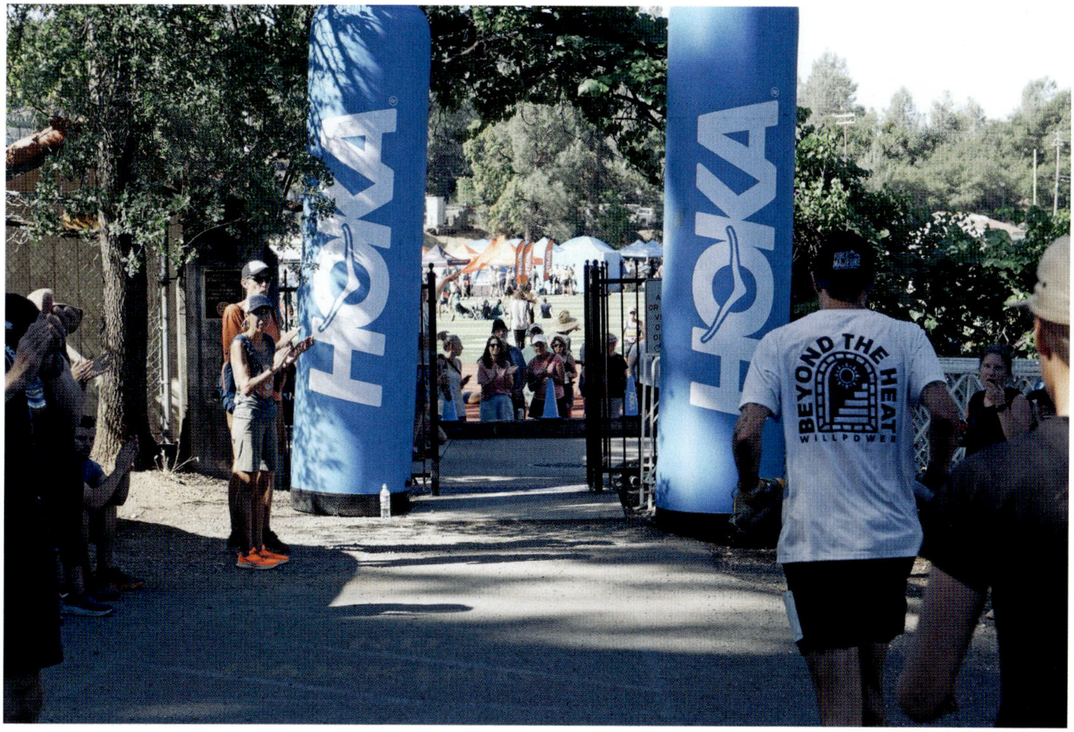

Das kleine Eisentor ist der Eingang zur Tartanbahn der Placer High School. Nur noch eine dreiviertel Runde um den Sportplatz trennt mich von meinem *Western States*-Finish.

Seite an Seite mit Marie und Lisa, wurde mir wieder einmal bewusst, dass mein *Western States*-Finish eine Teamleistung war. Ohne ihre selbstlose Unterstützung wäre ich nicht so weit gekommen.

Ich lief durch das Tor und betrat den Sportplatz der High School. Sofort spürte ich die von der Sonne erwärmte Tartanbahn unter meinen Füßen. Lisa und Marie überließen mir die letzten Meter und bogen links ab, um im Ziel auf mich zu warten. Mit Freudentränen in den Augen und tiefster Dankbarkeit im Herzen lief ich diese letzten Meter auf Bahn 3 des berüchtigten Placer High School-Track. Dieser unvergleichliche Moment fühlte sich wie eine Ewigkeit an: eine ungefilterte, körperlose und tief prägende Ewigkeit.

Trotz hunderter Zuschauer online und offline war das Laufen auf der roten Laufbahn mit weißen Linien für mich ein sehr ruhiger und privater Moment. Ich war ganz bei mir und in mir. Mein Körper, mein Geist und meine Seele waren im absoluten Einklang. Ich glaube, ich habe mich noch nie in meinem Leben so vollkommen und ruhig gefühlt. Nichts war von Bedeutung. Aber alles hatte einen Sinn.

Ich trat über die Zeitnahme-Matte und stand einfach ein paar Sekunden da. Dann bückte ich mich und berührte mit der rechten Hand den Boden, um mich wieder mit der pulsierenden Welt um mich herum zu verbinden. Meine Sinne schärften sich, und ein Glücksgefühl durchströmte meinen Körper wie eine kalte Dusche. Ich erhob mich, um eine Medaille und eine Umarmung von einer lächelnden Helferin entgegenzunehmen, ging zur Absperrung, wo Lisa auf mich wartete, und versank in ihren liebevollen Armen. Ich hatte den *Western States 100* gefinisht.

Diesen besonderen Moment mit Lisa teilen zu können, bedeutet mir unglaublich viel.

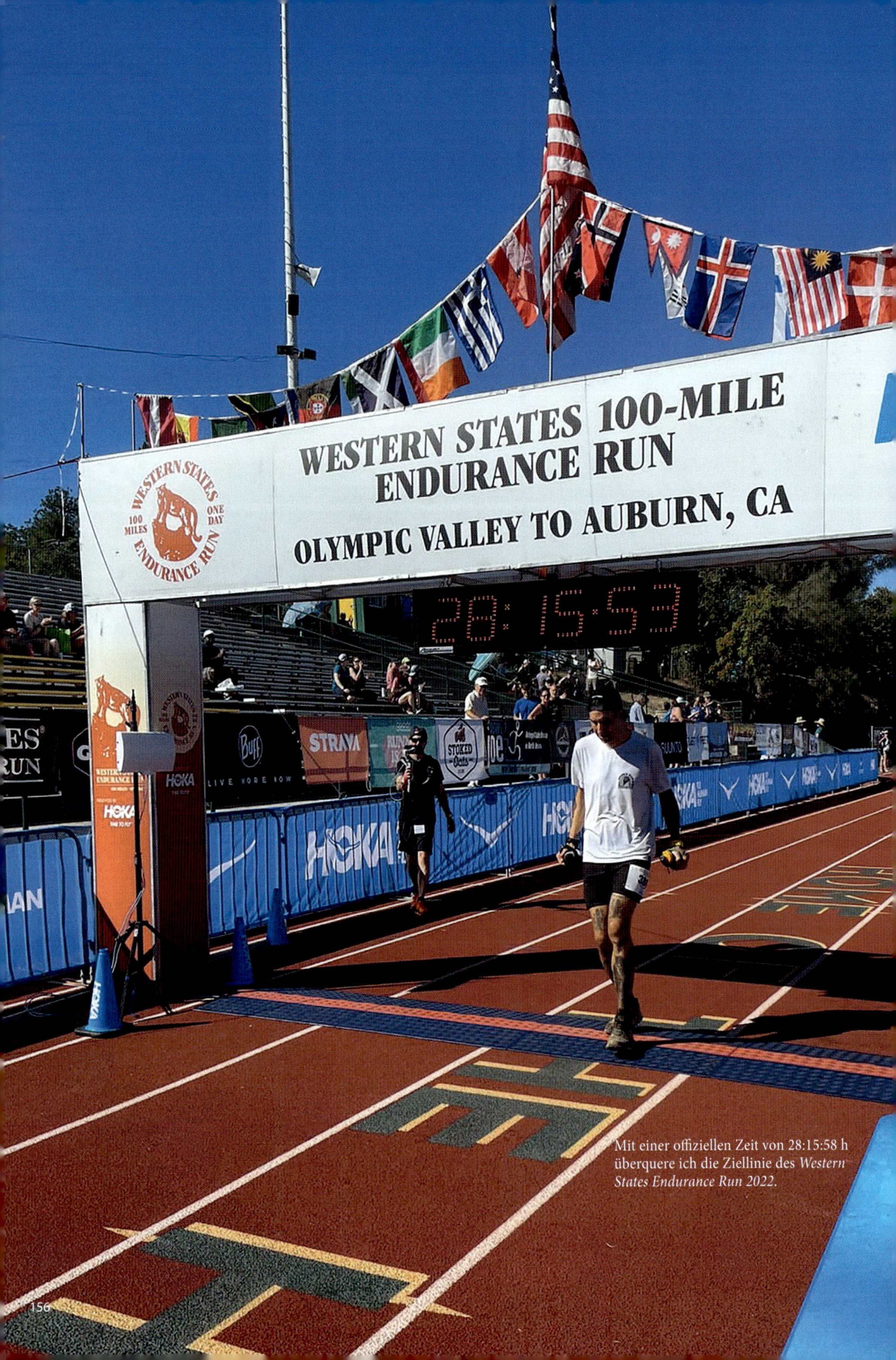

Mit einer offiziellen Zeit von 28:15:58 h überquere ich die Ziellinie des *Western States Endurance Run 2022.*

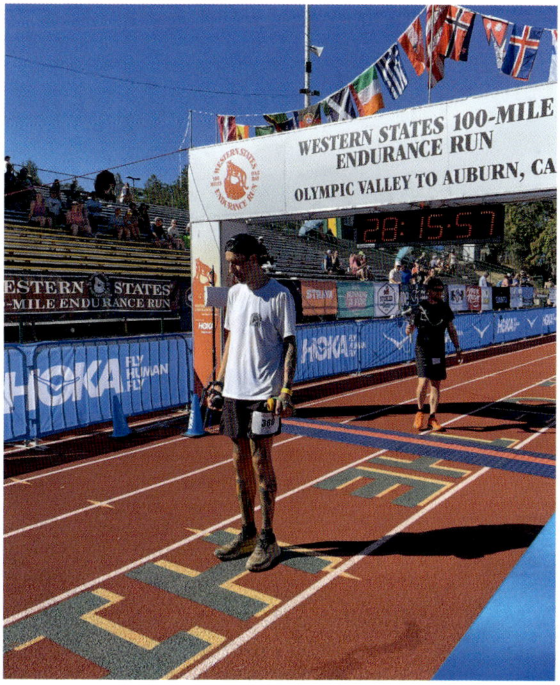

Ich brauche einen Moment, um wieder im Hier und Jetzt anzukommen und zu realisieren, was gerade passiert.

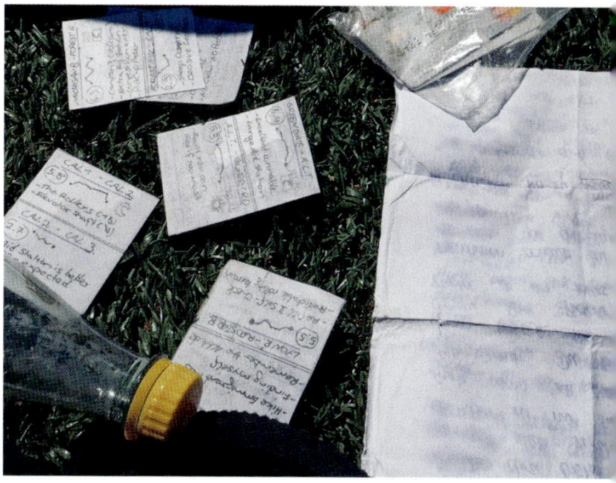

Für hundert Meilen der Inhalt einer kleinen Seitentasche meiner Shorts: Ausweis und Kreditkarte, Notizen zu meinem Rennskript und ein Liebesbrief von Lisa.

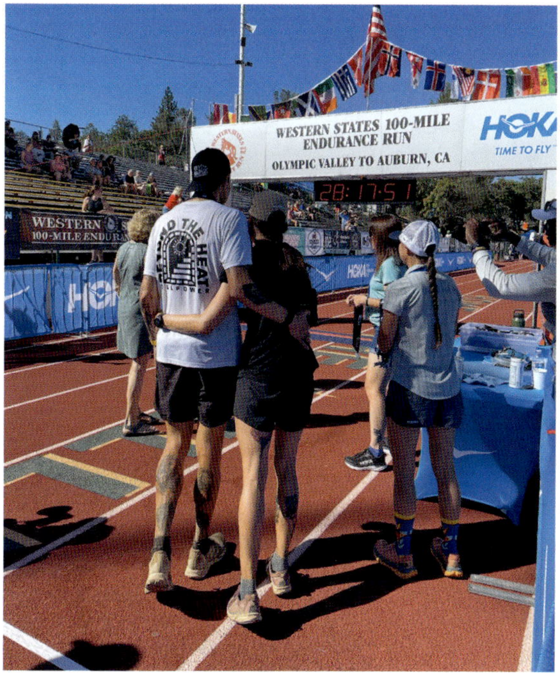

In Lisas Armen wird mir langsam klar, was hinter mir liegt.

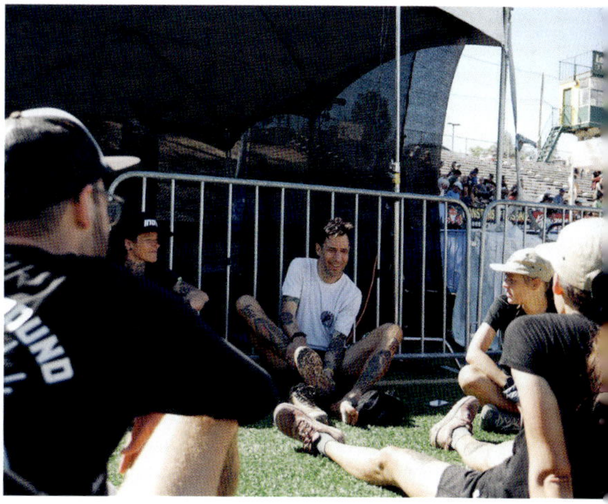

Ich bin sehr dankbar, im Ziel von so vielen lieben Menschen empfangen zu werden. Am Ende ist der *Western States*, ja die Laufwelt überhaupt, eine große, sehr herzliche Gemeinschaft.

KAPITEL 49

ANGEKOMMEN SEIN

Lebensverändernd ist ein großes Wort. Ich verwende es nicht oft. Ich glaube sogar, dass ich damit noch nie ein Erlebnis beschrieben habe. Aber dieses Rennen hat Dinge in mir ans Licht gebracht, mit denen ich vorher nicht in Berührung gekommen bin. Gutes und Schlechtes. Er hat mich mit all meinem Schmerz und all meiner Kraft verbunden. Es hat mein Bewusstsein dafür verändert, was ich ertragen, aber auch, was ich erreichen kann.

Ich bezweifle, dass ich in meinem Leben noch viele andere Rennen erleben werde, die mir eine so intensive Begegnung mit mir selbst bescheren. Eine so tiefe Inspiration. Der *Western States* wird seinem Ruf als wichtigster Ultramarathon der Welt wirklich gerecht. Und das Gefühl, zum ersten Mal 100 Meilen gelaufen zu sein, werde ich logischerweise auch nur einmal in meinem Leben erfahren. Beides zusammen hat die Wirkung dieses Laufs auf mein Leben noch mal um ein Vielfaches verstärkt.

Während ich diese Zeilen schreibe, sind seit jenem Tag viele Wochen vergangen. Die ruhigen Morgenstunden im High Country, die unerwartet frühe Konfrontation mit der Hitze im Duncan Canyon, der vernichtende Aufstieg zu Devil's Thumb, die völlige körperliche und emotionale Leere in Michigan Bluff, die unwirkliche Wende bei Cal-1, die Aufregung bei der Rucky Chucky-Flussquerung, das Gefühl, angekommen zu sein, als ich über die No Hands Bridge schlenderte, und der unendliche innere Frieden, den ich empfand, als ich in Auburn auf die Tartanbahn einbog. All diese Erinnerungen jagen mir immer noch eine Gänsehaut über den Rücken und versetzen mich jedes Mal, wenn sie wieder auftauchen, emotional zurück zum *Western States*.

Angekommen sein. Dieses »No-Hands-Bridge-Gefühl« beschreibt auch sehr treffend mein gesamtes *Western States*-Erlebnis. Neulich habe ich mit meinem Trauzeugen Chris gesprochen. Er weiß, wie sehr ich es hasse zu telefonieren, also hat er es kurz gemacht:

»Western States hat dich verändert. Du bist jetzt viel ruhiger. Du scheinst dort angekommen zu sein, wo du als Läufer immer sein wolltest. Auch als Mensch. Das strahlst du irgendwie aus. Und es steht dir sehr gut.«

Der Western States hat mich neben vielen anderen Dingen gelehrt, dass das wahre Gefühl, etwas erreicht zu haben, jenseits der Messgrößen von Distanz und Zeit liegt. Um tief und dauerhaft mit dem Geleisteten und dem Weg dorthin zufrieden zu sein, muss man auch herausfinden, warum man sich dafür auf den Weg gemacht hat. Mein *Western States*-Abenteuer hat mich eng mit dem verbunden, warum ich laufe. Warum ich überhaupt irgendwelche Ziele im Leben verfolge. Und das ist ein großer Segen.

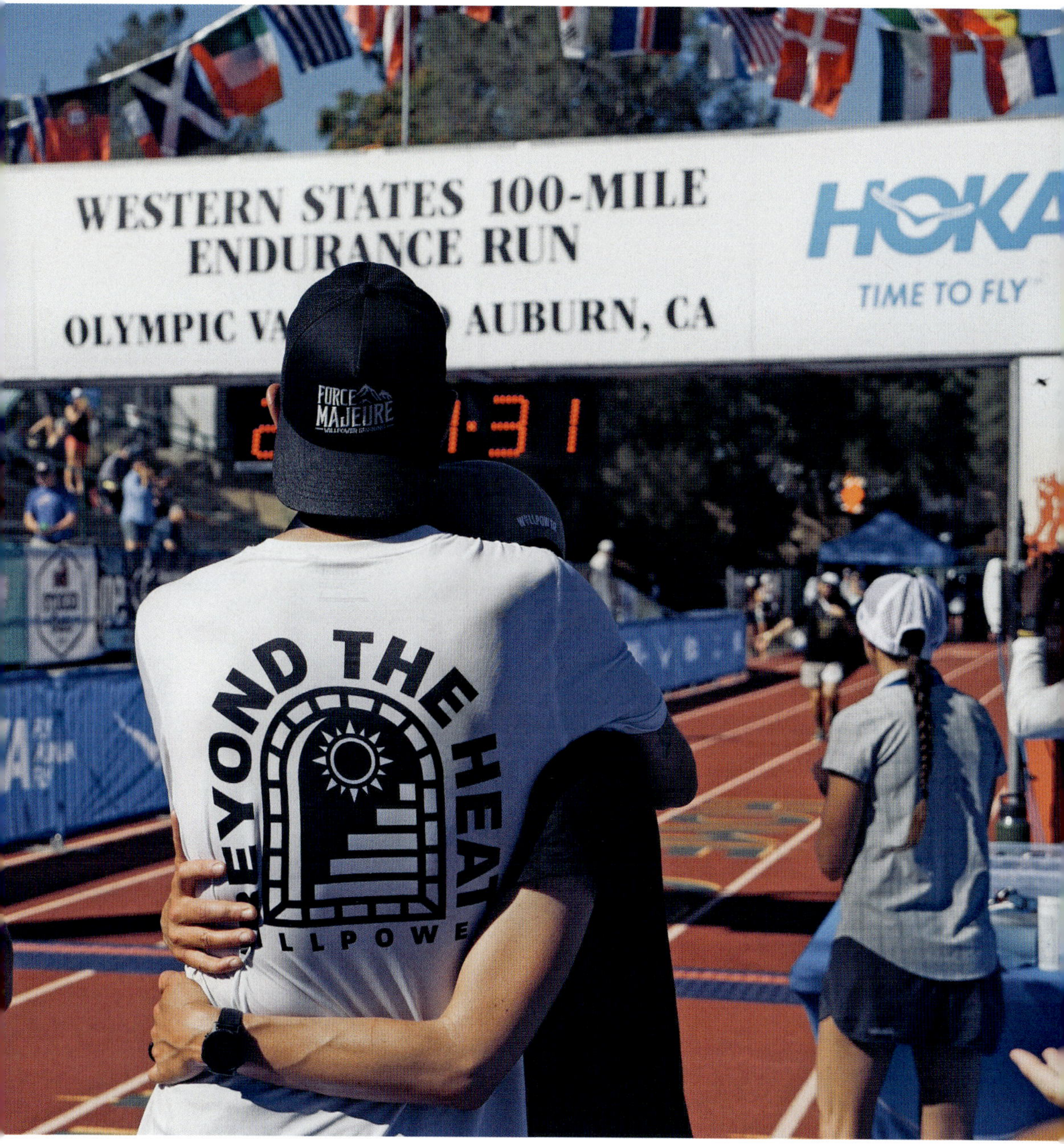

Lisa und ich haben viele Läufe zusammen bestritten und oft für den anderen mitgefiebert. Für mich ist der *Western States 100* das prägendste Rennen von allen.

TEIL 4

Nachwirkungen

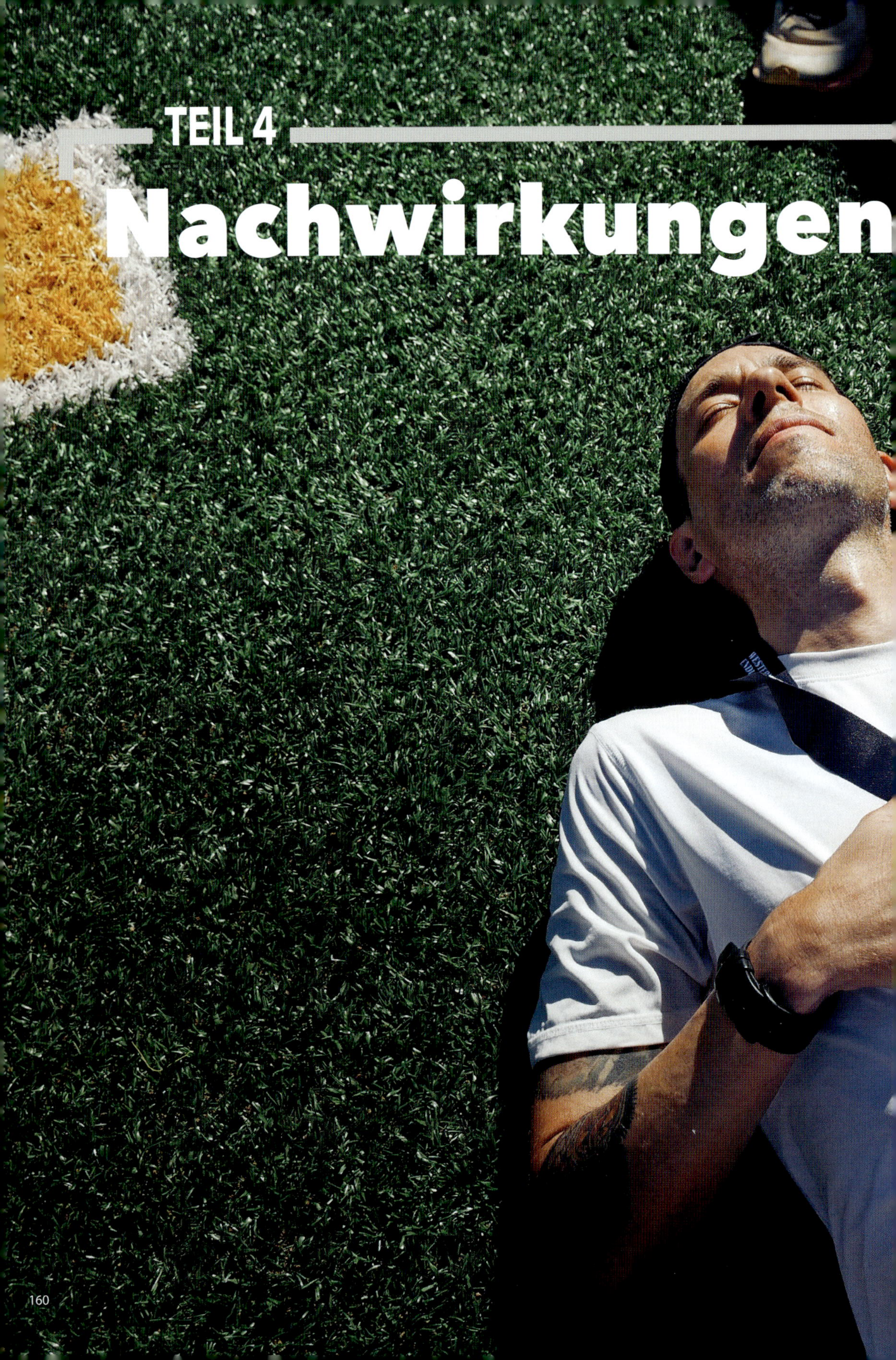

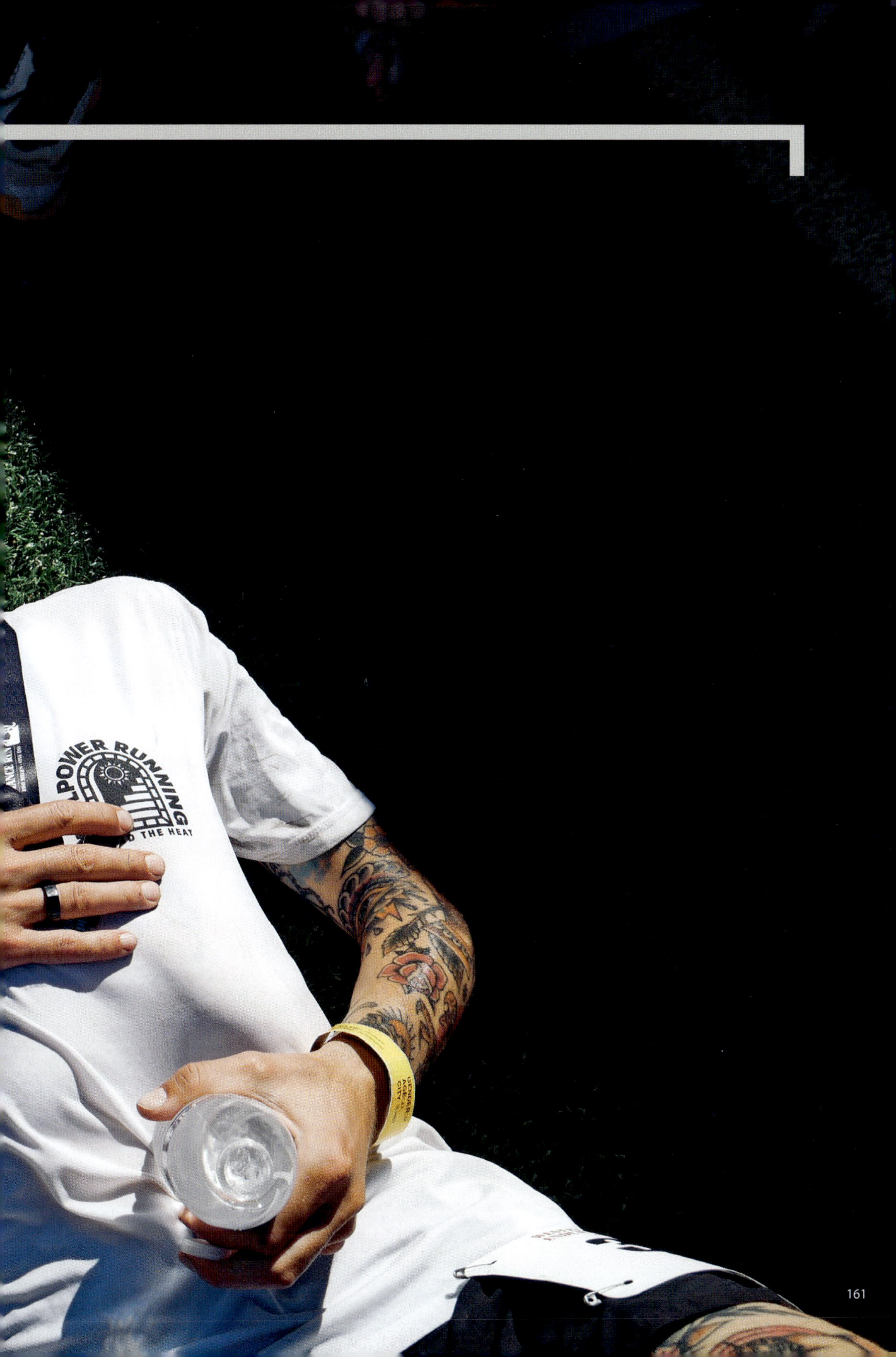
POWER RUNNING
THE HEAT

KAPITEL 50

DIE GOLDENE STUNDE EINES GOLDENEN RENNENS

Man lernt viel über Rennen, wenn man sie von außen betrachtet. All die Aufregung, der Nervenkitzel, die Anstrengung, der Kampf, die Schmerzen und die Erleichterung, die Zweifel und die Erfüllung. Normalerweise versuchen wir Menschen, solche intensiven körperlichen und emotionalen Erfahrungen im Leben zu vermeiden, vor allem, wenn das Risiko des Scheiterns und der Enttäuschung besteht. Dennoch wagen es einige von uns, an die Startlinie zu treten und ein weiteres Laufziel in Angriff zu nehmen, das noch vor wenigen Monaten oder Jahren unmöglich schien. Für mich ist Laufen reiner Heldenmut. Es bringt eine mentale, emotionale und körperliche Stärke zum Vorschein, die im Alltag oft verborgen bleibt.

Die Golden Hour des *Western States* beschreibt die letzten 60 Minuten vor dem strikten 30-Stunden-Cut-off. Jedes Jahr überquert fast ein Drittel des Feldes die Ziellinie innerhalb dieser hochmotivierenden Zeitspanne. Es ist eine schöne Tradition, die Läuferinnen und Läufer der Golden Hour genauso anzufeuern und zu feiern wie die Profis, die fast 15 Stunden früher ins Ziel kommen.

Auch wenn das Losglück beim *Western States* eine große Rolle spielt, glaube ich, dass keiner, der seinen Hut in den Ring wirft, nicht davon träumt, das Rennen auch zu beenden. Trotz der hohen Wettbewerbsdichte und des Elitestatus, den der *Western States Endurance Run* unter den Profis genießt, ist es immer noch die größte Ehre und Leistung, den Lauf innerhalb der 30-Stunden-Marke zu beenden.

Ein episches Ziel, das die 70-jährige Läuferin Gunhild Swanson 2015 mit einer Zeit von 29 Stunden, 59 Minuten und 54 Sekunden erreichte. Sie war die erste Frau in ihrer Altersklasse, die das Rennen beendete, und wurde auf den letzten Kilometern von Rob Krar, dem männlichen Sieger des Jahres, begleitet. Es sind Geschichten wie diese, die die Golden Hour beim *Western States* zu einem der aufregendsten und herzerwärmendsten Momente in unserem Sport machen.

Meine Crew und ich blieben auf dem Sportplatz der High School in Auburn, bis der letzte offizielle Finisher nach 29:55:48 Stunden die Ziellinie überquerte. Es war sehr bewegend.

Wenn ich noch länger im »Chäir« gesessen hätte, wäre ich vielleicht zur Golden Hour ins Ziel gekommen. Oder auch gar nicht. Im Nachhinein bin ich froh, wie es gelaufen ist und dass ich gegen Ende des Rennens einen guten Zeitpuffer hatte.

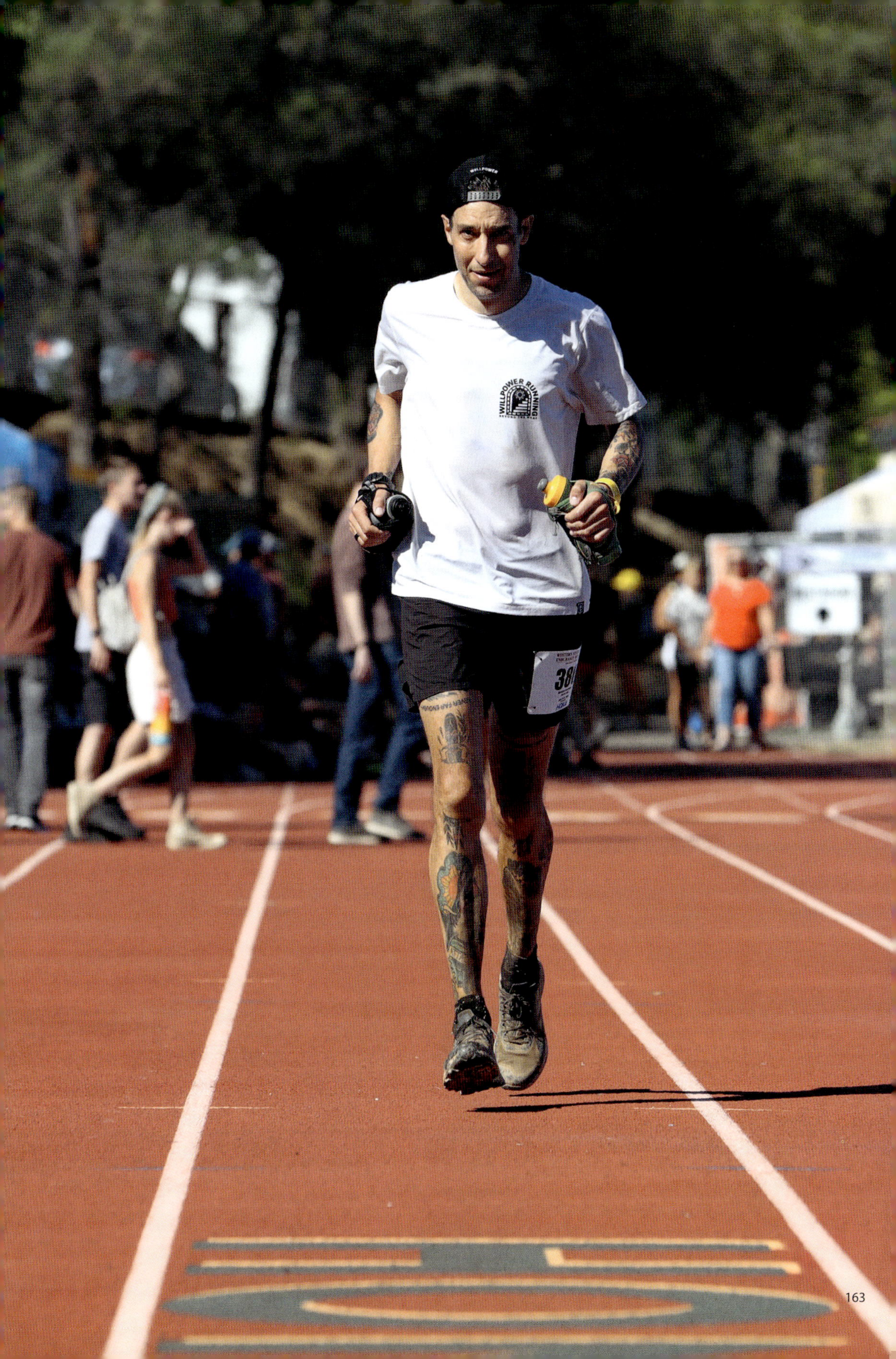
WILLPOWER RUNNING

KAPITEL 51

DEN GÜRTEL ENGER SCHNALLEN

Etwa eine Stunde nach dem offiziellen Cut-off fand die Siegerehrung statt. Eine liebevolle und ergreifende Veranstaltung, die allen Finishern – von den Top 10 des Rennens bis zu den Läuferinnen und Läufern der Golden Hour – Raum gab. Jeder Finisher wurde namentlich aufgerufen und bekam eine Gürtelschnalle überreicht. Ja, genau. Eine Schnalle. Für einen Gürtel.

Viele amerikanische Ultramarathons zeichnen ihre Finisher mit einer solchen Schnalle aus. Diese Eigenart geht auf die Tradition historischer Langstrecken-Pferderennen zurück. Beim *Western States Endurance Run* handelt es sich um den Tevis Cup, den Vorläufer des 100-Meilen-Laufs, wie wir ihn heute kennen.

Die Schnalle, die ich an diesem Nachmittag in Auburn überreicht bekam, ist ein wunderschönes, handgefertigtes Artefakt. Auf der Rückseite ist mein Name eingraviert. Die Olympiasiegerin und *Western States*-Champion Magda Boulet überreichte sie mir in einer edlen Schachtel und einem Poliertuch. In der Schachtel befand sich auch ein Zettel mit dem Versprechen von Comstock Heritage, der Firma, die die Schnalle hergestellt hat, sie lebenslang zu reparieren oder nachzubessern. Wie schön ist das denn? Meine *Western States 100*-Schnalle hat sich einen besonderen Platz in meiner Wohnung und auch in meinem Herzen verdient. Sie ist ein echter Hingucker und hebt sich von all den anderen Medaillen ab, die sich so ähnlich sind, dass sie von fast jedem Rennen stammen könnten. Die Schnalle ist ein weiteres einzigartiges Merkmal, das den *Western States* für mich zu einem unvergesslichen Lebensereignis gemacht hat.

Meine *Western States*-Finisher-Gürtelschnalle hat einen ganz besonderen Platz in unserer Wohnung bekommen. Ich habe sie noch nie getragen. Vielleicht mache ich das, wenn ich eines Tages zurückkehren werde.

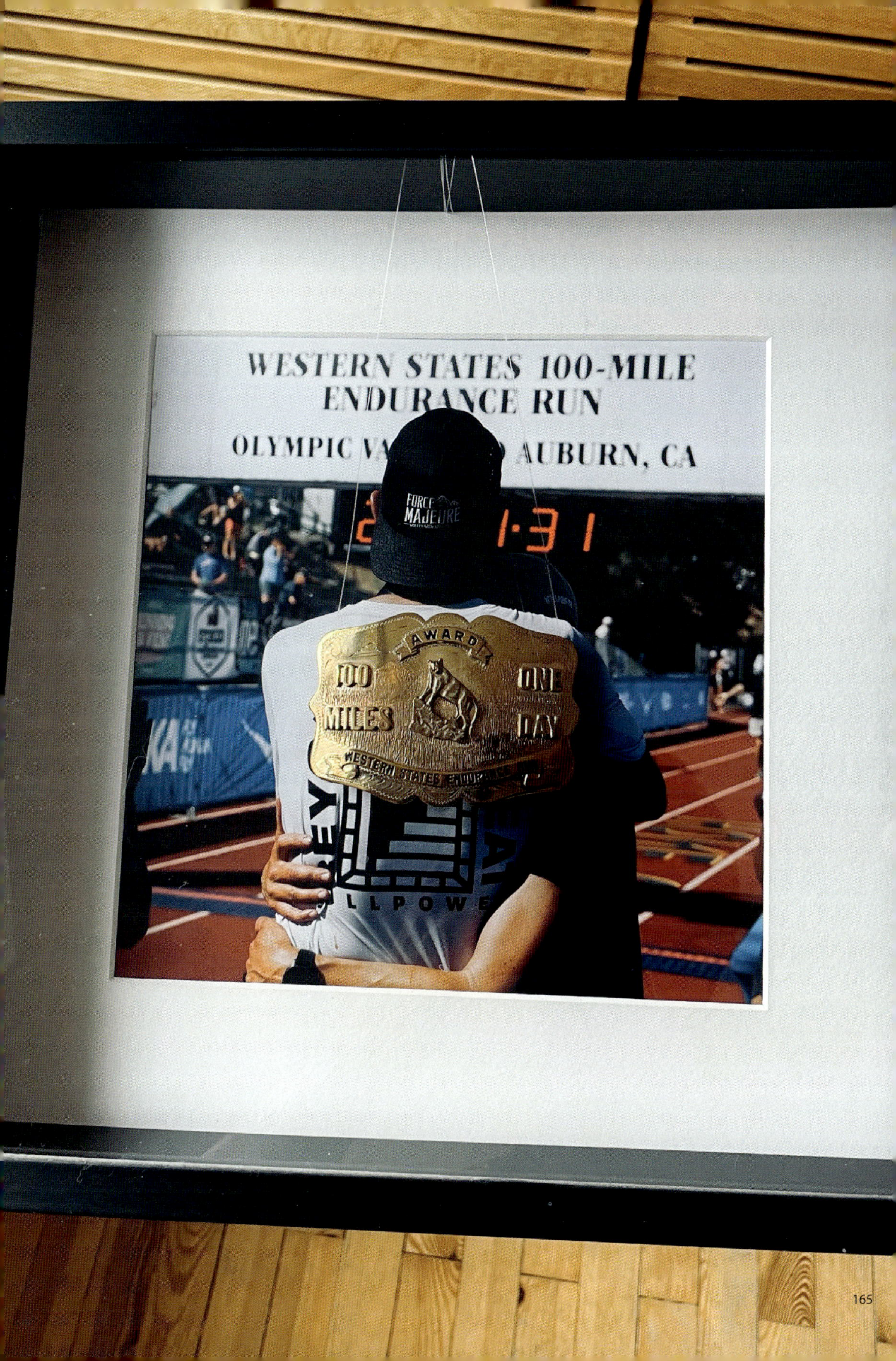
WESTERN STATES 100-MILE
ENDURANCE RUN
AWARD
100
MILES
ONE
DAY

KAPITEL 52

HEILUNG UND KOMMENDE ABENTEUER

Mein Körper erholte sich schneller, als ich erwartet hatte. Schon nach zwei Tagen konnte ich wieder normal gehen. Die Blasen an den Fußsohlen verschwanden allmählich, dank Maries gelegentlichen Punktierungen. Trotz des hartnäckigen Schmutzes und Gestankes meiner geschundenen Füße war sie begeistert, endlich ihr ausgeklügeltes Blasenverarztungs-Protokoll anwenden zu können. Alle anderen Körperteile schienen normal zu funktionieren, was mich überraschte, nachdem ich mich während des Rennens so elend gefühlt hatte, vor allem auf dem Teilstück bis Cal-1.

Ich bin sehr dankbar für meinen Körper und für das, was er mir ermöglicht. Obwohl der entscheidende Teil meiner Erfahrung beim *Western States* nicht körperlicher Natur war, hätte ich es nicht einmal bis zur Startlinie geschafft, wenn mein Körper nicht so gut mitgemacht hätte. Dazu gehören 34 Wochen hartes Training und das Überstehen einer schweren COVID-19-Infektion ohne weitere Schäden. Danke, Körper.
Ich liebe dich. Ja, das tue ich.

Ich habe eine Woche mit dem Laufen ausgesetzt und erst nach meiner Rückkehr nach Deutschland wieder damit angefangen. Ich begann mit einer Reihe von eher uninspirierten Läufen von 30 bis 40 Minuten, fand aber bald zu einem moderaten Training zurück. Allerdings ohne konkretes Ziel. Das Laufen gab mir zwar eine Struktur, aber es löste nicht wirklich etwas in mir aus.

In den Wochen und Monaten nach dem *Western States* fühlte ich mich voll und leer zugleich. Voll von dem, was ich gelernt und erlebt hatte, aber gleichzeitig auch leer von dem, was mir dieses Rennen abverlangt hatte. Im Moment habe ich noch nicht das Gefühl, die richtige Ausgangsbasis zu haben, um neue Pläne zu schmieden oder mich in ein weiteres großes Laufabenteuer zu verlieben. Aber das ist in Ordnung. Ich habe kein Problem damit, noch eine Weile weiterzulaufen und zu warten, bis es mich wieder packt. Ich weiß noch, wie lange es gedauert hat, bis Lisa nach ihrer lang ersehnten Teilnahme am *UTMB 2017* wieder ein vergleichbares Verlangen nach einem neuen Rennen verspürte. Es waren drei Jahre.

Ich bezweifle auch, dass ich so etwas wie meinen *Western States 2022* noch einmal erleben werde. Ich werde oft gefragt, ob ich zurückkehren möchte. Die Antwort ist einfach: Ja, ich möchte eines Tages wieder an diesem Rennen teilnehmen. Nicht, weil ich noch eine Rechnung offen habe. Nicht, weil ich den Drang verspüre, klüger oder schneller zu laufen. Es ist ein nicht greifbares Gefühl der Verbundenheit. Der sehnsüchtige Wunsch, an den Ort zurückzukehren, der sowohl das Hellste als auch das Dunkelste in mir zum Vorschein gebracht hat. Die Gesamtheit dessen, was ich bin. Diese Tour de Force gehört für immer dem *Western State Endurance Run.*

Leer und voll zugleich. Ich habe meinen Frieden damit gemacht, dass mich wohl nie wieder ein Rennen so mitreißen wird wie der *Western States 100.*

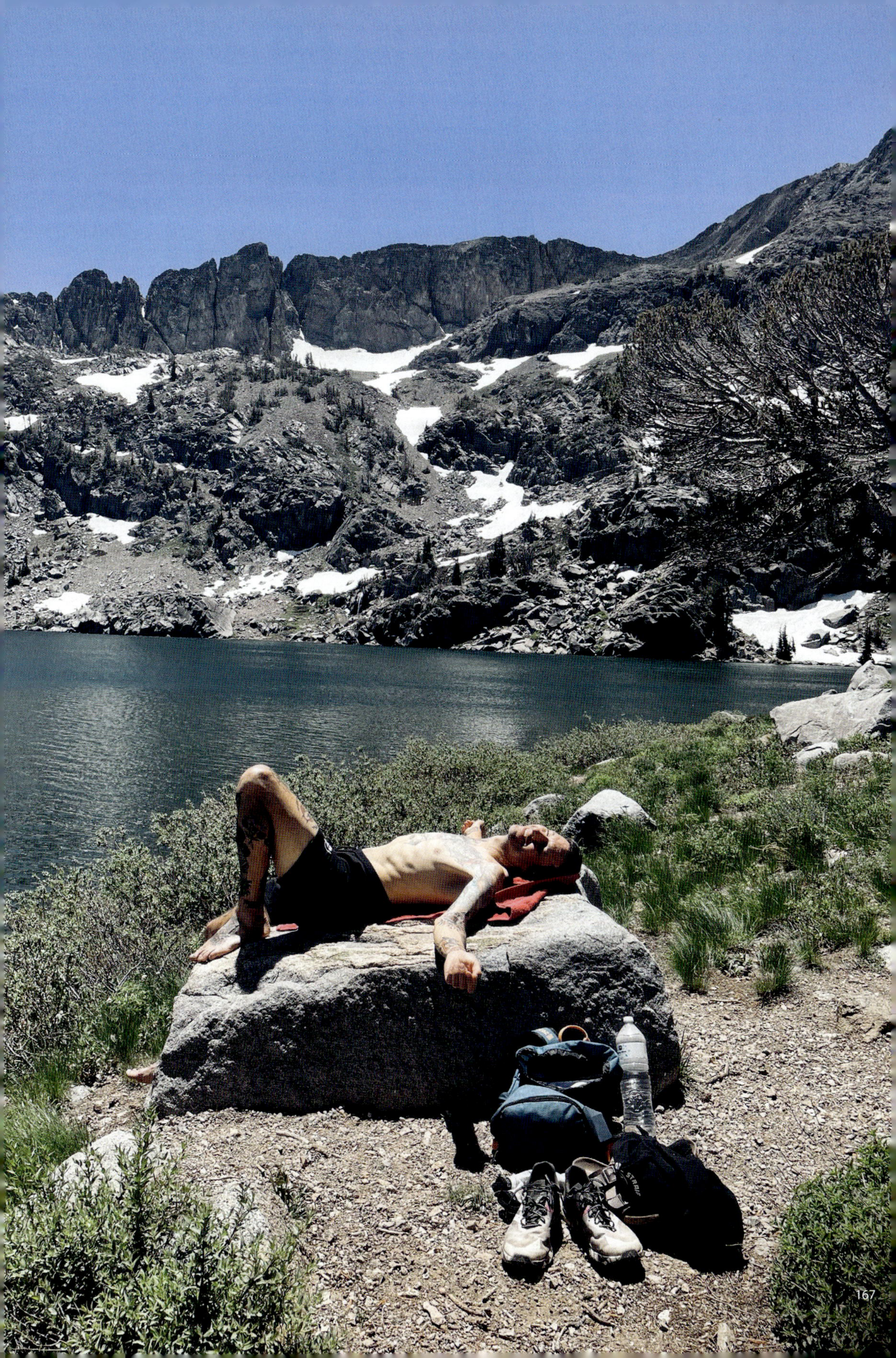

KAPITEL 53

VOM ZETTELCHAOS ZUM BUCHPROJEKT

In seinem Buch *The War of Art* beschreibt Steven Pressfield, dass jeder Mensch sein eigenes Reich hat: Für Stevie Wonder ist es das Klavier, für Arnold Schwarzenegger das Fitnessstudio und für Bill Gates das Microsoft-Gelände. Und wenn er sich hinsetze, um zu schreiben, befinde er sich in seinem eigenen Reich.

Das gilt auch für mich. Neben dem Laufen ist das Schreiben mein Zuhause. Es ist mein Reich. Für mich ist der Flow-Zustand beim Schreiben fast der gleiche wie beim Laufen.

Aber so wie ich noch nie zuvor 100 Meilen gelaufen war, hatte ich auch noch nie ein Buch geschrieben. Es war ein verlockendes Lebensprojekt, das ich mir jahrelang »für später« aufgehoben hatte – bis jetzt. Ich möchte kurz erklären, wie ich dazu kam, das Buch zu schreiben, das du in den Händen hältst.

Am Tag nach meinem Zieleinlauf beim *Western States* wollte ich einen kurzen Rennbericht in meinem Blog veröffentlichen, um die Sache abzuschließen. Das Nächste, woran ich mich erinnerte, war, dass ich mehr als 15 Seiten geschrieben hatte. Die Worte flossen

Meine Erlebnisse wollen unbedingt aus mir heraus. Ich schreibe frühmorgens, spätabends, dazwischen und nachts.

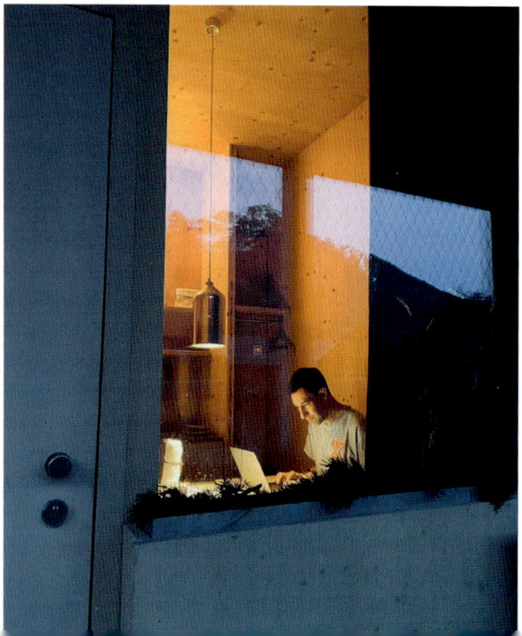

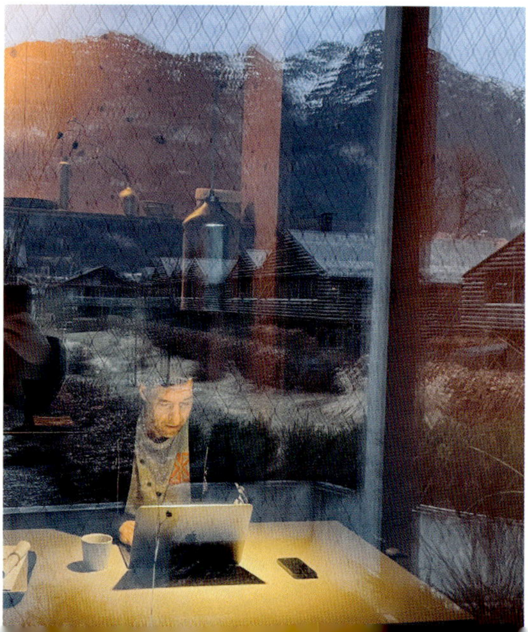

wie ein Wasserfall aus mir heraus. Es passierte einfach. Ich produzierte eine Menge Text, die für einen Blog oder einen Social-Media-Beitrag vollkommen ungeeignet war. Aus einem Bauchgefühl heraus beschloss ich, mich nicht einzuschränken, indem ich darüber nachdachte, für wen oder was diese Worte bestimmt waren. Ich ließ sie einfach fließen.

Am Ende schrieb ich in den frühen Morgenstunden, vor dem Mittagessen, nach dem Mittagessen, während des Mittagessens, nachts, wenn alle schliefen und sogar im Flugzeug zurück nach Deutschland, während ich diese Worte in den winzigen Bildschirm meines Smartphones tippte. So ging das wochenlang. Es war zu einer regelrechten Besessenheit geworden, und ich merkte bald, dass es sehr anstrengend und kräftezehrend war, die letzten sieben Monate noch einmal zu durchleben und zu Papier zu bringen. Aber auch reinigend. Ich fühlte, dass ich es tun musste.

Ohne lange zu überlegen, habe ich mich beim Schreiben zunächst für Englisch und gegen meine Muttersprache entschieden. Während Deutsch manchmal ziemlich sperrig ist, finde ich Englisch phonetisch viel ansprechender und es ist wesentlich einfacher, auf den Punkt zu kommen. Die Wahl der Sprache war aber auch ein emotionaler Schutzschild. Sie schafft eine kleine Distanz zwischen dem Schreiben und dem erneuten Durchleben jedes einzelnen Moments. Vor allem bei einigen Dialogen bekomme ich immer noch einen Kloß im Hals, wenn ich mich an sie zurückerinnere.

Um meinem Schreiben einen angemessenen Rahmen zu geben, wechselte ich bald vom lockeren Blogstil zur Buchform und begann, meine Ideen in richtige Kapitel und Abschnitte zu gliedern. Ich machte mir Gedanken über den Aufbau der Handlung, einen Spannungsbogen, bereinigte logische Fehler und fand Ton und Stil. Mein Schreiben machte immer mehr Fortschritte, und die Seiten begannen sich zu stapeln.

Es war sehr ungewöhnlich für mich, nicht darüber nachzudenken, ob und wie ich ein solches Buch veröffentlichen könnte, bis die erste Rohfassung fertig war. Normalerweise hat der Spießer für so etwas von Anfang an einen konkreten Plan parat. Aber als ich die ersten 200 Seiten vor mir hatte, spürte ich, dass ich meine Geschichte mit der Welt teilen wollte. Die schmerzhafte Wahrheit über das Schreiben ist jedoch: »Niemand will deinen Scheiß lesen.« Nach dieser harten Lektion in Demut, wieder einmal von einem meiner Lieblingsautoren, Steven Pressfield, habe ich

Auf diversen »Writecations«, also Urlauben, in denen ich nichts anderes tue als zu schreiben, zu essen und zu schlafen, entsteht das Buch.

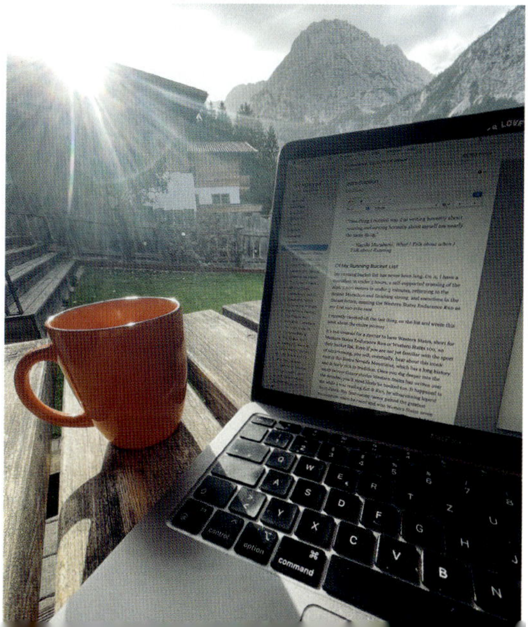

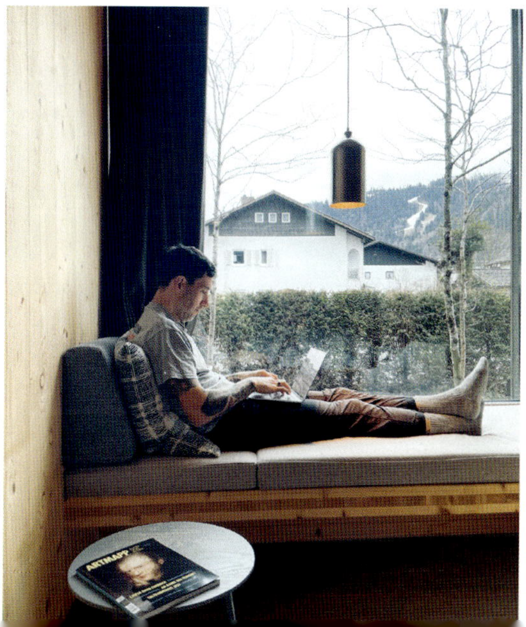

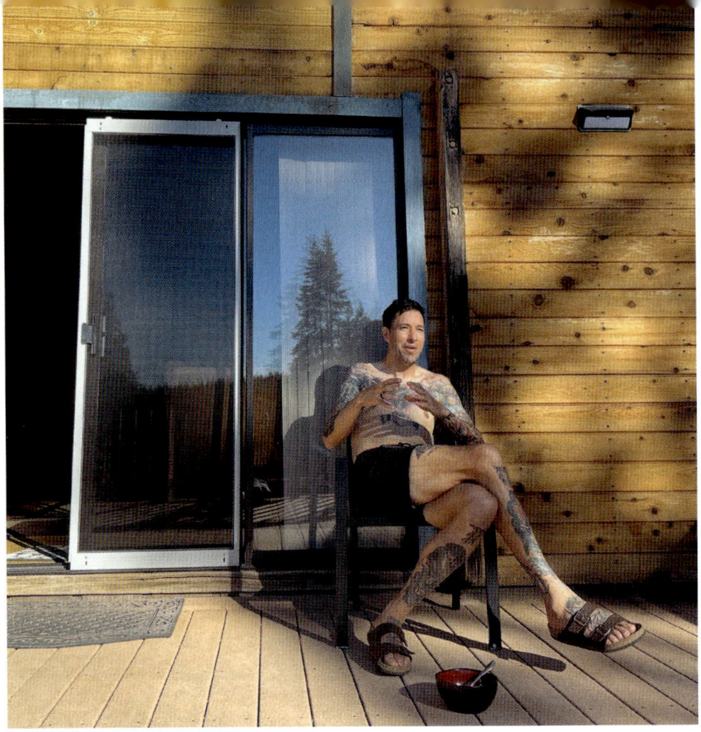

Der Austausch mit meinen Freunden über den *Western States* macht viele Erlebnisse erst greifbar und beschreibbar.

meinen ersten Entwurf noch einmal komplett umgekrempelt, um daraus eine wirklich fesselnde Lektüre zu machen. Nicht für mich, sondern für euch, meine Leserschaft.

Inspiriert von Steven Pressfield und neuen Ideen und Rückmeldungen, folgten eine zweite, eine dritte, eine vierte und viele weitere Fassungen. Im Grunde habe ich jedes Mal bei null angefangen. Später lernte ich, dass dieser Sisyphus-Albtraum zum Schreiben eines Buches dazugehört. Professionelle Autoren nennen das »Manuskripte«, und die können schnell zweistellig werden. Dank der Ghostwriterin (nicht meiner) AJ Harper und ihrem klugen Buch *Write a Must-Read* weiß ich jetzt, dass das normal und sogar gewollt ist. Irgendwann hörte ich auf, Manuskripte zu zählen und freute mich einfach darüber, dass *Runhundred*, so der Titel der englischsprachigen Version, mit jeder Überarbeitung besser und besser wurde.

Außerdem habe ich meinen persönlichen Laufblog, den *Das Z Letter*, professionalisiert und mit einem wöchentlichen Autoren-Newsletter begonnen, um mit euch, meinen Leserinnen und Lesern, in Kontakt zu bleiben. Regelmäßige Updates zu meinem Buchprojekt und gelegentliche kleine Umfragen zu euren Lesegewohnheiten haben ebenfalls dazu beigetragen, dieses Buch Wirklichkeit werden zu lassen.

Ich habe es für Läuferinnen und Läufer geschrieben – aber nicht nur für sie. Auch jemand, der noch nie etwas vom *Western States Endurance Run* gehört hat oder bisher dachte, ein Marathon sei die längste Strecke, die ein Mensch laufen kann, ohne zu sterben, wird dieses Buch hoffentlich interessant finden. Schließlich geht es um eine lebensverändernde Erfahrung, die neue Perspektiven eröffnet, wenn man alle Hoffnung verloren hat. Und es handelt von der Reise dorthin. Ob du ein Lauf-Mensch bist oder nicht, ich bin sicher, dass du in deinem Leben ähnliche Erfahrungen gemacht hast. Vielleicht waren sie sogar intensiver als meine.

Um den Lesefluss zu erleichtern, habe ich einige laufspezifische Begriffe verwendet, ohne sie im Text näher zu erläutern. Das Glossar am Ende des Buches erklärt diese Begriffe.

Die eigentliche Arbeit besteht in der ständigen Überarbeitung Jedes neue Manuskript ist wie ein Neuanfang. Es verändert, wächst, schrumpft, verdichtet und lockert sich. Ein wirkliches »Fertigsein« gibt es nicht.

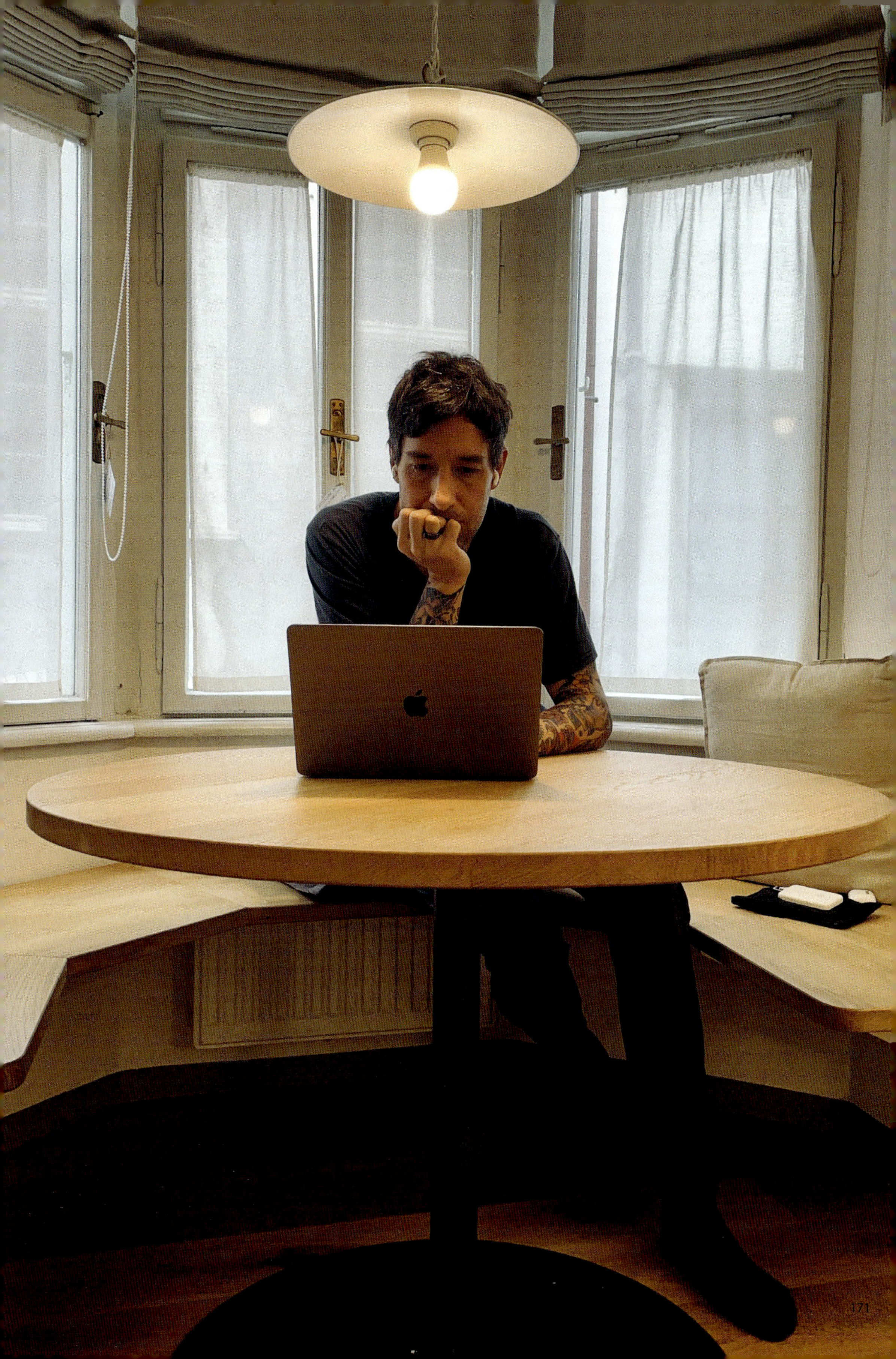

KAPITEL 54

MAN SPRICHT DEUTSCH

Die deutsche Übersetzung dieses Buches hat mich am Ende fast genauso viele Stunden gekostet wie das englische Original. Im Prinzip habe ich das ganze Buch ein zweites Mal geschrieben. Meine anfängliche Abneigung gegen die deutsche Sprache wich jedoch mit jedem Satz, den ich schrieb, und ich entdeckte immer mehr Worte und Formulierungen, die meine Gedanken und Gefühle über den *Western States* perfekt zum Ausdruck brachten. Manchmal sogar treffender als im englischen Original. Mit *Hundert-Meilen-Herz* habe ich auch einen deutschen Titel gefunden, der in mir mindestens genauso viel auslöst wie der englische Buchtitel Runhundred.

Hundert-Meilen-Herz ist am Ende mehr geworden als eine 1:1-Übersetzung eines bereits veröffentlichten Buches. Es ist ein frischer und unverstellter Blick auf meine Erlebnisse beim *Western States 100* und darauf, wie sie mich verändert haben. Diese wilde Reise noch einmal zu durchleben und in meiner Muttersprache zu beschreiben, war eine sehr intensive, aber auch schöne Erfahrung.

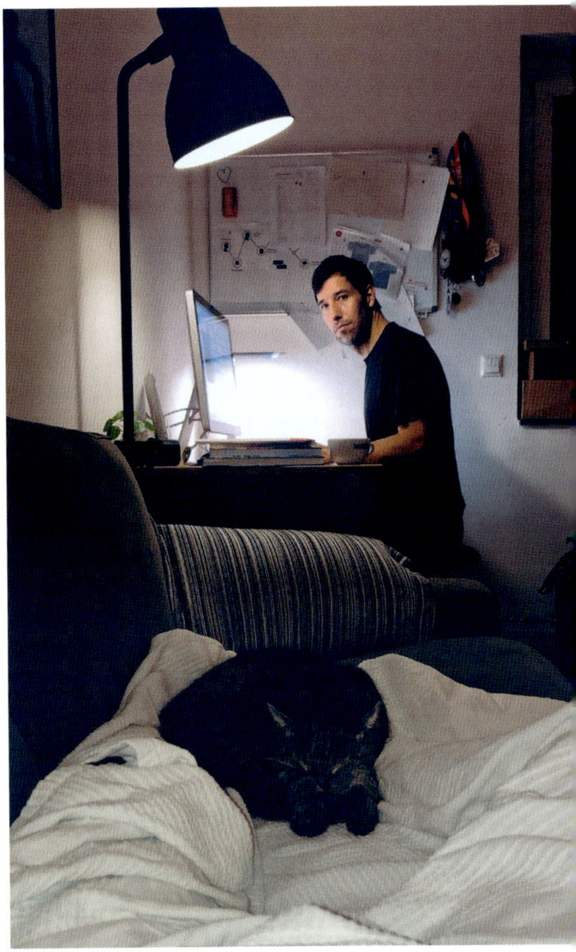

Eine von vielen Nachtschichten.

KAPITEL 55

WERTSCHÄTZUNG

All diese Erlebnisse haben mich mit großer Dankbarkeit erfüllt. Ein Gefühl, das mir nicht unbekannt ist und mich jederzeit während eines Rennens unerwartet überkommen kann. Was den *Western States* betrifft, so war diese Dankbarkeit jedoch noch Monate später deutlich in meinem Herzen zu spüren. Vielleicht werde ich sie sogar noch jahrelang in mir tragen. Aus diesem Grund möchte ich mich bei den folgenden Personen für ihre wichtige Rolle explizit bedanken.

Eins ist klar: Ohne Marie und Lisa hätte ich es nicht bis ins Ziel geschafft. Das ist ein Satz, mit dem viele Danksagungen nach einem Rennen beginnen, aber ich meine es wortwörtlich. Nach Devil's Thumb hatte ich mit mir selbst die unumstößliche Entscheidung getroffen, meinen *Western States* zu beenden. Ich war fest davon überzeugt, dass dies die einzige Möglichkeit war, wie das Rennen für mich enden kann, und ich war bereit, alle Konsequenzen zu tragen.

Die vielen Tricks, mit denen mich meine Crew dazu brachte, weiterzulaufen, waren hinterhältig, manipulativ, heimtückisch und entmündigend. Aber sie haben funktioniert. Und dafür bin ich Marie und Lisa unendlich dankbar.

Ich werde mich immer daran erinnern, wie ich Lisa bei ihrem *Tor des Géants*-Lauf 2021 supportet habe. Dabei handelt es sich um ein zermürbendes, 330 Kilometer langes Non-Stop-Ultrarennen durch das Aostatal in Italien mit rund 25.000 Höhenmetern im Anstieg, das in weniger als 150 Stunden bewältigt werden muss. Lisa war psychisch und physisch oft am Boden zerstört. Die einzige Methode, die mir einfiel, um sie davon zu überzeugen, das Rennen trotz aller Schmerzen und Müdigkeit fortzusetzen, war, ihr ins Gesicht zu lügen. Ich log ihr vor, wie weit es noch bis zur nächsten Aid Station war, und ich log ihr vor, dass sie schnell genug vorankam, um nicht noch eine weitere Nacht durchlaufen zu müssen. Ja, es hat funktioniert, auch wenn es mir das Herz gebrochen hat. Wir hatten uns vor dem Rennen darauf geeinigt, dass kleine Lügen in Ordnung sind, wenn sie dem größeren Ziel, die *Tor des Géants* zu finishen, dienen. Aber meine plumpen und langweiligen Maßnahmen waren eine totale Schande im Vergleich zu der raffinierten und liebevollen Art und Weise, mit der Marie und Lisa mich beim *Western States* dazu brachten, weiterzulaufen. Um es kurz zu machen: Es war ein Meisterwerk der Crew-Arbeit.

Mein tief empfundener Dank geht auch an den Rest meiner *Western States*-Crew: Michi, Henning und Christiane. Auch wenn sie ihre ursprünglich zugedachten Jobs nicht erledigen konnten, habe ich von ihrer Unterstützung dennoch enorm profitiert. In den Wochen der Vorbereitung und noch mehr während meiner COVID-geplagten Rennwoche war ihr Beitrag zum großen Ganzen enorm. Sie hielten mir den Rücken frei, indem sie kochten, Witze machten, Lebensmittel einkauften, wichtige Details über das Rennen recherchierten und mit mir teilten, und vor allem, indem sie auch in schwierigen Zeiten stets positiv blieben. Michi, Henning und Christiane waren im Geiste ununterbrochen mit mir auf der Strecke, auch wenn sie nur auf den letzten Metern physisch anwesend waren.

Es gibt noch einen Namen, der in diesem Buch ziemlich häufig auftaucht: Karim Ramadan. Ohne seinen ausgeklügelten Trainingsplan und unerschütterliche Unterstützung wäre ich kein *Western States*-Finisher. Die siebenmonatige Vorbereitung war eine wilde Fahrt, und es gab immer wieder Momente, in denen ich an meinen läuferischen Fähigkeiten zweifelte und den gesamten Prozess infrage stellte, anstatt ihm einfach zu vertrauen. Karim blieb ruhig und fokussiert, wenn ich es nicht war, und führte mich durch alle Höhen und Tiefen. Er hat mir auch mentale Fähigkeiten vermittelt, die weit über das Laufen hinausgehen. Unsere Zusammenarbeit hat mich nicht nur zu einem besseren Läufer, sondern auch zu einem besseren Menschen gemacht. Ich freue mich schon sehr darauf, die nächsten Laufprojekte mit ihm in Angriff zu nehmen.

»Don't worry! Heute Nacht wirst du dein Comeback erleben.« Das ist nur einer der vielen aufmunternden Kommentare, die mir die anderen *Western States*-Läuferinnen und Läufer während des Rennens zugerufen haben. Ich konnte daraus viel Kraft schöpfen, als ich durch die Hölle ging, aber auch in meinen starken Momenten. Kurze Gespräche und motivierende Worte waren allgegenwärtig. Der Zusammenhalt und die positive Energie unter den Teilnehmenden waren außergewöhnlich. Vielleicht liegt es daran, dass es jedes Jahr nur eine Handvoll Starter gibt. Vielleicht liegt es aber auch daran, dass dieser Lauf allen so unendlich viel bedeutet, wenn auch aus unterschiedlichen Motiven. In jedem Fall bin ich sehr dankbar für die großartige Atmosphäre unter allen, die 2022 am *Western States Endurance Run* teilgenommen haben.

Und dann ist da noch der *Western States* selbst. Aus vielen Gründen ist dieses Rennen wie kein anderes auf der Welt. Aber es gibt eine einzigartige Eigenschaft, die es zu etwas ganz Besonderem macht.

Und das ist der warmherzige, familiäre Geist und der unermüdliche Einsatz aller freiwilligen Helferinnen und Helfer und des gesamten Organisationsteams. Sie halten den Lauf am Laufen. Beim Betreten jeder der 20 Aid Stations hatte ich das Gefühl, nach Hause zu kommen. Innerhalb von Sekunden blickte ich in lächelnde Gesichter und eine freundliche Person fragte mich, wie es mir geht und was ich brauche. Ich kann nur spekulieren, wie viele Abbrüche jedes Jahr durch die Ehrenamtlichen an den Aid Stations verhindert werden. Sicher eine ganze Menge. Ich spüre immer noch das Gefühl der Erlösung in mir, wenn ich an die Worte der älteren Dame bei Cal-1 zurückdenke: »Du stehst jetzt von diesem Stuhl auf. Und zwar sofort. Das ist der *Western States*!«

Ich danke Ihnen. Ich schulde Ihnen viel mehr als nur ein *Western States*-Finish.

Mit diesen fünf Menschen würde ich mich jederzeit wieder ins Abenteuer stürzen.

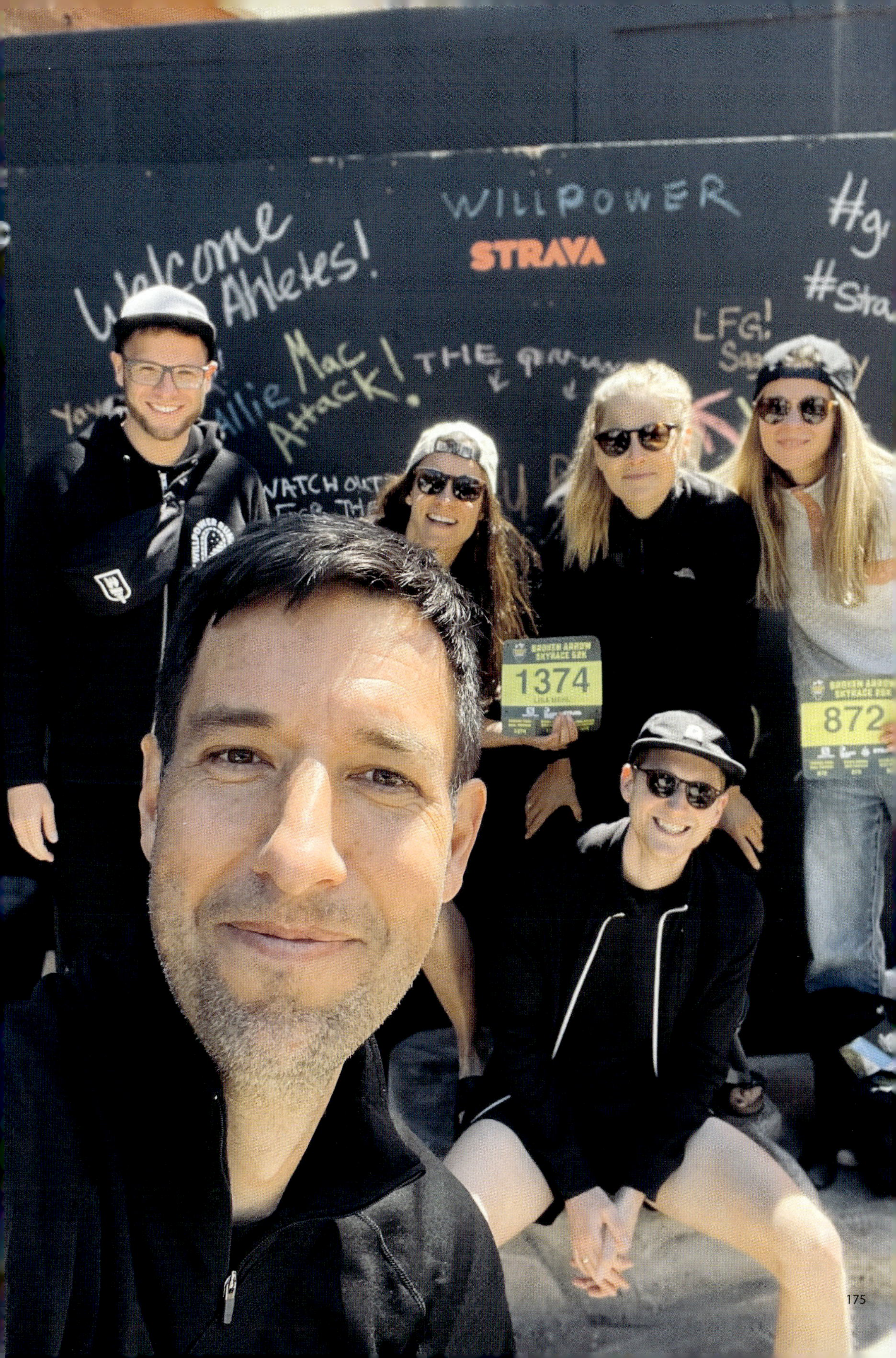
WILLPOWER
STRAVA
Welcome Athletes!
Allie Mac Attack!
LFG!
WATCH OUT
BROKEN ARROW SKYRACE 52K
1374
BROKEN ARROW SKYRACE 52K
872

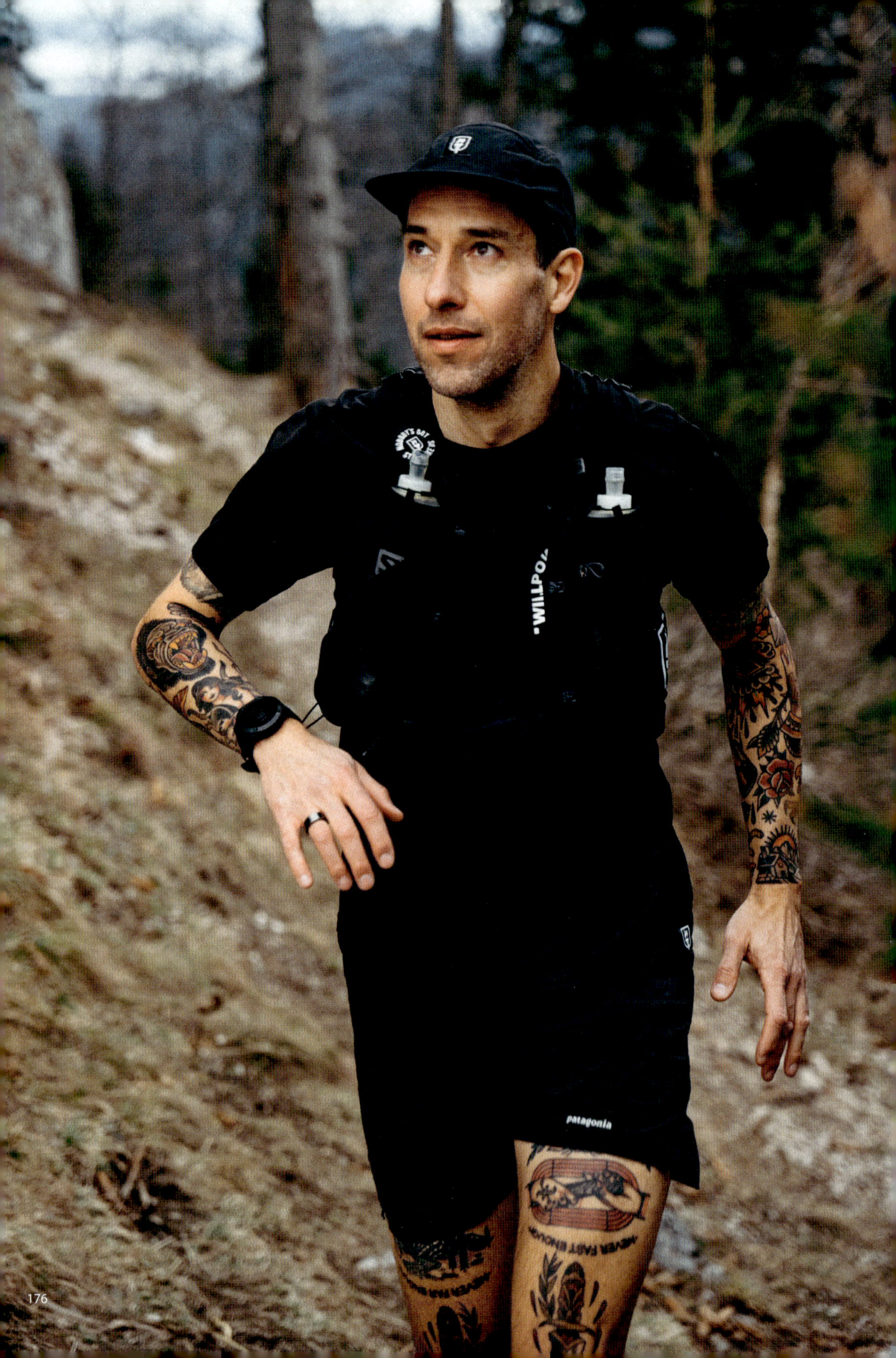
patagonia
NEVER FAST ENOUGH

SCHLUSSGEDANKEN

MIT DEM HERZEN LAUFEN

Einen Ultramarathon zu laufen, ist eine intensive Erfahrung. Ihn zu beenden, ist eine große Leistung. Wie ich am Anfang dieses Buches gesagt habe, bin ich nicht derjenige, der irgendjemandem erklärt, wie man das eine oder andere macht. Jeder Ultraläufer und jede Ultraläuferin spürt trotz aller Hingabe und Entschlossenheit irgendwann, dass der Körper am Ende ist und der Geist von quälenden Gedanken zerfressen wird. Das gehört zur DNA dieses Sports. Und genau dann braucht es etwas anderes, etwas nicht Körperliches, um weiterzumachen. Eine mächtige Kraft, die von innen kommt, eine fast magische Energiequelle, die in unserem Alltag nicht auftaucht. Sie erweckt die Seele zum Leben, ermutigt uns, Hoffnung in der Hoffnungslosigkeit zu finden, und sie lässt uns weiterlaufen, wenn wir schon lange nicht mehr laufen können. Sie ist unsere Wahrheit und unsere Bestimmung.

Diese Kraft hat viele Namen. Ich nenne sie »Mit dem Herzen laufen«, und sie macht das Unmögliche möglich.

Ich hatte das große Glück, diese Kraft bei meinem *Western States*-Rennen zu entdecken, und sie hat mein Leben für immer verändert. Obwohl ich weiß, dass es wahrscheinlich Monate, wenn nicht sogar Jahre dauern wird, bis ich wieder von ihr zehren kann, ist es doch sehr inspirierend zu wissen, dass sie existiert. Für mich ist es dieses »Etwas, das größer ist als wir«, das religiöse Menschen manchmal benutzen, um sich ihren Gott vorzustellen.

Mit dem Herzen zu laufen zeigt, was uns bleibt, wenn wir nichts mehr zu geben haben. Es bedeutet aber auch, frei zu träumen und sich hohe Ziele zu setzen, wenn es um das Laufen geht. Natürlich ist eine gute Vorbereitung sehr hilfreich, und es gibt viele Herausforderungen vor und während eines Rennens, die man am besten mit klarem Kopf und scharfem Verstand angeht. Aber auf sein Herz zu hören und dem Weg zu folgen, den es einem weist, ist das Fundament, auf dem unsere größten persönlichen Lauferfolge aufgebaut sind. Wenn es nicht um das Herz ginge, warum würden wir dann überhaupt laufen?

Was bleibt, sind viel mehr als Erinnerungen. Laufen verändert uns. Vor allem, wenn es uns gelingt, mit dem Herzen zu laufen.

Mit anderen Worten: Es ist gut, einen Plan zu haben. Aber wenn es auf der Straße oder auf dem Trail heiß hergeht, kommt man ohne Herz nicht weit.

Mit dem Herzen zu laufen kann auch bedeuten, sich von allen äußeren und inneren Zwängen zu befreien. Manchmal hat es den Anschein, als würde man uns öfter sagen, was wir nicht tun können, anstatt uns zu ermutigen, die Dinge zu tun, die wir lieben. Wenn wir immer nur auf Nummer sicher gehen, können wir nicht aufblühen und uns nicht weiterentwickeln. Es erfordert Mut, diese Barrieren des Zweifels zu überwinden. Aber es lohnt sich fast immer. Wenn nicht für ein schönes Erlebnis, dann zumindest für eine wichtige Lebenslektion.

Letztlich bedeutet Laufen mit dem Herzen, im Moment zu leben und zu laufen. Oder wie es Addie Bracy in ihrem Buch *Mental Training for Ultrarunning* formuliert:
»Lauf die Meile, in der du dich gerade befindest.«
Schließlich geht es für mich beim Laufen darum, einen Sinn in scheinbar sinnlosen Handlungen zu finden. Wie würde uns ein einziger Schritt der Ziellinie näherbringen? Wie würde ein Kilometer das Ergebnis eines 100-Meilen-Rennens verändern? Wie würde ein Lauf unser Leben für immer verändern? Die Antwort liegt in unserem Inneren. Alles, was wir tun, hat einen Sinn. Auch das Laufen. Manchmal braucht es nur etwas Zeit, um herauszufinden, was dieser Sinn ist. Aber alles beginnt mit dem Laufen, um des Laufens willen.

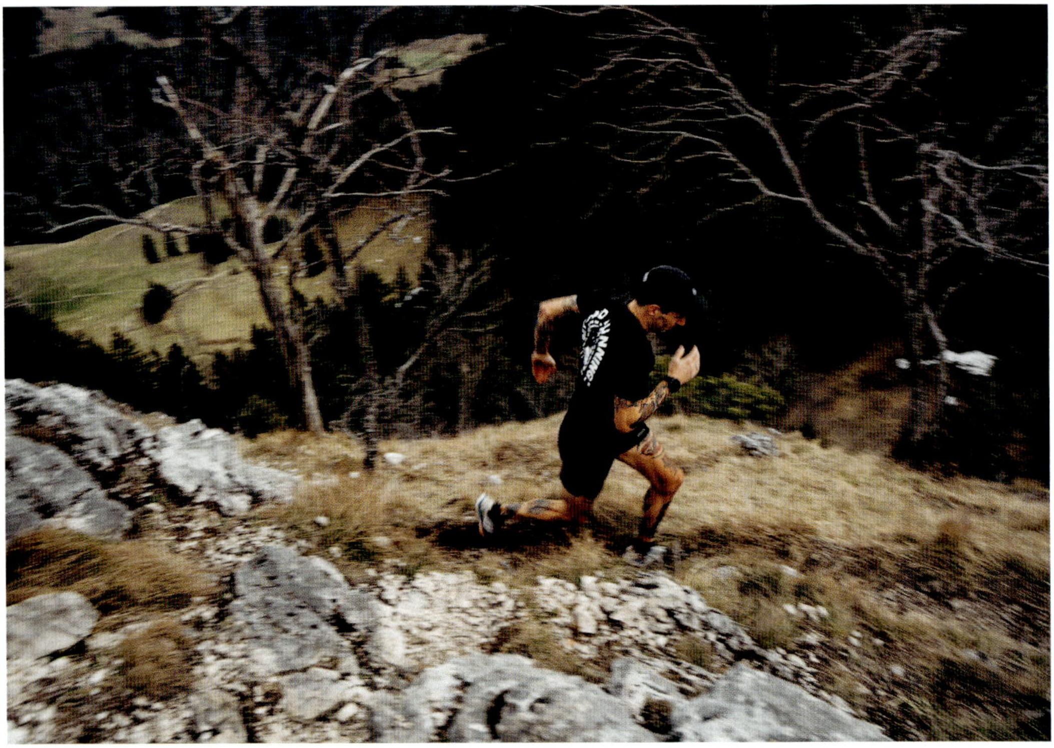

Laufen um des Laufens willen.

EPILOG

Der Western States hat mich daran erinnert, dass wir alle Menschen sind.

Wir sind unvollkommene und fragile Wesen, die eher durchs Leben stolpern als zu schreiten.

Mit jedem Schritt tragen wir all den Schmerz mit uns, der uns widerfahren ist. Aber auch all die Liebe und Freude.

Wir lernen voller Eifer, um herauszufinden, dass wir nichts wissen.

Wir glauben erst dann wirklich an uns, wenn unsere Welt zusammenbricht und wir wieder von vorn anfangen müssen.

Selbstlos lieben und unterstützen wir andere und bekommen noch mehr Liebe zurück.

Wir fürchten uns davor, uns unseren Schwächen und dunklen Seiten zu stellen oder sie anderen zu offenbaren, ohne dass es dafür einen Grund gibt.

Wir streben nach Perfektion und scheitern fürchterlich. Wir verlieren die Hoffnung und suchen Erlösung darin, uns selbst aufzugeben.

Unsere Körper sind lange Zeit biegsam, bis sie schließlich brechen. Dann heilen sie wieder, wenn wir es am wenigsten erwarten.

Wir erkennen oft zu spät, dass es im Leben und beim Laufen nicht um Zahlen und Berechnungen geht, sondern um das Schlagen unseres Herzens und um das, was dieser Rhythmus bedeutet. Oder, wie im Fall der *Western States*-Gewinnerin Ruth Croft, um Dinosaurier.

Ja, wir sind Menschen. Und das ist etwas Wunderbares.

Dieses Rennen hat mir alles genommen. Und dann hat es mir mehr zurückgegeben, als ich je besessen habe. Der *Western States* hat mein Leben verändert, und dafür bin ich ewig dankbar.

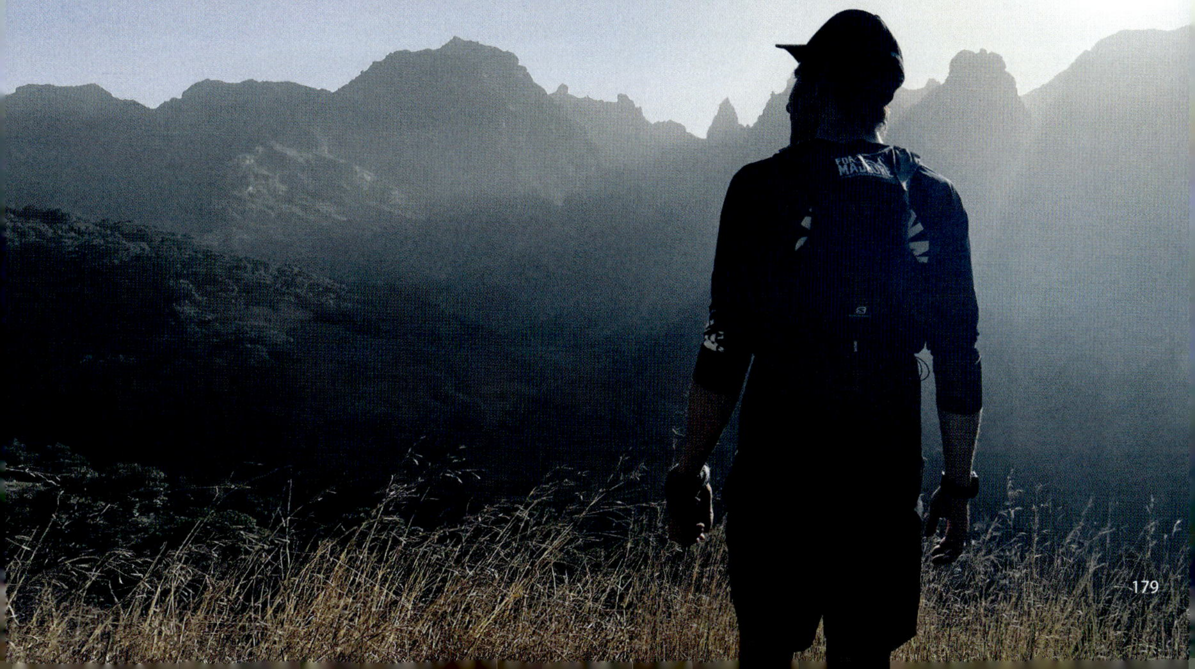

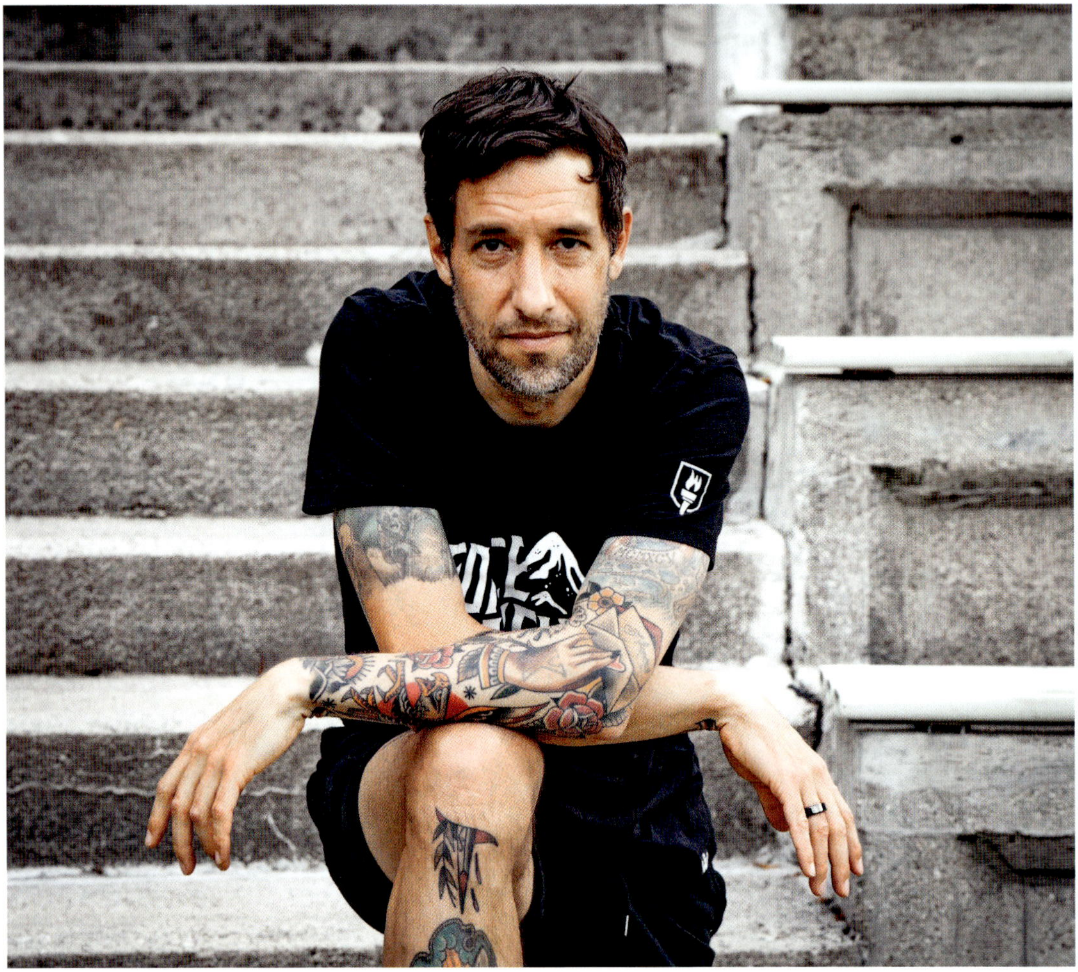

ÜBER DEN AUTOR

Chris Zehetleitner ist ein 45-jähriger Autor, Ultraläufer, Katzenliebhaber, Kaffee- und Internet-Nerd und ehemaliger Musikschaffender aus München. Er ist der Gründer und Inhaber der Laufsportmarke *Willpower* und ein paar weiterer mehr oder weniger bekannter Side Hustles.

Chris schreibt über das Laufen. In seinem *Das Z Letter Laufblog & Newsletter* und für andere Laufmedien wie das *Like the Wind Magazine*, die *RUNNER'S WORLD*, *Alles Laufbar* oder das *Laufzeit Mag*.

Zum Laufsport kam er mit 34 erst relativ spät. Dafür war und ist die Begeisterung umso größer. Gemeinsam mit seiner Frau Lisa lebt und liebt er das Laufen und freut sich auf viele weitere spannende Laufprojekte und -erlebnisse in der Zukunft.

Abonniere den Autoren-Newsletter unter *dasz.substack.com*.

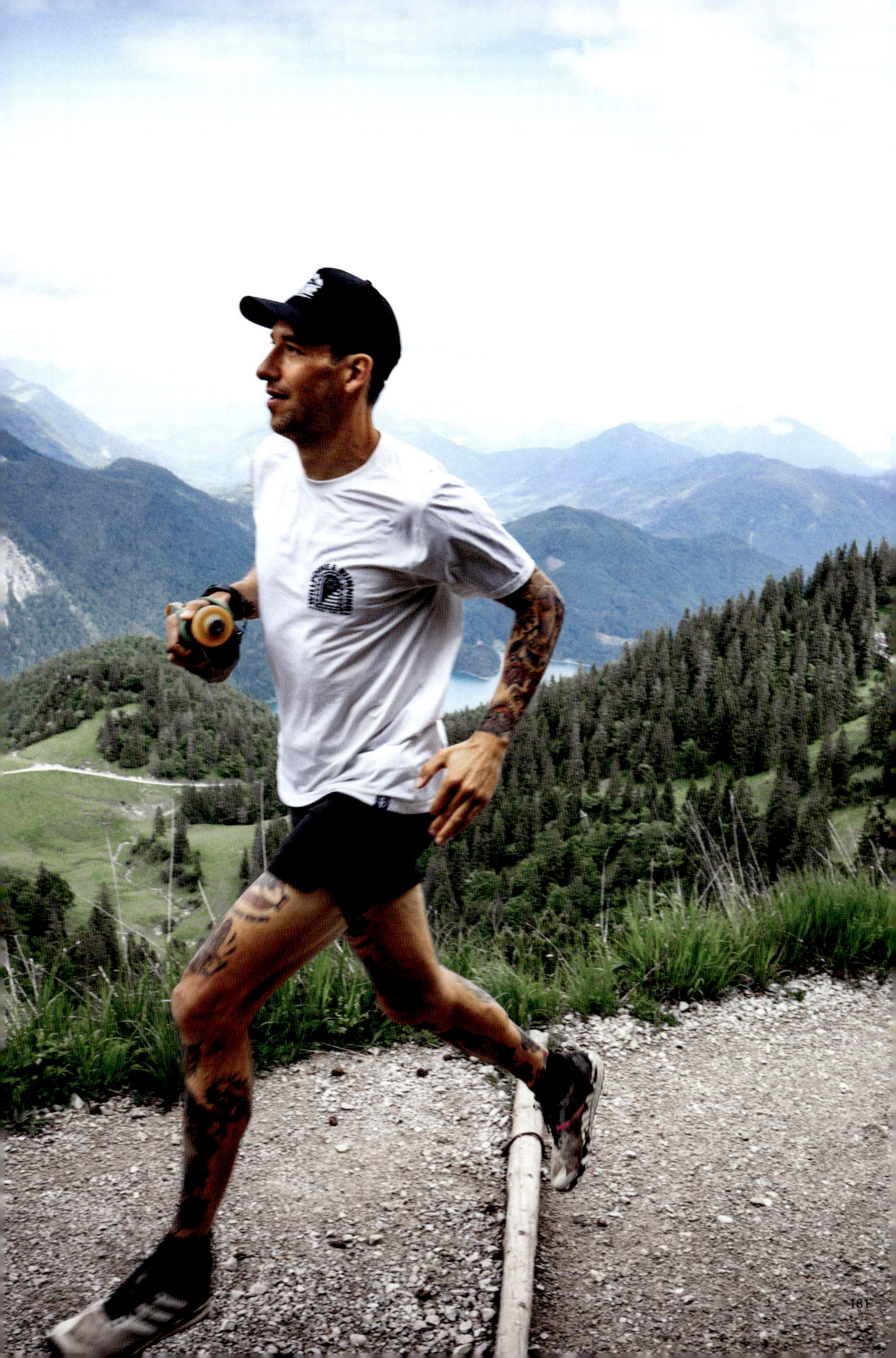

ÜBER DEN *WESTERN STATES ENDURANCE RUN*

Der *Western States Endurance Run* (auch *Western States 100* oder kurz *Western States* genannt) ist ein 100,2 Meilen (161 km) langer Ultramarathon – der älteste und bekannteste der Welt.
Er findet jedes Jahr im Juni im kalifornischen Sierra-Nevada-Gebirge statt. Die Strecke beginnt in großer Höhe im Skiort Olympic Valley und führt allmählich hinunter nach Auburn, einer kleinen Stadt im Placer County, auf halbem Weg zwischen Reno, Nevada, und Sacramento, Kalifornien.

Die Teilnehmerinnen und Teilnehmer müssen 5.500 Höhenmeter bergauf und 7.000 Höhenmeter bergab bewältigen. Das klingt auf dem Papier machbar, ist aber in der Realität ziemlich hart. Denn sie müssen nicht nur in großer Höhe durch unwegsames Gelände laufen, sondern auch mit der extremen Hitze zurechtkommen, die eine der größten Herausforderungen des *Western States Endurance Run* ist. Im Schatten kann es bis zu 40 Grad heiß werden, weite Teile der Strecke sind der Sonne schutzlos ausgesetzt.

Das Rennen unterliegt einer strikten 30-Stunden-Frist, um als offizieller Finisher anerkannt zu werden und eine bronzene Gürtelschnalle zu erhalten. Teilnehmende, die den Lauf in weniger als 24 Stunden beenden, erhalten eine silberne Gürtelschnalle.

Der ursprüngliche *Western States-Trail* wurde von den indigenen Völkern der Washoe und Nisenan angelegt und über Jahrtausende genutzt. Im 19. Jahrhundert wurde er ihnen jedoch von weißen Entdeckern und Siedlern entrissen, die das Land auf der Suche nach Gold und Silber ausbeuteten und die indigenen Stämme verdrängten oder ganz auslöschten. 1955 verwandelte Wendell T. Robie den Trail in ein Pferderennen, den Tevis Cup, und bewies damit, dass Pferde die 100 Meilen zwischen Tahoe City und Auburn an einem Tag zurücklegen können. Siebzehn Jahre später versuchten 20 US-Soldaten, einen Tag vor dem *Tevis Cup*, die gleiche Strecke zu Fuß zurückzulegen. Sieben von ihnen schafften es mit Zeiten zwischen 44:54 und 46:49 Stunden. Zwei Jahre später, 1974, wiederholte der *Tevis-Cup*-Veteran und heutige *Western States 100*-Legende Gordy Ainsleigh den Versuch und beendete den Lauf in 23:42 Stunden. Der *Western States Endurance Run* war geboren. Das erste offizielle Rennen fand 1977 mit 14 Männern statt, 1978 waren es 63 Starter, darunter Pat Smythe. Sie war die erste Frau, die den *Western States* beendete. Nur ein Jahr später nahmen 143 Männer aus 21 Staaten und drei weiteren Ländern teil. In den folgenden Jahren stieg das Interesse und die Zahl der Anmeldungen stetig an.

Seit 1984 werden beim *Western States 100* jährlich nur noch 369 Startplätze vergeben. Mehr als 7.000 Läuferinnen und Läufer qualifizieren sich zunächst über ein Qualifikationsrennen, in der Regel eine 100-Kilometer- oder 100-Meilen-Distanz. Dann bewerben sie sich für die berühmt-berüchtigte *Western States*-Lotterie, bei der nur 267 Personen ausgelost werden. Weitere 102 Glückliche sind automatisch dabei, weil sie im Vorjahr unter den Top 10 gelandet sind, bei einem der sogenannten *Golden Ticket Races* des Hauptsponsors den ersten oder zweiten Platz belegt haben, Mitglieder des Board of Directors sind, den *Western States* bereits neunmal beendet haben und es ein zehntes Mal versuchen wollen (beziehungsweise 18- und 19-mal beendet haben und zum 19. und 20. Mal teilnehmen) oder als Special Consideration oder Silver Legend aufgrund ihrer herausragenden Arbeit und Unterstützung für den Lauf ausgewählt wurden. Weiterhin gibt es

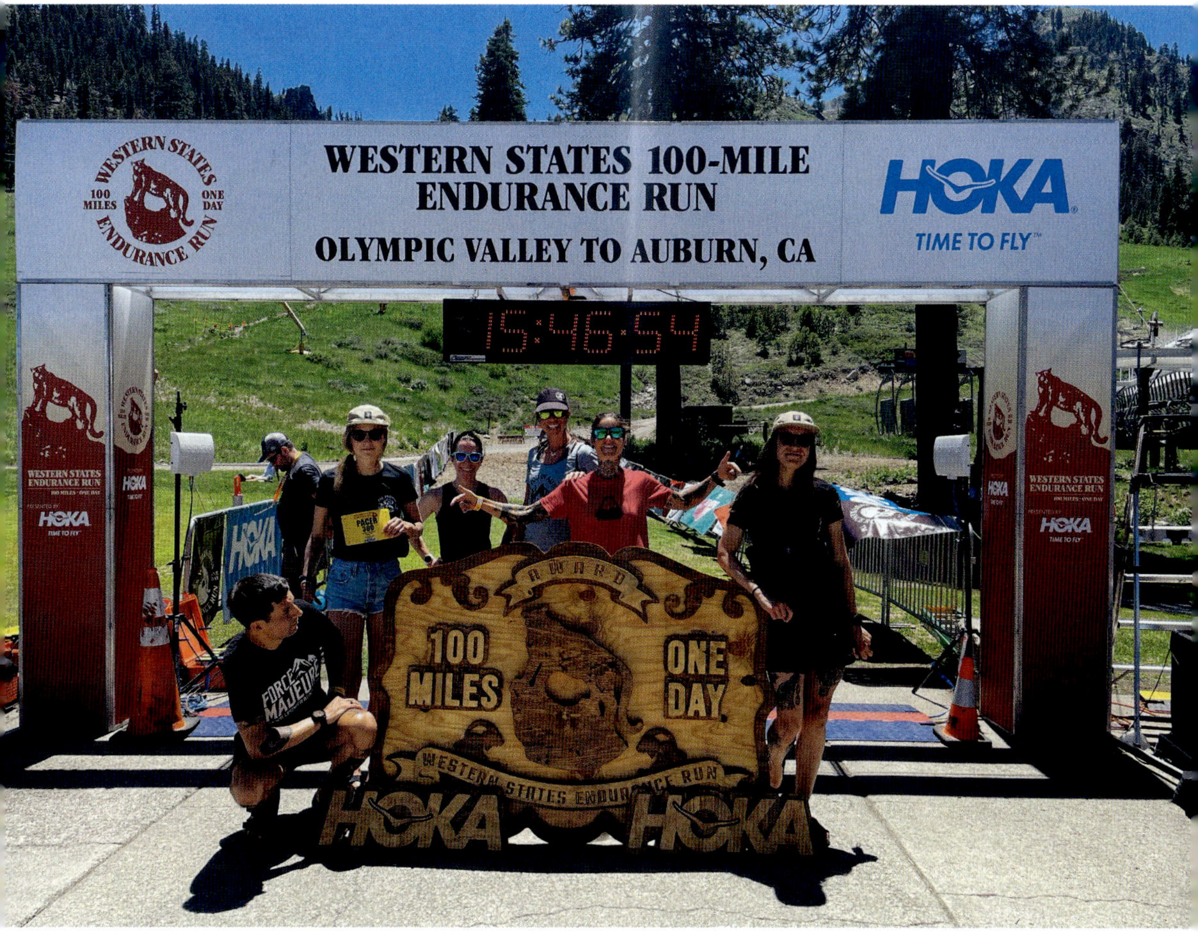

Luzia Buehler und ich mit unseren *Western States*-Crews einen Tag vor dem Rennen bei der Startnummernausgabe.

zehn übertragbare Startplätze, die im Rahmen einer Tombola zugunsten der *WSER Foundation* verlost werden. Die Organisatoren des Rennens haben auch eine Warteliste eingerichtet, auf der weitere 75 Gewinner der Lotterie auf einen Startplatz im Nachrückverfahren hoffen können.

Der Streckenrekord der Männer liegt bei 14:09:28 Stunden, aufgestellt von Jim Walmsley im Jahr 2019. Der Streckenrekord bei den Frauen liegt bei 15:29:33 Stunden, aufgestellt von Courtney Dauwalter im Jahr 2023. Im selben Jahr wurde Janosch Kowalczyk mit einer Zeit von 16:09:19 Stunden schnellster Deutscher und erster deutscher Top-Ten-Finisher in der 50-jährigen Geschichte des *Western States.*

Neben dem *UTMB* im französischen Chamonix ist der *Western States Endurance Run* das am härtesten umkämpfte und begehrteste Ultralauf-Event der Welt. Fast ausnahmslos jedes Jahr sehen wir beim *Western States* die herausragendsten Leistungen in unserem Sport. Er definiert immer wieder neu, was im Ultratrailrunning und im Ausdauersport überhaupt möglich ist. Für fast jeden Ultraläufer und jede Ultraläuferin ist es der größte Traum und die größte Ehre, einmal im Leben dabei zu sein.

DANKE SAGEN

Ohne die folgenden Menschen wäre dieses Buch kein Buch, sondern nur eine Aneinanderreihung banaler Blogbeiträge und *Instagram*-Posts. Euch allen habe ich viel zu verdanken.

Zuerst ein großes Dankeschön an Lisa, die vor, während und nach der Reise jeden Moment des *Western States* mit mir geteilt hat. Und dafür, dass sie mir den Rücken gestärkt hat, während ich dieses Buch geschrieben habe.

Außerdem danke ich unseren Katzen Harry und Toto dafür, dass sie mir frühmorgens oder spätabends beim Schreiben Gesellschaft geleistet und mich daran erinnert haben, wann es Zeit zum Essen ist. Für uns alle, versteht sich.

Meiner *Western States*-Crew, Christiane, Michi, Henning, Lisa und Marie gebührt ebenfalls ein großes Dankeschön. Wir teilen alle die gleiche Leidenschaft, nicht nur für den *Western States*, sondern für das Laufen überhaupt. Ich bin zutiefst dankbar, dass ich mit euch allen diskutieren, reflektieren und so die ganze Erfahrung festigen konnte. Wir haben noch Tage und Wochen über den *Western States* gesprochen, auch als der Lauf schon lange vorbei war. Ohne diesen wertvollen Austausch wären viele der Geschichten in diesem Buch verloren gegangen.

Vielen Dank an Janosch für das großartige Vorwort. Du schreibst deine eigene, zutiefst beeindruckende Geschichte beim *Western States*, auch ohne Buch, und sie ist noch lange nicht vorbei.

An alle, die mir Fotos zur Verfügung gestellt haben. Ich bin ehrlich, wenn ich sage, dass ich nicht vorhatte, ein Buch über mein *Western States* Rennen zu schreiben. Viele der hier gezeigten Bilder sind daher spontane Schnappschüsse, die ich nach dem Lauf mühsam zusammengesucht habe. Aber auch wenn das eine oder andere Foto vielleicht etwas verwackelt und unscharf ist, fangen sie hoffentlich die einzigartige Atmosphäre des *Western States* ein. Vielen Dank, ihr habt dieses Buch zum Leben erweckt.

Danke an Emi für ihr ausführliches Feedback zur englischen Originalfassung des Buches in der Anfangsphase und dafür, dass du Ausdrücke herausgefischt hast, die nur deine Oma benutzen würde. Ich bin kein englischer Muttersprachler, und dein Beitrag hat viele meiner Wörter deutlich weniger seltsam klingen lassen.

Ich danke Christine, die dieses Buch auf ein ganz neues Niveau gehoben hat. Dein Lektorat hat mir geholfen, viele Anfängerfehler zu vermeiden, und hat die Geschichte enorm aufgewertet. Es hat wirklich Spaß gemacht, mit dir zusammenzuarbeiten.
Ich danke auch Niko für seine große Erfahrung in der Literaturbranche und für das Korrekturlesen der deutschen Version. Es war eine große Freude, mit dir an diesem Projekt zu arbeiten.

Danke, Alessandro, für das tolle Original-Cover-Artwork und die Grafiken. Wenn es stimmt, dass ein Bild mehr sagt als tausend Worte, dann sind deine Bilder eine Million Worte wert.

Danke an Stephan für das supercoole Buchcover-Foto und meine erste Kletterei im 3. Schwierigkeitsgrad. Oder war es eine 4? Die Nahtoderfahrung war es auf jeden Fall wert.

Danke an die *Willpower Athletes*, die eine ständige Quelle der Inspiration und die besten Freunde der Welt sind.

Björn und Christian, dankeschön! Ihr habt mich 2013 ermutigt, mit dem Laufen anzufangen. Ich weiß, dass keiner von euch das absichtlich getan hat, aber ihr habt genau das Richtige zur richtigen Zeit gesagt.

Danke, Karim, für all die weisen Zitate und Trainingstipps, die ohne deine ausdrückliche Erlaubnis ihren Weg in dieses Buch gefunden haben. Ich hoffe, du hast nichts dagegen.

Ein Dankeschön geht auch an Scott Jurek für seine großartige Inspiration als Läufer und Autor und für den Motivationsschub bei Quarry Road.

All den wunderbaren Helferinnen und Helfer, der Rennleitung, den Sanitätern, den Streckenposten und den Mitstreiterinnen und Mistreitern, die mir überhaupt erst die Möglichkeit gegeben haben, darüber zu schreiben, gilt selbstverständlich auch mein Dank.

Und schließlich danke ich euch allen, den Leserinnen und Lesern dieses Buches. Es ist nicht selbstverständlich, dass ihr euch für meine Erlebnisse beim *Western States* interessiert. Ich fühle mich geehrt, dass ihr dieses Buch gelesen habt.

Ich danke euch allen. Aufrichtig.

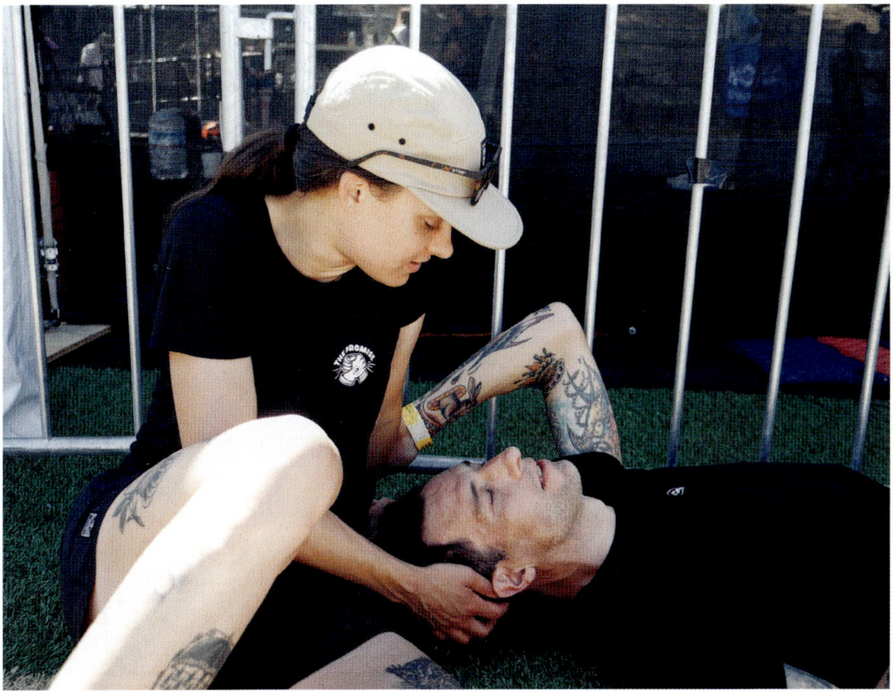

Danke. Von ganzem Herzen.

GLOSSAR

Obwohl ich bezweifle, dass viele Nicht-Läuferinnen und Nicht-Läufer dieses Buch in die Hand nehmen werden, möchte ich dennoch einige Fachbegriffe erklären, die ich in meinem Text verwende. Diese Definitionen sind meine eigenen und können von Wikipedia oder anderen Informationsquellen abweichen.

Aid Station: Verpflegungs- und Versorgungsstation entlang der Laufstrecke eines Ultramarathons, die den Teilnehmenden Wasser, Sportgetränke, Nahrungsmittel und gegebenenfalls medizinische Unterstützung bietet.

Cal-1, Cal-2 und Cal-3: Die alten und etablierten Namen für die Aid Stations 12, 13 und 14 auf der Cal Street, auch Cal Loop genannt, beim *Western States Endurance Run*. Die neuen Namen sind Dardanelles, Peachstone und Ford's Bar.

CCC *(Courmayeur–Champex–Lac–Chamonix)*: 100-Kilometer-Lauf im Rahmen des UTMB.

Cut-off: Zeitlimit, das von den Organisatoren eines Rennens festgelegt wird. Wenn ein Läufer oder eine Läuferin den Lauf nicht innerhalb dieser Zeit beendet oder einen bestimmten Punkt passiert, zum Beispiel eine Aid Station, wird er oder sie nicht als offizieller Finisher anerkannt. Beim *Western States* liegt der Cut-off bei 30 Stunden.

DNF (»Did Not Finish«): Vorzeitiges Beenden eines Rennens vor dem Überqueren der Ziellinie.

D+/D–: Die kumulierten Höhenmeter bei einem Trail- oder Berglauf.

Negativer Split: Wenn man die zweite Hälfte in einem Rennen schneller läuft als die erste.

Pacer: Erfahrene und trainierte Person, die einen Läufer oder eine Läuferin in einem Langstreckenrennen begleitet und als Motivator und Unterstützung dient.

PB (»Personal Best«)/PR (»Personal Record«): Die beste Zeit, die ein Läufer oder eine Läuferin auf einer bestimmten Strecke erreicht hat.

Runcation: Laufen, essen, schlafen – selbstorganisierter Laufurlaub ohne touristische oder soziale Verpflichtungen.

Skyrace: Laufveranstaltung in steilem, bergigem Gelände, normalerweise über 2000 Meter Höhe, mit Steigungen bis zu 30 Prozent.

Starterbeutel: Eine Tasche mit Geschenken und Werbeartikeln, die den Teilnehmenden vor dem Start ausgehändigt wird.

Startnummer: Verpflichtende Identifikationsnummer bei Laufveranstaltungen, die normalerweise auf ein kleines Blatt gedruckt und am Oberteil der Läuferinnen und Läufer befestigt wird. Oft sind sie auch mit einem Sensor zur Zeitmessung ausgestattet.

Tevis Cup: Ein traditionelles Langstrecken-Pferderennen, das 1955 ins Leben gerufen wurde, um zu beweisen, dass Pferde die 100 Meilen von Tahoe City nach Auburn an einem Tag zurücklegen können. Es ist der Vorgänger und Ursprung des *Western States Endurance Run*, wie wir ihn heute kennen.

Tapering: Die schrittweise und strukturierte Reduktion der Trainingsbelastung und -umfänge vor einem Wettkampf.

Ultramarathon/Ultralauf (kurz »Ultra«): Jede Laufstrecke, die länger ist als 42,195 Kilometer, die traditionelle Distanz eines Straßenmarathons. Gängige Distanzen sind 50 Kilometer, 50 Meilen, 100 Kilometer und 100 Meilen.

UTMB (»Ultra-Trail du Mont-Blanc«): Größter Ultralauf-Event der Welt und Name der 100-Meilen-Strecke innerhalb der Veranstaltung.

Vertical K: Vertikalkilometer, eine besondere Art von Skyrace, bei dem die Läuferinnen und Läufer ausschließlich bergauf laufen und auf dem Gipfel eines Berges das Ziel erreichen, wobei sie in weniger als 5 Kilometern 1000 Höhenmeter überwinden.

Willpower Athletes: Freundeskreis von gleichgesinnten Läuferinnen und Läufern rund um die Laufsportmarke Willpower.

Wir sind alle gleich – diese Haltung soll auch im sprachlichen Ausdruck dieses Buches erkennbar sein. Werden jedoch vereinzelt Personenbezeichnungen in der männlichen oder weiblichen Form verwendet, so schließt dies jeweils alle anderen Geschlechter mit ein.

QUELLENANGABEN

Bracy, Addie. *Mental Training for Ultrarunning: Your Psychological Skills Guidebook for Ultra Success*. Human Kinetics, 2021.

Harper, A.J. *Write a Must-Read: Craft a Book That Changes Lives: Including Your Own*. Page Two Books, Inc, 2022.

Jurek, Scott. Eat and Run: *My Unlikely Journey to Ultramarathon Greatness*. Houghton Mifflin Harcourt, 2012.

Koop, Jason. *Training Essentials for Ultrarunning – Second Edition*. Koop Endurance Services, LLC, 2021.

Murakami, Haruki. *What I Talk About When I Talk About Running*. Vintage Books International, 2009.

Pressfield, Steven. *Nobody Wants to Read Your Sh()t: And Other Tough-Love Truths to Make You a Better Writer*. Black Irish Entertainment, 2018.

Pressfield, Steven. *The War of Art: Break Through the Blocks and Win Your Inner Creative Battles*. Black Irish Entertainment, 2002.

Western States Endurance Run. Official Website. www.wser.org. Accessed September 2022 to August 2023.

Western States Endurance Run, Livestream, https://www.youtube.com/@WesternStates/streams, 2022–2024.

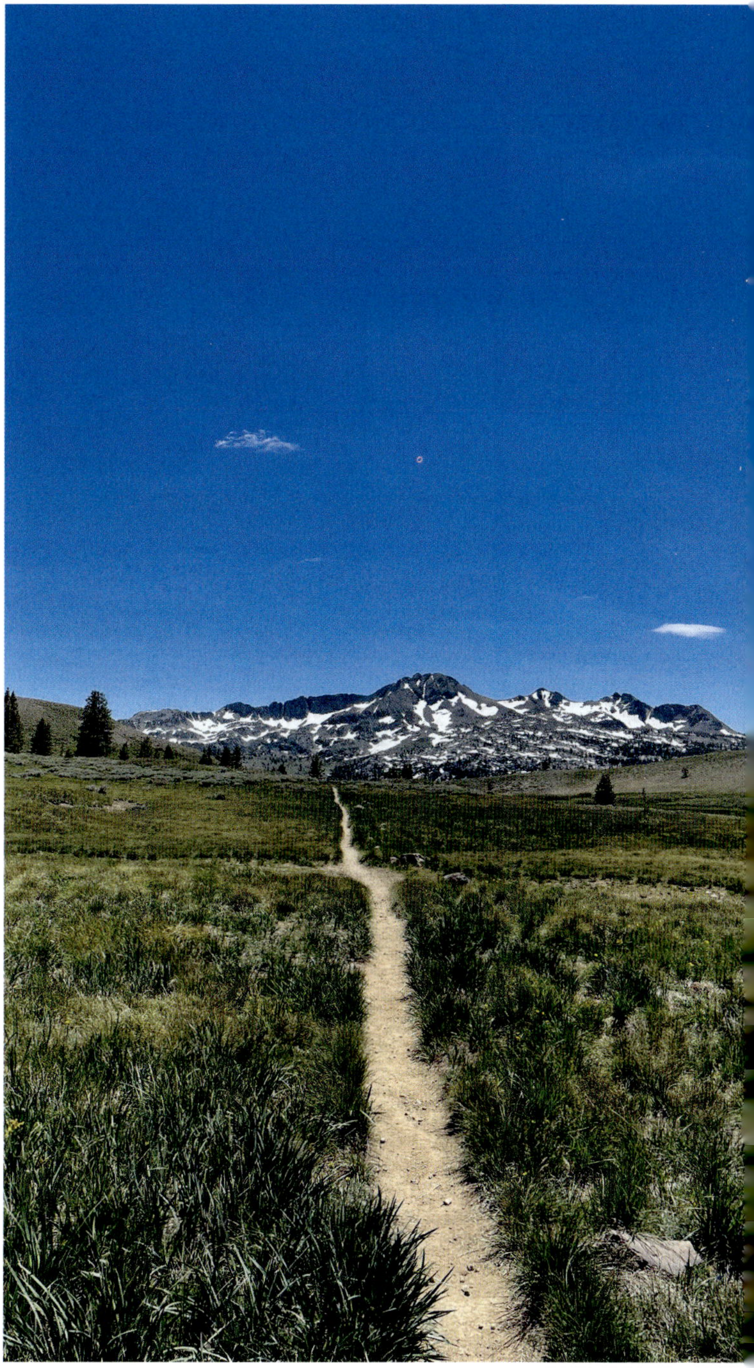

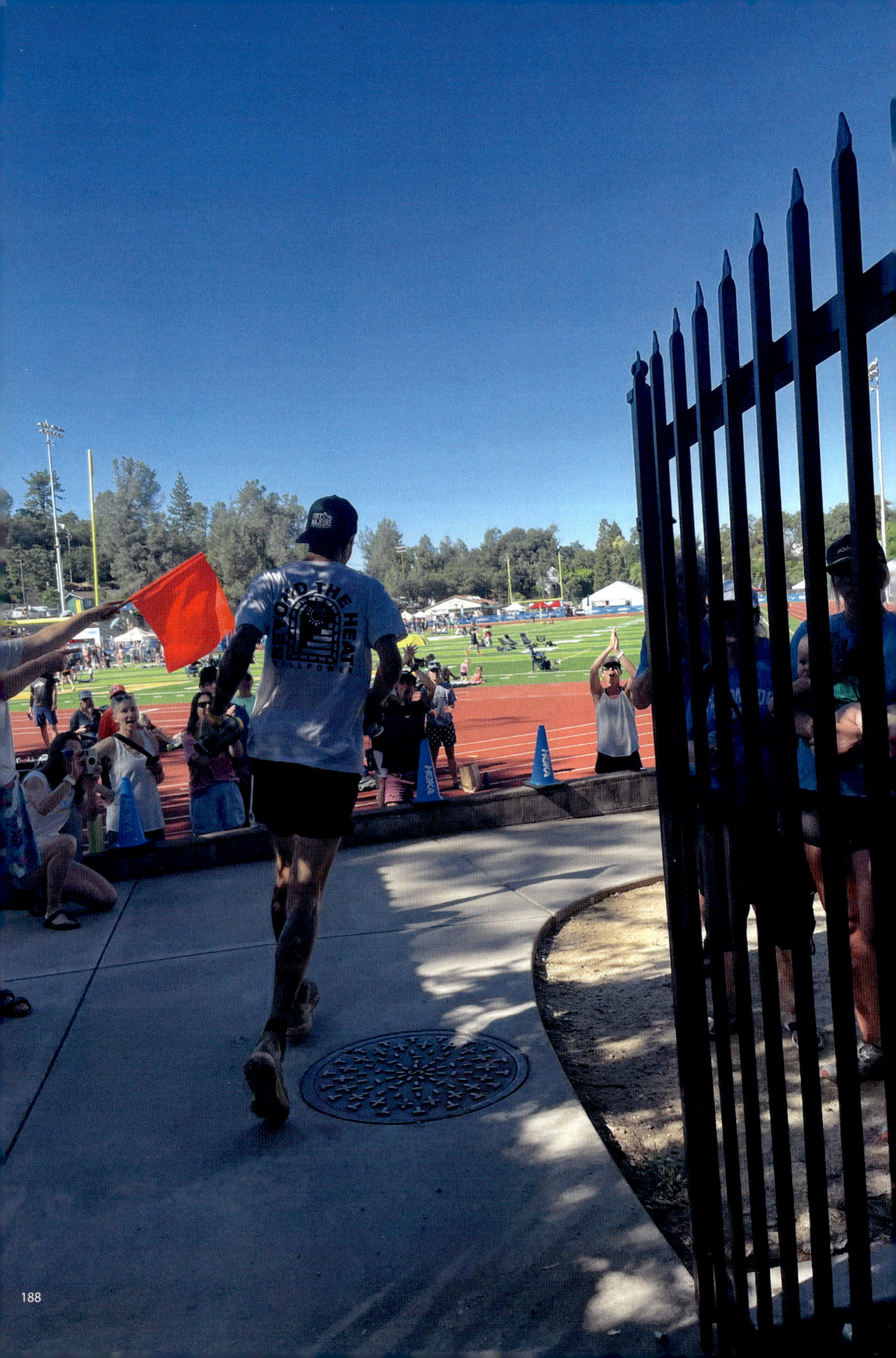
BEYOND THE HEAT
HOKA

Danke, dass du mich auf meiner *Western States*-Reise begleitet hast. Hat dir die Lektüre von *Hundert-Meilen-Herz* gefallen? Wenn du einen Moment Zeit hast, würde ich mich sehr über eine kurze Rezension freuen. Deine dadurch geleistete Hilfe bei der Verbreitung des Buches ist ganz großartig!

WEITERE INTERESSANTE BÜCHER ZUM THEMA

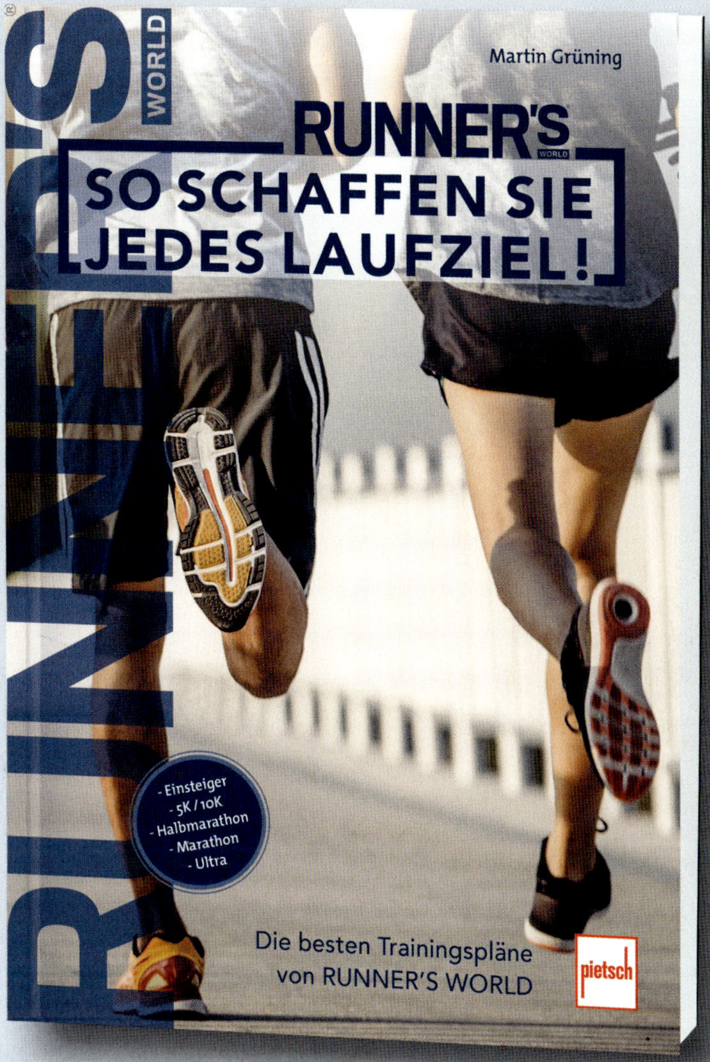

Die besten Lauftrainingspläne aus der RUNNER'S WORLD-Redaktion, sorgfältig ausgewählt und zusammengestellt von Chefredakteur Martin Grüning. Der perfekte Leitfaden für den persönlichen Lauferfolg.
192 Seiten, 170 Abb., 170 x 240 mm
ISBN 978-3-613-50963-4
€ 29,90 | € (A) 30,80

Leseproben zu allen Titeln auf unserer Internetseite

Stand August 2024
Änderungen in Preis und Lieferfähigkeit vorbehalten.

Überall, wo es Bücher gibt, oder unter
WWW.MOTORBUCH-VERSAND.DE
Service-Hotline: 0711 / 78 99 21 51
www.instagram.com/pietsch_adventure/

pietsch

WEITERE INTERESSANTE SPORTBÜCHER

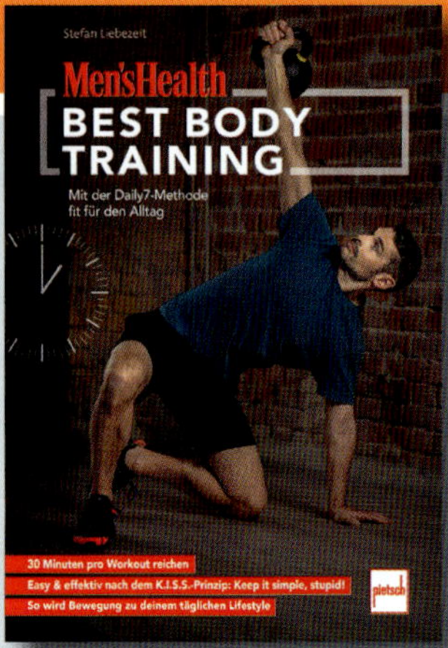

Personal Coach Stefan Liebezeit präsentiert sein smartes Trainingskonzept, das aus sieben Basisbewegungsmustern und über 80 Kernübungen besteht. Nur 30 Minuten am Tag reichen, um im Alltag fit und geschmeidig zu bleiben und Problemen im Bewegungsapparat vorzubeugen.

176 Seiten, 220 Abb., 170 x 240 mm

ISBN 978-3-613-50953-5

€ 26,– | € (A) 26,80

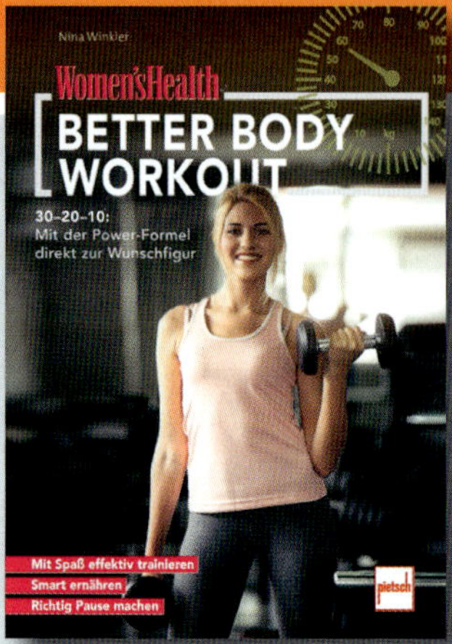

Mehr Energie verbrennen, weniger auf die Essensmenge achten, mehr Kraft haben: All das bringt ein optimaler Stoffwechsel mit sich. Die 30–20–10-Power-Formel sorgt für maximale Kalorienverbrennung: 30 Minuten Cardio, 20 Minuten Krafttraining, 10 Minuten Stretching. Happy-Hormone inklusive.

192 Seiten, 400 Abb., 170 x 240 mm

ISBN 978-3-613-50954-2

€ 28,– | € (A) 28,80

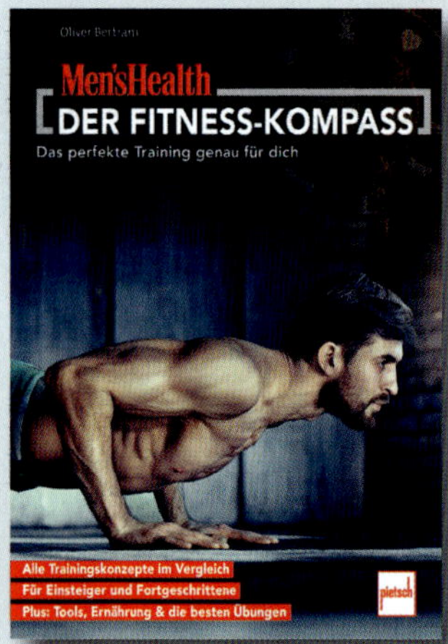

Der Fitness-Kompass von MEN'S HEALTH gibt Antworten auf wichtige Fragen wie: Passt mein Training zu meinen Fitness-Zielen? Welche Übungen bringen mich voran? Sollte ich zu Hause, draußen oder im Studio trainieren? Habe ich die passenden Tools und wie sieht die richtige Ernährung aus?

256 Seiten, 180 Abb., 170 x 240 mm

ISBN 978-3-613-50918-4

€ 19,95 | € (A) 20,60

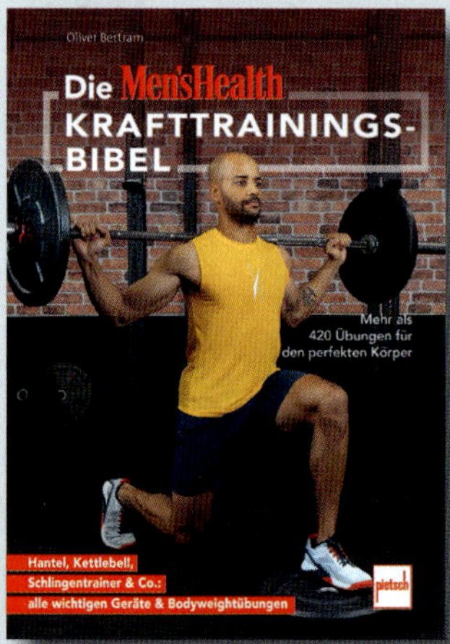

Mehr als 420 Übungen für den perfekten Körper, die ihren Platz auch im Home-Gym finden - komplett ohne sperrige Fitnessstudiomaschinen. Insgesamt hat Mann mit diesem Buch alle wichtigen Infos in der Hand, um den gesamten Körper rundum zu kräftigen und zu stärken.

288 Seiten, 603 Abb., 170 x 240 mm

ISBN 978-3-613-50929-0

€ 29,90 | € (A) 30,80

Leseproben zu allen Titeln auf unserer Internetseite

Stand August 2024
Änderungen in Preis und Lieferfähigkeit vorbehalten.

Überall, wo es Bücher gibt, oder unter
WWW.MOTORBUCH-VERSAND.DE
Service-Hotline: 0711 / 78 99 21 51
www.instagram.com/pietsch_adventure/

pietsch